保护企业点燃的
创新之火
知识产权的案例

孙玉涛 / 主　编
洪　勇　汪玥琦 / 副主编

PROTECT THE FIRE OF INNOVATION IGNITED BY ENTERPRISES
INTELLECTUAL PROPERTY CASES

清華大学出版社
北　京

内容简介

知识产权是知识价值发现之后产权制度安排的结果，是创新驱动发展的中心环节。今天，中国高举“保护知识产权就是保护创新”的旗帜，把知识产权保护工作摆在更加突出的位置，推动我国知识产权事业走出了一条中国特色知识产权发展之路。

知识产权与管理案例的碰撞为本书的编写提供了思想火花。基于大连理工大学知识产权学院首任院长、国内著名知识产权专家陶鑫良教授在执业期间代理过的知识产权案件，本书精心挑选11个典型案件，根据一手和二手资料数据进行案例采编，并将其划分为商标篇、专利篇、著作权篇3个篇章。每篇案例均采用“故事篇”“法律篇”和“商事篇”的结构进行撰写，在保证案件故事性的基础上，分别从法律和商业的角度对案例进行解读，对案件展开多维度分析和研究，并在每篇案例的最后部分辅以案例启示，凝练管理启示，以飨在企业管理、知识产权管理、法学等相关领域有一定基础或对其感兴趣的读者。本书可看作一次以案例形式呈现的知识产权与管理学有机结合的有益探索，对于推动学科交叉与深化发展、培养学生的复合知识基础能力、为实践领域人员的工作与决策提供参考、指导社会大众学法用法，均有着重要的意义。

图书在版编目(CIP)数据

保护企业点燃的创新之火：知识产权的案例/孙玉涛主编. —北京：清华大学出版社，2023.7
ISBN 978-7-302-64007-3

Ⅰ. ①保…　Ⅱ. ①孙…　Ⅲ. ①知识产权法—案例—中国　Ⅳ. ①D923.405

中国国家版本馆CIP数据核字(2023)第121785号

责任编辑：胡　月
封面设计：汉风唐韵
责任校对：王荣静
责任印制：沈　露

出版发行：清华大学出版社
　网　　址：http://www.tup.com.cn，http://www.wqbook.com
　地　　址：北京清华大学学研大厦A座　**邮　　编**：100084
　社 总 机：010-83470000　**邮　　购**：010-62786544
　投稿与读者服务：010-62776969，c-service@tup.tsinghua.edu.cn
　质量反馈：010-62772015，zhiliang@tup.tsinghua.edu.cn
印 装 者：三河市东方印刷有限公司
经　　销：全国新华书店
开　　本：170mm×240mm　**印　张**：19.25　**字　数**：267千字
版　　次：2023年9月第1版　**印　次**：2023年9月第1次印刷
定　　价：98.00元

产品编号：101029-01

本书编委会

（按照姓名拼音首字母排序）

丁　鹏　大连理工大学经济管理学院博士后

范佳颖　大连理工大学经济管理学院研究生

高梓淞　大连理工大学经济管理学院研究生

洪　勇　大连理工大学经济管理学院、知识产权学院教授

李乐逸　大连理工大学经济管理学院研究生

李良玉　大连理工大学知识产权学院讲师

李　帅　大连理工大学经济管理学院研究生

刘琳琳　大连理工大学知识产权学院副教授

卢九名　大连理工大学经济管理学院研究生

马荣康　大连理工大学经济管理学院、知识产权学院副教授

马艳艳　大连理工大学经济管理学院副教授

孟巧爽　大连理工大学经济管理学院助理教授

邵雨晨　大连理工大学经济管理学院研究生

石　丹　大连理工大学商学院、知识产权学院副教授

孙秋蒙　大连理工大学经济管理学院研究生

孙玉涛　大连理工大学经济管理学院、知识产权学院教授

汪玥琦　大连理工大学经济管理学院副教授

王　茜　大连理工大学经济管理学院研究生

徐婉秋　大连理工大学经济管理学院研究生

薛星群　大连理工大学商学院、知识产权学院副教授

杨　琳　大连理工大学经济管理学院博士后

于凯旋　大连理工大学经济管理学院研究生

张丽霞　大连理工大学知识产权学院副研究馆员

张　倩　大连理工大学商学院、知识产权学院讲师

赵　博　大连理工大学知识产权学院党总支副书记、副院长

前 言

“专利制度就是给天才之火浇上利益之油。”200多年前，亚伯拉罕·林肯的这句话一直镌刻在美国专利及商标局（United States Patent and Trademark Office，USPTO）的大门之上。

今天，中国高举“保护知识产权就是保护创新”的旗帜，把知识产权保护工作摆在更加突出的位置，推动我国知识产权事业走出了一条中国特色知识产权发展之路。

知识产权是知识价值发现之后产权制度安排的结果，是创新驱动发展的中心环节。保护知识产权就是保护企业点燃的创新之火，让星星之火可以燎原。

2016年9月9日，大连理工大学知识产权学院正式成立，由国家知识产权局、辽宁省知识产权局和大连理工大学三方合作共建，由国内著名知识产权专家陶鑫良教授担任首任院长。陶鑫良教授从事知识产权教学、研究和律师服务30余年，在我国知识产权研究领域造诣颇深，执业期间代理了大量的知识产权案件。

知识产权学院的“知识产权管理”是大连理工大学经济管理学院工商管理一级学科下的二级硕士点和博士点。大连理工大学经济管理学院，前身是1980年创建的中国工业科技管理大连培训中心和大连工学院管理工程系，是国内最早成立的管理学院之一。经济管理学院在管理案例教学和研究方面具有非常悠久的传统，是中国管理案例共享中心的依托单位。

知识产权与管理案例的碰撞为本书的编写提供了思想火花。2021年7月，陶鑫良教授为笔者提供了11个他曾经代理的案件，其中涉及专利、商标和著作权等。大连理工大学组织经济管理学院和知识产权学院的多位老师，成立了案例采编和研究团队，根据一手和二手资料数据完成了案例研究和撰写。在案例研究和撰写过程中，团队召开了多次研讨会，陶教授提供了“故事篇”“法律篇”和“商事篇”的结构等多个方面的意见和建议。陶教授一直认为，知识产权是“商”和“法”的结合，因为姓“商”才姓“法”，姓“法”是为了更好地姓“商”。

在撰写本书过程中，大连理工大学经济管理学院(知识产权学院)提供了全面的支持，院长朱方伟教授多次参与案例讨论会，提供了非常宝贵的意见和建议；学院在学科建设中设立了知识产权案例专项，支持团队的研究工作，在此表示衷心感谢。此外，还要感谢大连理工大学经济管理学院出版基金的资助，以及清华大学出版社各位编辑老师的辛勤工作。

孙玉涛

2022年10月12日于大连海川楼

目　录

第一篇　商　标　篇

第二篇 专 利 篇

第三篇 著作权篇

第一篇　商标篇

21世纪是一个品牌竞争的时代，品牌给企业创造的价值是竞争对手在短时间内难以模仿和超越的。品牌核心价值的主要体现便是受法律所保护的商标。商标是企业将自己创造的独特商品或服务与其他商品或服务相区分的识别性标志，但它又不仅仅是这些标识符号本身。它承载了企业的市场信誉，凝聚了企业在长期经营过程中所积累的商誉价值，是现代企业的重要无形资产。拥有知名、稳定、有效的商标有助于企业在激烈的市场竞争中脱颖而出。随着我国知识产权事业的发展，知识产权保护的意识逐渐深入人心，商标的价值受到了越来越多企业的关注，但随之而来的商标纠纷则是一波未平，一波又起。企业的商标权是否能够正确使用并得到有效保护，成为了企业在日益激烈的竞争环境中立足的关键。

本篇选取了4个具有代表性的商标诉讼案例，分别是：达能集团与娃哈哈集团关于“娃哈哈”商标所有权的权属纠纷，法国拉科斯特股份有限公司与新加坡卡帝乐鳄鱼私人有限公司关于“鳄鱼”商标权的系列纠纷，广药集团与加多宝集团关于“王老吉”品牌保护及不正当竞争的纠纷，以及上海吴良材眼镜有限公司与南京吴良材眼镜有限公司关于“吴良材”商标权与不正当竞争的纠纷。每个案例均从故事篇、法律篇、商事篇、案例启示4个方面展开，详细回顾每个案例来龙去脉，对于企业如何预防并应对商标侵权纠纷、灵活运用商标战略保护知识产权，具有重要的启发与借鉴意义。具体而言，企业应加强商标等无形资产的管理，在进行商标设计时，应在国家知识产权局商标局（以下简称商标局）官网上检索是否已经有相同或类似的注册商标的存在，规避侵犯他人商标权的风险；同时，在商标申请过程中，可以为主商标申请注册联合商标与防御商标，实施多元化的商标培育战略，分散企业运营风险；此外，企业在利用商标进行融资时，应理性整合企业资源，多渠道开展商标融资；最后，当发现商标权被他人侵害时，企业应积极履行权益，坚决采用合理合法的手段，打击商标侵权行为。

案例1

“娃哈哈”遭达能强购：引水活源还是引水入墙

范佳颖　马艳艳

引言

2007年4月3日，一篇名为《宗庆后后悔了：合资之初达能于不经意中设套，十年之后娃哈哈遭遇强行并购》[①]的文章占据了各家主流媒体的头条版面。这篇文章尖锐地指出了双方纠纷的导火索——达能集团欲强行以40亿元人民币的价格并购娃哈哈集团旗下数家公司51%的股权。鉴于这些公司并非由达能集团与娃哈哈集团出资共建，本文将其统称为非合资公司。事实上，当时娃哈哈集团旗下非合资公司的总资产价值56亿元，2006年其利润更是高达10.4亿元，其市场估值远高于达能集团给出的

① 张乐，裘立华，王小波．宗庆后后悔了：合资之初达能于不经意中设套，十年之后娃哈哈遭遇强行并购[N]．经济参考报，2007-04-03(001)．

收购价。娃哈哈集团与达能集团的股权之争一时引发了舆论哗然。

达能集团缘何欲以这般低价强行并购娃哈哈集团旗下的非合资公司呢？达能集团对此解释道：达能集团与娃哈哈集团于1996年签订《商标转让协议》，约定“娃哈哈”商标所有权与使用权归属于双方合资公司。然而，娃哈哈集团旗下的非合资公司未经“达娃”合资公司董事会同意，擅自使用“娃哈哈”商标，违反了双方在《商标转让协议》中的相关规定。

提及这份《商标转让协议》，娃哈哈集团董事长宗庆后悔不当初，他认为是自己对商标品牌战略的忽视，间接导致了娃哈哈集团落入达能集团精心布置的陷阱。为了挽救品牌商标与企业，娃哈哈集团对达能集团的低价强购展开了积极的防御与反攻。一场涉及中外合资、跨国并购、同业竞争、本土品牌保护等一系列复杂问题的合资纠纷就此上演。本案例“故事篇”回顾了“娃哈哈”商标的成长经历及娃哈哈集团与达能集团的合作历程；“法律篇”介绍了“娃哈哈”商标成长过程中面临的最大挑战，即“达娃之争”事件的纠纷要点；“商事篇”详述了娃哈哈集团在“达娃之争”事件前后的商标品牌战略规划。

故事篇

1.1 商标“出圈”：从校办企业到行业先锋

1987年4月，娃哈哈集团前身——杭州市上城区校办企业经销部在杭州市计划委员会申请登记，注册资金为10万元，企业总资产20万元。宗庆后和两名同事一起承办了该企业，主营业务为文具、汽水代销。同年7月，企业更名为杭州保灵儿童营养食品厂，主营保健品代加工业务。1989年，保灵儿童营养食品厂兼并原杭州国有罐头食品厂，杭州娃哈哈营养食品厂就此宣告成立。次年，娃哈哈营养食品厂产值破亿元，一举成为行业领军企业。

“娃哈哈”一名来源于当时的热门 IP——《娃哈哈》儿歌。1989 年，娃哈哈营养食品厂成立之前，时任校办企业负责人的宗庆后就在国内申请注册了“娃哈哈”商标(见表 1-1)。同时，宗庆后颇具前瞻性地注册了“哈娃娃”“哇哈哈”“娃娃哈”等防御商标，形成了较为完善的国内商标防御体系。随着海外市场的不断拓展，自 1992 年起，娃哈哈集团陆续在美国、日本、韩国等多个国家进行了海外注册，为娃哈哈产品的国际化之路提前铺垫。

表 1-1 “娃哈哈”商标的首次注册[①]

娃哈哈	商标名称	娃哈哈	注册号	536309
	申请日期	1989 年 12 月 12 日	国际分类	第 30 类
	申请人名称	杭州娃哈哈集团有限公司		
	商品/服务	食用淀粉产品；营养粉；糕点；健身膏；糖浆；冰淇淋；食用加奶粥		

娃哈哈集团在成立初期专耕于儿童保健品市场，针对当时我国普遍存在的儿童营养不良问题，推出其第一支爆款产品——娃哈哈儿童营养口服液，凭借“喝了娃哈哈，吃饭就是香”的保健饮料概念快速开辟市场。“娃哈哈”商标在注册初期就十分注重商标价值培育，利用一系列营销手段塑造了旗下产品营养健康的形象。在后续运营中，娃哈哈集团采用“单一主商标+二级产品标识”命名规范统一管理旗下产品，推出了“娃哈哈营养快线”“娃哈哈 AD 钙奶”等子品牌，赋予了“娃哈哈”商标高品质规范的质量内涵。1999 年，“娃哈哈”被评定为中国驰名商标，娃哈哈集团在行业内崭露头角。

1.2 合资增效：“引水活源”竟成“引水入墙”

1.2.1 合作契机

1992 年 6 月，娃哈哈集团与杭州工商信托投资公司、浙江金义集

① 中国国家知识产权局商标局中国商标网[EB/OL].[2022-08-12]. http://wcjs.sbj.cnipa.gov.cn.

团合作组建杭州娃哈哈美食城股份有限公司(下称美食城)。美食城规划在杭州庆春路、下沙开发区分别建造一个商业中心与一片工业园区,但由于娃哈哈集团之前并未涉足过地产建筑行业,这两个工程拖延6年之久,耗费了娃哈哈的巨额资金。除地产投资失利外,娃哈哈集团主营业务的发展也并不乐观。娃哈哈集团转攻常规饮品后,研发推出的酸梅饮、清凉露等产品市场反应平平。在爆款产品带来的热潮退却后,娃哈哈集团的技术缺陷逐渐显现。一时间,娃哈哈集团陷入了资金、技术的“两难境地”,要想在市场上更进一步,娃哈哈集团就必须解决资金短缺、技术落后的“燃眉之急”。

与此同时,法国达能集团在中国市场的发展受阻①,亟须通过并购手段借助本土企业打开中国市场。达能集团成立于1966年,凭借其并购战略逐步跻身行业前列,于1989年成为世界第六大、欧洲第三大食品集团,旗下拥有依云、多美滋等多个国际一线品牌。达能集团不仅拥有雄厚的资本实力,更有国际先进的产品研发、灌装包装技术,无疑是娃哈哈集团的合作首选。

各有所需,一拍即合。1996年3月28日,娃哈哈集团、美食城与新加坡金加投资公司(该公司由法国达能集团控股70%、香港百富勤控股30%)签署《合资经营合同》,共同成立杭州娃哈哈百立食品有限公司、杭州娃哈哈保健食品有限公司、杭州娃哈哈食品有限公司、杭州娃哈哈饮料有限公司和杭州娃哈哈速冻食品有限公司共5家合资公司(即“达娃”合资公司)。在这5家“达娃”合资公司中,新加坡金加投资公司持股51%,娃哈哈集团持股39%,美食城持股10%。“达娃”合资公司董事会成员共6人,娃哈哈集团与达能集团各派遣3名董事,宗庆后兼任“达娃”合资公司董事长。“达娃”合资公司先后从美国、德国、日本、意大利、加拿大等发达国家引进了大量的国际先进生产技术,完成了对生产线的升级改造,借势提升了品牌实力,娃哈哈集团再次步入

① 1987年,法国达能集团在广州设立达能酸奶公司,意图依托酸奶业务打开中国市场,但其市场表现却不尽如人意。

高速发展的快车道。

1.2.2 渐行渐远

1997年，亚洲金融风暴席卷市场，香港百富勤将新加坡金加投资公司30%的股份卖给达能集团，达能集团成为新加坡金加投资公司的全资股东。此时，“达娃”合资公司的股权结构变更为达能集团持股51%、娃哈哈集团持股39%、美食城持股10%。娃哈哈集团与达能集团的合作关系逐渐变得微妙起来。

双方的矛盾首先表现在区域扩张策略上，达能集团与娃哈哈集团在投资建厂问题上产生了严重的分歧。伴随着产品营销网络的培育与产品形象的塑造，娃哈哈集团亟须通过规模扩张来扩大产能、提升市场份额。娃哈哈集团希望通过参与西部大开发、对口支援革命老区、国家贫困区等项目建设，完善企业在全国的战略布局，在提升产能的同时树立良好的企业形象。但达能集团却认为这些地区消费潜力低，预期投资回报差，拒绝“达娃”合资公司在这些相对落后的地区进行投资。受合资约定限制，达能集团拒绝投资，娃哈哈集团便不能经由“达娃”合资公司进行投资。

此外，与达能集团的合资还限制了娃哈哈集团的产品扩张策略。娃哈哈集团寻求外资引进的主要目的之一在于获取外资的技术扶持，而在与达能集团合资后，达能集团并未积极参与扶持娃哈哈集团的产品研发，反而限制了娃哈哈集团的产品研发范围。达能集团在中国市场的战略布局意在不断并购同类企业，通过控制饮用水、乳业、果汁饮料等板块的头部企业（如图1-1所示），夺取本土企业的既有资源与渠道，进而谋求在中国市场的垄断地位。

娃哈哈集团想进军乳业市场，但达能集团的并购布局不允许娃哈哈集团研发生产包括酸奶在内的乳制品，娃哈哈集团的大量研发生产计划被达能集团一票否决。与此同时，达能集团入股了娃哈哈集团当时最大的竞争对手——广东乐百氏集团。娃哈哈集团的领导层逐渐意识到外资介入对自身企业发展的限制。于是，自1999年开始，娃哈

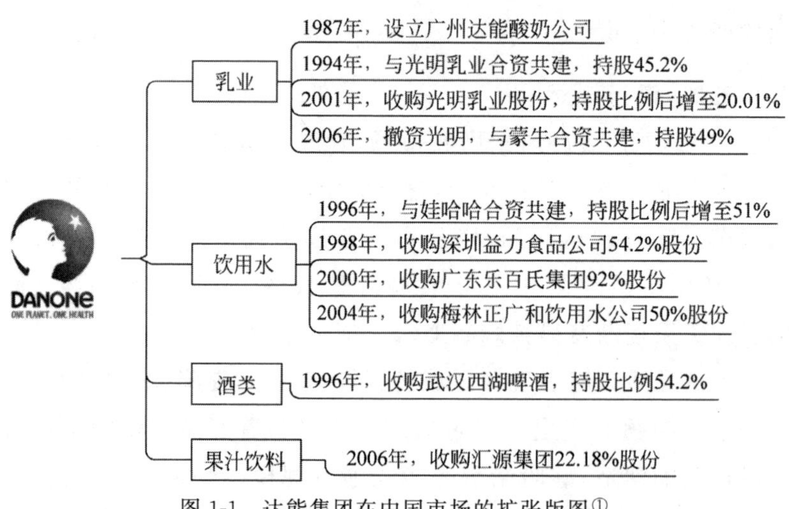

图 1-1 达能集团在中国市场的扩张版图①

哈集团陆续建立了一批与“达娃”合资公司没有关联的非合资公司。娃哈哈集团“出走”前期，非合资公司大多建立在西部、对口支援革命老区、国家贫困区等当初达能集团不愿意投资的相对落后地区。非合资公司发展十分迅速，截至 2007 年，非合资公司与“达娃”合资公司数量相当，均为 39 家(如图 1-2 所示)。

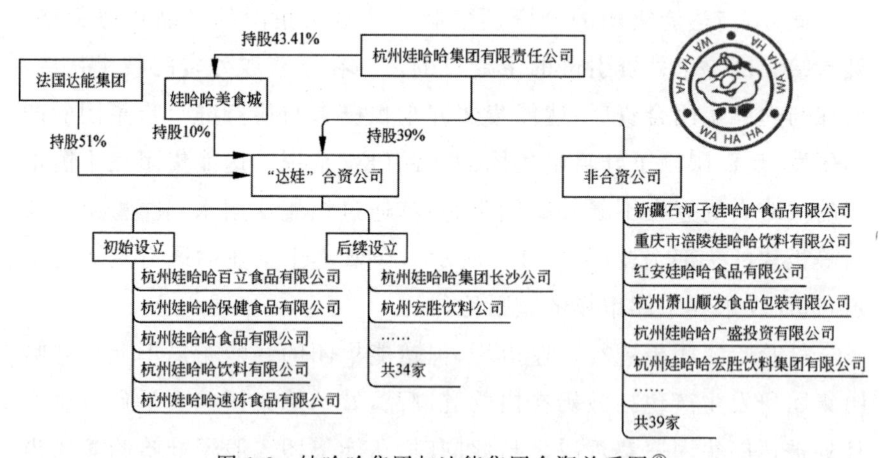

图 1-2 娃哈哈集团与达能集团合资关系图②

① 作者根据企业相关资料整理绘制。
② 作者根据企业相关资料整理绘制。

2006年，非合资公司的经营效益良好，总资产累计达到56亿元，全年实现利润总额10.4亿元。非合资公司优良的业绩吸引了达能集团的目光，2006年4月，达能集团炮轰娃哈哈集团，控诉其违反了双方于1996年签订的《商标转让协议》，声称这批非合资公司侵犯了“达娃”合资公司所拥有的“娃哈哈”商标权。因此，达能集团提出自己的要求，要么娃哈哈集团关闭其旗下的非合资公司，要么达能集团以40亿元人民币的价格收购娃哈哈集团旗下非合资公司51%的股权。

1.3 达娃之争：商标历险终究回归正主

达能集团的低价强购行为遭到了娃哈哈集团的强烈反对。在娃哈哈集团拒绝达能集团的股份收购计划后，达能集团以娃哈哈集团“违反同业竞争条款”及“滥用娃哈哈商标”为由，对娃哈哈集团提起数项法律诉讼，而娃哈哈集团也就商标权归属、竞业禁止、不正当竞争等问题向达能集团发起反击。

1.3.1 高手过招

首先，双方在舆论阵地展开激烈的对峙。2007年4月3日，宗庆后通过媒体曝光了达能集团的低价并购意图，并指责达能集团涉嫌垄断行为。2007年4月11日，达能集团召开新闻发布会，公布了双方合资条款的部分内容，坚称达能集团的行为符合法律规定，并指责娃哈哈集团缺乏契约精神。双方的舆论互攻引发了国内外民众的热议，“达娃之争”逐渐掺入了对本土品牌保护与现代契约精神的讨论。

其次，双方在法律阵地的攻击与辩驳也陆续展开。在国外诉讼中，达能集团的诉讼策略分别针对非合资公司和宗庆后个人展开，企图在国际仲裁中一举击溃娃哈哈集团。2007年5月9日，达能集团向双方在《合资经营合同》中约定的仲裁机构——瑞典斯德哥尔摩商会仲裁院提出了8项仲裁申请，指控非合资公司的滥用商标行为和宗庆后同时任职非合资公司董事的同业竞争行为对“达娃”合资公司造成了损害。2007年6月4日，达能集团在美国加利福尼亚州最高法院对宗庆后实际控制的恒枫贸易有限公司和杭州宏胜饮料有限公司同样提起了相关诉讼。

2007年6月14日，娃哈哈集团随即在国内发起对达能集团的诉讼反攻。娃哈哈集团向杭州市仲裁委员会正式提出仲裁申请，要求确认其与"达娃"合资公司在1996年2月29日签署的《商标转让协议》已经终止。2007年7月5日，达能集团向杭州市仲裁委员会提出仲裁反请求，要求娃哈哈集团完成商标转让手续。

2007年7月6日，娃哈哈集团向法院提交对达能集团董事嘉某某违反"竞业禁止"规定的指控，桂林中院于2007年10月18日对此进行庭审判决，认为娃哈哈集团的指控成立，判决嘉某某停止担任包括"达娃"合资公司、乐百氏集团及深圳益力矿泉水股份有限公司等多家公司在内的董事职务并赔偿娃哈哈集团54万元损失。

2007年11月，达能集团在英属维尔京群岛和美属萨摩亚群岛最高法院，提出对宗庆后直接控股的离岸公司的资产托管申请。两地法院分别于2007年11月4日和11日在被告不在场、未做抗辩的情况下签发临时冻结令和接管令，裁定由达能集团指定的毕马威为被告资产的接管人。此后，毕马威未经中国法院许可，就超越其接管权限，在中国境内从事接管活动。

2007年12月7日，经过4轮庭审，杭州市仲裁庭对达能集团和娃哈哈集团《商标转让协议》纠纷做出裁决，裁定"娃哈哈"商标属于娃哈哈集团所有，终止此前双方签订的《商标转让协议》。同月，娃哈哈集团声明其已在斯德哥尔摩开庭的仲裁中胜诉3场①，其余仲裁并未涉及此前达能集团提出的8项指控。2007年12月17日，娃哈哈集团工会以娃哈哈小股东的名义，在全国各地起诉达能方面的持股公司，在潍坊市中级人民法院获得胜诉裁定，通过了"资产保全"申请，并全面冻结了达能集团及旗下米恩有限公司(Myen pte. Ltd.)、乐维有限公司的

---

① 截至2007年12月13日，娃哈哈集团已胜诉的海外诉讼包括：达能亚洲起诉娃哈哈集团非合资公司的设备供应商法国西得乐为娃哈哈集团提供违反非竞争义务的工具；达能亚洲诉对法国西得乐在意大利子公司为娃哈哈集团提供违反非竞争义务工具；达能亚洲起诉另一家娃哈哈集团非合资公司设备供应商、意大利的博高马公司。

财产。

至此，达能集团最初制定的诉讼策略非但没有收到成效，反使自身深陷纠纷的泥潭。2007年12月21日，双方发布联合申明，暂停法律纠纷，进入和谈阶段。但在和谈过程中，双方依旧诉讼不断。

1.3.2 和平分手

2009年2月，宗庆后拿出了逼迫达能集团撤退的最后一个“撒手锏”——如果达能集团不妥协，就解散39家“达娃”合资公司。对于达能集团而言，“娃哈哈”商标已被判归娃哈哈集团所有，营销渠道和管理、生产人员也全都受宗庆后控制，一旦所有“达娃”合资公司解散，达能集团最终能获得的仅有残留的厂房设备。无奈之下，达能集团只得选择和解。

2009年9月30日，娃哈哈集团和达能集团各自派出代表在北京签署和解协议，宣布双方已达成和解方案，达能集团将“达娃”合资公司51%的股份作价3亿欧元出售给娃哈哈集团，双方终止相关法律纠纷，“达娃之争”终于结束。这场多方瞩目的“达娃之争”经过4年的对峙终以达能集团的退场谢幕。继光明乳业、梅林正广和、蒙牛等企业之后，达能集团在中国市场又退一步。

法律篇

“达娃之争”中，双方的法律纠纷主要聚焦在3个方面：“娃哈哈”系列商标权归属、娃哈哈集团是否存在滥用“娃哈哈”注册商标的行为，以及双方是否存在不正当竞争行为。

2.1 “娃哈哈”商标权的归属争论

在商标权的归属争论中，达能集团认为“娃哈哈”商标已经转让，商标权属于其控股的“达娃”合资公司，而娃哈哈集团则坚称“娃哈哈”商标始终归属于娃哈哈集团。

在1996年2月9日签署的《合资经营合同》中，娃哈哈集团与达能集团实际控制的金加集团约定："根据本协议的相关条项，甲方(娃哈哈集团有限公司)应在下列条件将商标作为甲方对乙方('达娃'合资公司)的注册资本的部分出资，其余价值为5000万元的商标将由丙方(达能控制的金加集团)向甲方购买。"《合资经营合同》在1996年2月17日被浙江省经济贸易委员会批准，2月18日颁发了营业执照。

在1996年2月19日签订的《商标转让协议》中，娃哈哈集团与"达娃"合资公司约定："甲方(娃哈哈集团)已同意向乙方('达娃'合资公司)转让总值为1亿元人民币的商标，其中价值为5000万元人民币的商标作为甲方对乙方注册资本的部分购买，其余价值为5000万元人民币的商标由乙方向甲方购买。在此出价的基础上，娃哈哈集团将商标及其受法律保护的一切权利、所有权和利益转让给'达娃'合资公司。"

这两份合同约定表示，娃哈哈集团将其注册的"娃哈哈"商标权转让给了"达娃"合资公司。但在"达娃"合资公司于1996年4月、9月将《商标转让协议》上报国家商标局审核时，国家商标局两次驳回了上述商标转让申请。

商标权转让的基本程序

《商标法》(1993年修正)第二十五条规定："转让注册商标的，转让人和受让人应当共同向商标局提出申请。转让注册商标经核准后，予以公告。"第三十条第三项规定："自行转让注册商标的，由商标局责令限期改正或者撤销其注册商标。"

《商标法》(2001年修正)第三十九条规定"转让注册商标的，转让人和受让人应当签订转让协议，并共同向商标局提出申请。受让人应当保证使用该注册商标的商品质量。转让注册商标经核准后，予以公告。受让人自公告之日起享有商标专用权。"

达能集团认为，《商标转让协议》中表包含"在中国商标局审批转让注册的期间，如审批被拒绝，双方亦按此使用许可合同执行"的表述。

且达能集团主张，依照国际惯例，行政审批通过与否不影响合同的真实效力，因此1996年的《商标转让协议》并未终止，要求将“娃哈哈”商标继续转让给“达娃”合资公司。针对达能集团的以上论述，娃哈哈集团做出了反驳。根据《商标法》(1993年修正)第二十五条和第三十条规定，娃哈哈集团主张由于《商标转让协议》未通过商标局核准，所以即便已经签署的《商标转让协议》依法成立，也属于“履行不能”的情形，不能构成注册商标权转让的法律效力。

2007年12月5日，杭州仲裁委员会对此进行终审判决。支持杭州市仲裁庭做出上述裁决的关键因素在于，达能集团要求娃哈哈集团继续履行商标转让的合同义务已经超过诉讼时效。《合同法》(1999年修正)规定，一般合同争议提起诉讼或申请仲裁的期限为两年，期限从“当事人知道或者应当知道权利被侵害时起计算”。由此，达能集团何时获知商标转让程序已被停止或受到侵害，成为本案裁定的关键依据。而“达娃”合资公司的工商资料显示，“1998年8月11日公司董事会会议一致同意，由‘达娃’合资公司与娃哈哈集团签订《商标使用许可合同》，以保证‘达娃’合资公司商标使用的合法性，并保证外方在《合资经营合同》中的权益不因此受任何影响”①。“达娃”合资公司与娃哈哈集团于1999年签订《商标使用许可合同》的事实表明达能集团已经确认知晓《商标转让协议》未通过国家商标局核准，因此，仲裁结果认为《商标转让协议》已于1999年12月终止。

达能方不认可这一仲裁结果，继续对这一结果提出上诉请求。双方就《商标转让协议》是否已经不能履行和应否终止这一核心问题依旧意见相左，互不退让。2008年8月4日，国内仲裁中“娃哈哈”商标所有权判决落下帷幕：杭州中院驳回达能集团对2007年12月《商标转让协议》裁决的上诉，达能集团对“娃哈哈”商标权的争夺以失败告终。

---

① 来源：1998年8月11日于香港力宝中心召开的董事会决议。

2.2 "达娃"合资公司所拥商标权的性质辨别

本案例中双方拉锯的另一焦点在于：娃哈哈集团是否违背了双方于1999年签订的《商标使用许可合同》中规定的责任与义务，是否滥用"娃哈哈"商标致使"达娃"合资公司的权益遭到损害。因此需要分析双方于1999年签订的《商标使用许可合同》中规定的权利与义务，明晰双方责任。

1999年5月18日，《商标转让协议》被商标局驳回后，"达娃"合资公司与娃哈哈集团签订了两份《商标使用许可合同》以替代原来的《商标转让协议》，将"娃哈哈"商标授予"达娃"合资公司使用。这两份合同分别为《商标使用许可合同》（以下简称《许可合同》）与《商标使用许可合同（简式合同）》（以下简称《简式合同》），合同部分条款见表1-2。

表1-2 两份《商标使用许可》条款对比

合同名称	条款	实质
《简式合同》（备案）	"甲方（娃哈哈集团）特此授予乙方（'达娃'合资公司）专有和不可撤销及可再许可的权利及许可，于商标的有限期限内使用商标在国内外市场上销售乙方生产的产品及经营乙方所提供的服务。" "双方同意该专用许可只适用于本合同的产品，甲方（娃哈哈集团）将来可以使用商标在其他产品的生产和销售上。"	经过"达娃"合资公司董事会同意，娃哈哈集团有权将商标给予其他使用
《许可合同》（未备案）	"签署简式使用许可合同仅为了在中国商标局和工商行政管理局注册之用。如本合同与简式合同有不一致的地方，将以本合同为准。"	披了商标使用许可外衣的《商标转让协议》

在签订《商标使用许可合同》时，达能集团强调双方改签《商标使用许可合同》的前提是"保证外方在《合资经营合同》中的权益不因此受任何影响"。这表明《许可合同》的实质是《商标转让协议》，因此《许可合同》实际上将"娃哈哈"商标的独占性使用权授予了"达娃"合资公司。达能集团认为《许可合同》体现了双方合作的真实意思，主张"达娃"合

资公司拥有商标的独占性使用权，非合资公司不可以使用“娃哈哈”商标[1]。

而娃哈哈集团则认为，用于备案的《简式合同》条款表明，在提请“达娃”合资公司董事会批准后，非合资公司有权使用商标。且条款要求“达娃”合资公司董事会于30天内做出不生产或使用的决定，但“达娃”合资公司董事会在此前从未对非合资公司使用娃哈哈商标提出过异议[2]。此外，娃哈哈集团还认为，达能集团为规避国家行政管理要求，未对《许可合同》进行申报备案，因而《许可合同》不具备完整的法律效力，主张《简式合同》体现了双方的真实意愿。

从达能同意双方改签《许可合同》的前提条件与《许可合同》的部分条款来看，双方签订的两份合同确实存在规避政府监管的行为，依据中国相关法规，《许可合同》符合合同无效的情形之一。但在实际争论中，达能集团认为依据国际惯例，备案与否并不影响合同效力。仅凭上述合同条款，两份合同的法律效力存在一定的争议。

商标使用许可授权的基本程序

《商标法》(1993年修正)第二十六条规定：“商标使用许可应当报备商标局备案。”

《商标法》(2019年修正)第四十三条规定：“许可他人使用其注册商标的，许可人应当将其商标使用许可报商标局备案，由商标局公告。”

合同无效的情形

《合同法》(1999年施行)第五十二条规定，有下列情形之一的，合同无效：(一)一方以欺诈、胁迫的手段订立合同，损害国家利益；

① 新浪财经.达能集团关于杭州仲裁案的声明[EB/OL].(2007-12-10)[2022-08-28].http://finance.sina.com.cn/chanjing/b/20071210/18384272299.shtml.

② 搜狐财经.关于娃哈哈与达能公司纠纷的说明[EB/OL].(2007-07-05)[2022-08-28].https://business.sohu.com/20070705/n250910652.shtml.

(二)恶意串通,损害国家、集体或者第三人利益;(三)以合法形式掩盖非法目的;(四)损害社会公共利益;(五)违反法律、行政法规的强制性规定。

2020年5月《中华人民共和国民法典》施行后,《合同法》(1999年修正)废止。《中华人民共和国民法典》第一百四十三条规定,“具备下列条件的民事法律行为有效:(一)行为人具有相应的民事行为能力;(二)意思表示真实;(三)不违反法律、行政法规的强制性规定,不违背公序良俗”。

由于双方各执一词,难以达成一致,于是“达娃”合资公司与娃哈哈集团在2005年10月12日签订了《商标使用许可合同第一号修订协议》(以下简称《第一号修订协议》),对商标的使用许可范围做了重新约定。双方约定授权27家非合资公司使用“娃哈哈”商标,且条款设置留有余地,此后新设的非合资公司也可通过协商获取“娃哈哈”商标的使用授权。这一协议表示双方就以往产生的非合资公司商标使用争议达成了一致——无论以往“达娃”合资公司是否默许了非合资公司的“娃哈哈”商标使用行为,双方都在此协议中对27家非合资公司进行了商标使用权的授权。因此,娃哈哈集团旗下非合资公司享有“娃哈哈”商标的合法使用权,不存在商标滥用侵权行为(双方商标权纠纷过程小结见图1-3)。

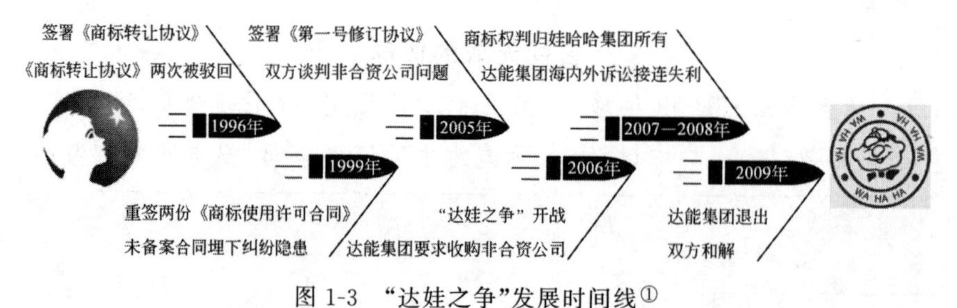

图1-3 “达娃之争”发展时间线①

① 作者根据企业相关资料整理绘制。

2.3 不正当竞争行为的相互指控

在商标争议之外，娃哈哈集团和达能集团互相指责对方存在不正当竞争行为(见表1-3)。

表1-3 达能集团与娃哈哈集团的相互指控与回应

达能集团的主张		娃哈哈集团的主张
娃哈哈集团在《合资经营合同》中承诺“不从事任何与‘达娃’公司的业务产生竞争的生产及经营活动”，但非合资公司业务与“达娃”合资公司形成了同业竞争	回应 ←	与达能集团签约并承诺这一保证的非合资公司实际上是投资公司，不进行产品的实际生产行为，因此不构成与“达娃”合资公司的同业竞争问题
达能集团认为宗庆后同时担任与“达娃”合资公司有竞争关系的非合资公司股东，并参与经营，损害了“达娃”合资公司利益，违反“竞业禁止”规定	相互指控 → ←	达能集团董事嘉某某等人利用“达娃”合资公司的经营计划等商业机密加剧了“达娃”合资公司与其他同类企业间的竞争，违反“竞业禁止”规定
在饮料行业，达能集团在中国的市场占有率为15%，并面临统一、康师傅、可口可乐、百事可乐等众多强劲对手，因此达能集团并未对市场构成垄断势力	回应 →	达能集团对中国饮料企业的广泛并购，意在垄断中国饮料行业，严重违反了我国《关于外国投资者并购境内企业的规定》

在达能集团对娃哈哈集团的指责中，达能集团认为非合资公司从事了与“达娃”合资公司的业务产生竞争的生产及经营活动。因此，达能集团分别致函各家“达娃”合资公司，以宗庆后在担任“达娃”合资公司董事长期间违反“竞业禁止”规定为由，在国外提起了数起指控。

而在娃哈哈集团的诉讼反攻中，娃哈哈集团控诉达能集团董事嘉某某等人在担任“达娃”合资公司董事的同时，担任了多家与“达娃”合资公司业务存在竞争关系的企业董事，利用“达娃”合资公司的经营计划等商业机密[①]加剧了“达娃”合资公司与其他同类企业间的竞争。这一指控于2007年10月18日获得了桂林市中级人民法院的判决支持。

① 同一个人不能同时在有竞争行业的两家公司担任董事，即使不执行管理权，但是作为公司董事会成员之一也有权翻查公司账目等机密文件，也会构成“竞业禁止”情形。

“竞业禁止”规定

《公司法》(2005 年修正)第一百四十九条第三项规定：“董事、高级管理人员不得未经股东会或者股东大会同意，利用职务便利为自己或者他人谋取属于公司的商业机会，自营或者为他人经营与所任职公司同类的业务。”

与此同时，娃哈哈集团认为，达能集团在中国大肆收购或参股饮料企业，持有乐百氏、光明乳业、深圳益力、上海正广和饮用水、汇源果汁等众多饮料行业龙头企业的股权，严重干扰了市场竞争秩序，应当对达能集团进行反垄断调查，利用法律手段强行解除其垄断地位。

《关于外国投资者并购境内企业的规定》
(商务部等六部委令 2006 年第 10 号)

第五十一条　外国投资者并购境内企业有下列情形之一的，投资者应就所涉情形向商务部和国家工商行政管理总局报告：

(一) 并购一方当事人当年在中国市场营业额超过 15 亿元人民币；

(二) 1 年内并购国内关联行业的企业累计超过 10 个；

(三) 并购一方当事人在中国的市场占有率已经达到 20%；

(四) 并购导致并购一方当事人在中国的市场占有率达到 25%。

虽未达到前款所述条件，但是应有竞争关系的境内企业、有关职能部门或者行业协会的请求，商务部或国家工商行政管理总局认为外国投资者并购涉及市场份额巨大，或者存在其他严重影响市场竞争等重要因素的，也可以要求外国投资者作出报告。

上述并购一方当事人包括与外国投资者有关联关系的企业。

从上述条款看，达能集团可能涉及违反第五十一条第一款第一项的规定，但《关于外国投资者并购境内企业的规定》(商务部等六部委令 2006 年第 10 号)(后简称《规定》)于 2006 年 9 月 8 日起施行，娃哈哈集团与达能集团的合资行为发生于 1996 年 2 月。按照法律法规“不溯及既往”的原则，达能集团在《规定》颁布之前的行为不受这一《规定》约束。且达能集团对娃哈哈集团的垄断质疑回答道：达能集团在中国饮料行业的市场占有率仅为15%，同期市场中存在统一企业、康师傅、可口可乐等市场份额旗鼓相当的竞争对手，达能集团并未在饮料市场中占有绝对的主导地位，因此达能集团不具备在中国饮料市场的垄断势力。

商事篇

“达娃之争”是我国大量中外合资公司经营矛盾的一个缩影，双方的知识产权纠纷背后隐藏了中外合资、跨国并购、同业竞争、本土品牌保护等一系列复杂的商业问题。

在全球并购浪潮的席卷之下，越来越多的本土企业如娃哈哈集团一样，逐渐走上了中外合作的道路。在引进外资的过程中，“以市场换技术”成为中外企业合作的常态。外资企业在资金、技术及资本运营方面已然形成了既有优势，而我国本土企业的知识产权保护意识和手段都尚待加强，这一差距致使改革开放后我国本土企业在与外资企业的合作中长期处于不利地位。

娃哈哈集团在“达娃之争”中暴露出的商标品牌策略缺陷无疑为本土企业的商标品牌战略构建敲响了警钟。本土品牌要在激烈的国内外市场浪潮中保持竞争力，就必须在商标的培育、保护和融资策略等方面着力，从宏观层面构建自身的商标品牌战略，建立对商标品牌战略的整体认知和规划，利用商标品牌带动企业研发生产技术、市场营销能力和企业文化创新的协调发展，运用商标制度提供的保护手段更好地管理、维护自主商标品牌，进而防范商标流失风险。

3.1 多元化商标培育

“娃哈哈”商标取名源于当时广为流传的《娃哈哈》儿歌，形象设计为笑容甜蜜的胖娃娃(见案例正文图 1-2),商标设计个性突出、便于传播,与其产品的儿童市场定位十分契合。鲜明的商标特征能够传达产品特质、吸引市场消费群体,既有助于企业推广产品、扩大市场份额,也能体现企业的发展规划、塑造企业形象。

在娃哈哈集团的商标质量管理实践中,娃哈哈集团采用了“单一主商标+二级产品标识”命名规范统一管理旗下产品,将企业的生产、营销资源尽数倾注于“娃哈哈”商标。多数企业也会采取类似的主副商标策略,在一款商标取得成功后,持续强化对单一商标的投资建设。在商标培育初期,采用单一商标策略有助于企业集中资源进行营销推广,整齐划一的命名规范能够很好地体现企业发展规划、塑造企业形象。单一商标下任意一款产品的成功都能够实现对商标知名度的快速提升,进而带动整个产品线的发展。单一商标策略无疑为娃哈哈集团推广产品、拓展市场立下了汗马功劳。

但在这场商标纠纷中,单一商标策略给企业带来的运营风险也暴露无遗。在单一商标策略下,企业运营风险增加,且出于对已有商标商誉维护的目的,企业的产品创新会变得束手束脚,企业创新风险也会“被增加”。在外资并购情境中,“把鸡蛋装在同一个篮子里”会削弱本土企业的风险抵抗能力。娃哈哈集团的单一商标策略使其在与外资的合作中“底牌单薄”,企业发展前途尽系于“娃哈哈”商标一身,娃哈哈集团在“达娃之争”中的最优解除全力争夺“娃哈哈”商标权外别无选择。

因此,企业在商标培育过程中,要结合市场需求与企业发展需要,综合考虑单一商标策略与多元化商标策略,孵化多种品牌商标,建设完善的商标体系,分散商标运营风险。近年来,娃哈哈集团重点着力进行商标品牌多元化布局,以自身产销渠道优势助推了“KellyOne”“一茶”“生气啵啵”等系列新商标品牌的上市。多元化商标策略不但有助于企业的风险管理,也有利于企业通过对不同商标文化特质的塑造,突出标识产品线间的不同特质,进而差异化定位目标消费群体,更好地迎合消费需求。

3.2 全过程商标保护

从娃哈哈集团的商标保护实践中可以看出，娃哈哈集团的商标注册保护意识较强。除注册实际生产销售过程中使用到的商标以外，娃哈哈集团十分重视防御商标注册、联合商标注册、驰名商标认定等手段在商标保护中的作用，早在商标实际投入生产使用之前便注册了“哈娃娃”等防御商标、联合商标（如表1-4所示）。

表1-4 不同类别商标定义与保护范围

商标类别	定　义	保护范围	典型举例
防御商标	同商标所有人在所持注册商标的限定适用范围外的其他商品或服务类别内注册的与主商标相同的商标	防止假冒伪劣产品扰乱市场秩序，损害自身商标信誉。由于联合商标功能的特殊性，联合商标注册不受商标不用“撤三”限制，可实现商标的长效保护	日化用品类别下的“娃哈哈”商标
联合商标	商标所有者在相同的商品类别或同一类别的不同商品上注册一系列相似的商标，其中以商标所有权人主要使用的商标为主商标，其余相似商标则称为联合商标	防范他人搭便车，利用自身商标形成的品牌效益经营其他类别产品，造成消费者混淆，损害商标形象	饮料类别下的“哈娃娃”“哈哈娃”等商标

娃哈哈集团利用商标的注册保护手段，成功避免了市场中其他假冒伪劣产品的恶意侵权。然而，娃哈哈集团却疏忽了商标使用许可授权管理中的商标保护问题。在“达娃之争”中，如若达能集团所持的独占性商标使用许可有效，那么娃哈哈集团不仅会因此丧失商标使用权，更会因非合资公司的商标滥用行为而面临巨额的侵权罚款。因此，企业在授予他人商标使用许可时，应当对商标的使用许可性质、使用范围等做出明确约定，根据商标保护的需要灵活选择商标使用许可的形式（如表1-5所示），并严格按照行政法规要求办理相关手续，完善对商标“注册—使用—授权”的全过程保护。

表 1-5 商标使用许可的 3 种形式

许可类型	含义
独占使用许可	仅允许被许可人以约定的方式在约定的期间、地域使用，其他人和商标注册人不得使用商标
排他使用许可	允许许可人和被许可人共同使用商标，但是除两者以外的其他人无权使用
普通使用许可	除许可人和被许可人外，其他人也可以被许可使用商标

3.3 多渠道商标融资

在改革开放初期的外资引进实践中，秉持“以市场换技术”的态度，不少本土企业采取了直接转让自身股份的方式进行对外融资。由于缺乏资本运作经验，许多本土企业的股权融资策略过于激进，导致本土企业的控制权落入外资企业之手，外资企业进而获得了本土企业自主商标的实际控制权。从大量本土企业自主商标流失案例来看，在控制本土企业后，外资企业通常会利用雪藏、做亏等手段使本土品牌商标被市场淘汰（如表 1-6 所示），转而将本土品牌商标的零售营销资源用于外资品牌商标的推广建设，导致本土企业的知识产权流失。

表 1-6 外资并购中本土企业自主商标的流失表现

表现	外资操纵方式	案例
雪藏	获得本土商标独占性使用许可授权后，将本土商标弃置不用，从而为外资商标创造市场份额	可口可乐公司控股杭州娃哈哈非常可乐饮料有限公司
做亏	做亏合资公司，迫使中方由于无法承受巨额亏损而退出合资，最终形成外方独资	法国赛博集团与上海电熨斗总厂合资生产红心牌电熨斗
蚕食	通过股权收购、董事任命等方式逐步控制本土企业，致使本土企业商标所有权流失	达能集团控股乐百氏集团、上海正广和饮用水有限公司
贬值	实行产品差异化战略，将本土品牌商标定位低端化，压缩本土企业的利润空间	达能集团控股深圳益力矿泉水股份有限公司

在娃哈哈集团的融资实践中，娃哈哈集团选用了商标权融资的方式，以自身持有的商标权作为对价投入“达娃”合资公司。娃哈哈集团的商标权投资看似不涉及本土企业自身股份变动（达能集团获得了

“达娃”合资公司股份，但未曾获得娃哈哈集团股份)，且约定了中外双方“合资不合牌”，但其实质依旧是向新加坡金加投资公司出让了部分商标权，由此为之后的合资纠纷埋下了隐患。

随着资本市场的不断创新，除股权融资和商标权融资外，企业的商标融资目的还可以通过商标质押贷款等方式实现。在20世纪90年代，我国国内商标评估、交易市场尚未发育完善，商标价值的评估和认定存在一定困难，故鲜有企业选用商标质押贷款的方式进行融资。进入“十四五”时期，随着我国知识产权质押处置流转体系的不断发展，商标质押贷款已然成为我国企业融资的重要渠道之一。

较股权融资与商标权融资而言，商标质押贷款既能保障企业对于自主商标的经营使用权利，又能最大化商标价值为企业解决融资难题，不失为当下企业融资的新选择。本土企业在进行商标融资时，可根据不同融资方式的优缺点进行比较(如表1-7所示)，灵活选择商标融资方式。

表1-7 不同商标融资方式的内涵与缺点

商标融资方式	内　涵	缺　点
股权融资	出让自身企业股权，换取资本投资	易丧失本土企业控制权，间接导致自主商标流失
商标权融资	出让自主商标所有权或使用权，换取资本投资	易丧失自主商标控制所有权或使用权，直接导致自主商标流失
商标质押贷款	将依法可以转让的商标专用权作为质押物从银行取得贷款	只能解决企业的资金问题，难以获取其他企业的生产技术等资源

案例启示

娃哈哈集团的商标培育、保护和融资策略在“达娃之争”中暴露出的问题，为本土企业的品牌商标战略构建提供了以下启示。

第一，实施多元化商标培育，构建企业商标体系。企业在商标培育过程中，要根据企业发展需要，综合考虑单一商标策略与多元化商标策略，利用不同策略的优势分散商标运营风险。企业应当结合市场需求孵化多种品牌商标，建设完善的商标体系，通过对不同产品线的专业化管理提升商标质量。

第二，重视全过程商标保护，化解商标授权风险。商标融资策略选择要求企业熟知不同融资方式的优缺点，而商标融资策略的实施则要求企业掌握不同融资方式的操作程序。企业应对商标的注册、使用、授权等环节实施全过程风险防护，在商标权融资中要尤其注意商标使用许可的授予形式，避免自主商标经营权利的丧失，保障自主品牌发展。

第三，多渠道开展商标融资，理性整合企业资源。在股权融资和商标权融资过程中，投融资双方通常会就企业的股权与实际经营权展开争夺，而企业股权和经营权的分离会导致企业剩余索取权与实际控制权的分离，这种分工法则极易造成分工的零和博弈出现。达娃之争的最终结果看似是本土企业以对“达娃”合资公司的实际控制权为筹码逼退了达能集团，成功捍卫了自主品牌商标。但实际上，娃哈哈集团并未在与达能集团的合作中获得预期的收益，双方在一定程度上陷入了零和博弈。在外资引进中，本土企业要理性思考自身品牌发展需要，在商标权融资和商标质押贷款等不同融资途径选择中做出理性的抉择。

第四，开展全方位外资背调，防范外资垄断市场。在合资时对外资企业投资意图调查的忽视，是娃哈哈集团一度陷入被动局面的根本原因。在本案例中，达能集团投资的娃哈哈、乐百氏、深圳益力等企业业务重合严重，相互之间形成了强烈的竞争关系，使得娃哈哈集团的业务发展受到了严重的限制。在与外资企业合作前，本土企业不仅要调查外资企业的资产负债、法律诉讼等经营管理状况，更要重视从企业扩张模式、投资动机等角度分析外资企业的合作意图，合理评估引进外资的影响。在与外资企业达成合作后，本土企业要加强对外资企业资本运作手段的防范，注重对外资企业“不正当竞争”行为的监测，善用《中华人民共和国反垄断法》等相关法律武器及时保护自身利益、维护行业生态。

第五，遵守国内外法规制度，谨慎对待协议商定。在协议商定中，本土企业与外资企业应当就合作后的品牌发展方向、商标利用形式等问题做出具体约定，明晰双方的知识产权归属与使用权利，明确不履行相关约定的法律责任和救济方式。此外，在中外企业合作中，涉及的国内外法规制度可能存在不同，涉外诉讼纠纷也会更加纷繁复杂。面对复杂的国内外法规制度，本土企业可寻求专业法律团队的支持，严格把控协议签订的法律程序，排除相关合同签订中的法律风险，防范自主商标流失。

案例 2

两只“鳄鱼”的七年之战：拉科斯特与卡帝乐的商标纠纷

汪玥琦　徐婉秋　邵雨晨

引言

法国拉科斯特股份有限公司（以下简称拉科斯特公司）与新加坡鳄鱼国际机构（私人）有限公司（以下简称卡帝乐公司）围绕头朝左鳄鱼图形在中国展开的近 7 年的“商标大战”，伴随着 2018 年中华人民共和国最高人民法院（以下简称最高院）再审（终审）判决书的下达，终于得以告一段落。

自从 2012 年卡帝乐公司对拉科斯特公司头朝左鳄鱼图形商标提出争议以来，历经 2013 年国家工商行政管理总局商标评审委员会（以下简称商评委）的裁定、2014 年北京市第一中级人民法院的一审、2015 年北京市高级人民法院的二审，以及 2018 年最高院的再审，商评委所作出的原裁定最终得以维持。根据最高院行政判决书（〔2018〕最高法行再133号），两公司的商标“在构成元素、视觉效果等方面区别明显，相关公众施以一般注意力能够区分，两商标并存于市场不易使相关公众混淆，故争议商标与引证商标未构成《商标法》第二十九条所指的使用在同一种或类似商品上的近似商标”。

在这场再审判决中，最高院明确了在判断商标是否近似时应采取司法解释规定的整体比对和主要部分比对方法。因此，卡帝乐公司商标的主要识别部分“CARTELO”文字，以及其与头朝左鳄鱼图形构成的商标整体，与拉科斯特公司的头朝右鳄鱼图形商标不构成近似商标。同时，最高院指出，拉科斯特公司与卡帝乐公司的前身（利生民公司）于1983年签订的一份商标共存协议不影响本案对两者商标近似性的判断，且协议涉及的国家和地区并不包括中国。据此，最高院对卡帝乐公司的相关主张未予以支持。

鳄鱼本就是一种极富忍耐力与攻击力的动物，而这种特性，在法国“鳄鱼”与新加坡“鳄鱼”身上体现得淋漓尽致。拉科斯特公司与卡帝乐公司这场旷日持久的“商标大战”历时近7年之久，用尽了一审、二审和再审的程序，最终以拉科斯特公司的获胜宣布告一段落。然而，这已经不是两家公司第一次因商标问题产生纠纷。自从20世纪60年代在日本第一次碰面以来，两只“鳄鱼”之间就已经在不同国家和地区，针对不同的争议商标，“撕咬”多年。虽然它们也曾一度“握手言和”，退一步海阔天空，却又在中国市场“狭路相逢”，数次“大动干戈”。这究竟是为正当的权益而战，还是因为由来已久的“心存芥蒂”，抑或为了抢滩潜力巨大的中国市场？双方究竟能否平息“战火”，和平共处？

故事篇

1.1 “向左走，向右走”：两只“鳄鱼”的养成史

1.1.1 “法国鳄鱼”——拉科斯特（LACOSTE）

法国拉科斯特公司于1933年创始于法国，是国际知名的服装公

司。迄今为止，拉科斯特公司已由最初的针织服装品牌发展至多产品系列——产品涵盖男装、女装和童装、鞋履、帽子、袜子、手套、手表、皮具等多个类别，主要产品线如图 2-1 所示。

图 2-1　拉科斯特公司的主要产品线①

1979 年，拉科斯特公司向我国商标局申请注册了头朝右的鳄鱼图形商标——第 141103 号商标(以下简称 A 商标，如图 2-2 所示)。商标上的鳄鱼头朝右，身形粗壮，嘴巴张开并露出锋利牙齿。该商标的创作灵感来源于拉科斯特公司品牌创始人——法国网球名将瑞恩·拉科斯特(René Lacoste)，他在球场上展现的“猛鳄精神”，让其获得“鳄鱼先生”的称号。

图 2-2　拉科斯特国际注册第 141103 号商标(A 商标)②

① 拉科斯特(法国)官方网站[EB/OL]. [2022-09-12]. https://www.lacoste.com/fr/.

② 爱企查网站商标查询[EB/OL]. [2022-09-12]. https://aiqicha.baidu.com/mark/s?q=lacoste&t=7.

1980 年，A 商标被核准在第 25 类商品“服装鞋帽”上注册。自此，拉科斯特品牌正式进入我国市场，并陆续在第 9 类光学用具及仪器、第 18 类皮革皮具、第 28 类玩具等类别的商品上申请注册了鳄鱼商标。

在中国市场多年的深耕细作，让拉科斯特公司和它的鳄鱼商标积累了一定的知名度。1994 年，核定使用于第 25 类服装鞋帽等商品上的 A 商标被商标局认定为驰名商标。为进一步防止他人以改变鳄鱼头部朝向的方式进行侵权的情况的发生，同年，拉科斯特公司在法国申请注册头朝左鳄鱼图形商标——国际注册第 638122 号商标（G638122 号商标，以下简称 B 商标，如图 2-3 所示），采用的是对于 A 商标的左右镜像翻转。之后，拉科斯特公司就 B 商标向我国商标局提出领土延伸保护，并于 1995 年核定使用于第 9 类光学用具及仪器、第 25 类服装鞋帽、第 28 类玩具等类别的商品上。

图 2-3　拉科斯特国际注册第 638122 号商标（B 商标）[1]

1996 年，拉科斯特公司在中国仅有 3 家专卖店，公司的业务重心仍然放在欧洲市场。10 年后，拉科斯特公司在世界品牌实验室（World Brand Lab）编制的年度《世界品牌 500 强》排行榜中名列第 373 位。截至 2021 年，拉科斯特公司在中国已有 400 多家线下门店。

1.1.2 “新加坡鳄鱼”——卡帝乐（CARTELO）

卡帝乐公司由新加坡籍华裔陈贤进博士于 1947 年创立于新加坡。品牌创立不久，便迅速在国际竞争中抢占了新加坡、马来西亚、日本、韩国、印度尼西亚等多个国家的市场。卡帝乐公司的产品涵盖男装、女装、童装、家纺、箱包配饰、眼镜、手表、文具、皮件制品等多种类别（如图 2-4 所示），价格相对平民化。

① 爱企查网站商标查询[EB/OL].[2022-09-12]. https://aiqicha.baidu.com/mark/s?q=lacoste&t=7.

图 2-4　卡帝乐公司的主要产品线①

1993 年，卡帝乐公司开始进军中国市场，是最早进入中国市场的世界知名品牌之一，并在上海市开设了第一家专卖店。隔年，卡帝乐公司在我国申请注册头朝左鳄鱼图案且上方有绿、蓝、红三色的“CARTELO”空心字母的图文商标——第 846776 号商标(以下简称 C 商标，如图 2-5 所示)，核定使用于第 9 类(电视机等)商品。

图 2-5　卡帝乐国际注册第 846776 号商标(C 商标)②

对于“CARTELO”这一品牌名的由来，创始人陈贤进表示，在 20 世纪 50 年代，汽车和电话是年轻人所追逐向往的两件东西，代表着那个年代的时尚与潮流。于是，他就将汽车(car)、电话(telephone)，以及无性别(unisex，以字母 O 为代表)的字母组合起来，便形成了如今的“CARTELO”品牌名。

1995 年，卡帝乐公司已在上海、广州、浙江、福建、云南等地开设了 85 家专卖店，随后继续积极拓展中国市场，积累了一定的影响力和知

① 卡帝乐鳄鱼(天猫)官方旗舰店[EB/OL]. [2022-09-12]. https://cartelo. tmall. com/.

② 南极电商官方网站[EB/OL]. [2022-09-12]. http://www. nanjids. com/Home/Brand/kdl. html.

名度，并拥有了较固定的消费群体。1998年，卡帝乐公司以其面料考究、款式新颖气派、服务周到全面的特点赢得了我国广大消费者的喜爱与信任，被国家统计局评选为“全国市场十大畅销品牌”，其拥有的C商标也已经成为在我国具有一定影响力和较高知名度的商标。

2016年，南极电商（上海）有限公司（以下简称南极电商）作价5.9375亿元收购卡帝乐公司母公司卡帝乐鳄鱼私人有限公司（Cartelo Crocodile Pte Ltd，CCPL）95%的股权，卡帝乐公司逐渐将业务延伸至电商领域，此次收购也成功实现了卡帝乐公司销售额的倍速增长。截至2021年，卡帝乐公司在中国已有4000多家线下门店。

1.2　狭路相逢，积怨已久：两只“鳄鱼”的商标争夺史

1.2.1　日本初遇，纠纷开始

两只“鳄鱼”自“诞生”起的相当长时间内，并不知对方的存在，双方都在各自的领域内经营，并在不同地区的市场中不断扩大着自己的地盘。卡帝乐公司瞄准时机，先后在亚洲、非洲的二十多个国家和地区注册了商标，而拉科斯特则将品牌的旗帜插遍了欧洲的各个国家。

直到1960年，拉科斯特公司不满足于其在欧洲市场的成功，很快将目光锁定在了日本市场，并欲进行商标注册。但卡帝乐公司早已在日本市场深耕多年，并先于拉科斯特公司注册了头朝左鳄鱼图形商标。作为后来者，显然，拉科斯特公司企图申请注册商标的行为遭到了卡帝乐公司的强烈反对。1969年，卡帝乐公司以拉科斯特公司的销售商侵犯其商标权为由，向日本大阪高等法院提起民事诉讼。拉科斯特公司则辩称，卡帝乐公司的鳄鱼图形头朝内，自己公司的鳄鱼图形头朝外，不致混淆。

历经3年诉讼，双方最终达成和解：卡帝乐公司同意拉科斯特在日本注册鳄鱼图形商标，随后拉科斯特公司的鳄鱼图形商标经日本专利局批准后予以注册。当时卡帝乐公司品牌创始人陈贤进博士表示：“生意肯定是有竞争的，既然它（拉科斯特）在欧洲也是一个知名的品牌，那就共同竞争吧，双方可以在这个市场（日本）共存。”

随后,拉科斯特公司又意欲进入亚洲其他国家和地区,这使得两家公司在缅甸、泰国、柬埔寨等亚洲国家展开了旷日持久的马拉松式商标纷争。1983年,拉科斯特公司和卡帝乐公司签订了有关使用鳄鱼图形商标的协议,该协议明确约定:结束并最终解决双方之间未决的所有法律纠纷、法律行动、分歧、争议和请求;双方认同各自的系列商标标识可在马来西亚、印度尼西亚、文莱、新加坡等地市场中共存不致混淆。不仅如此,拉科斯特公司还表示愿意付给卡帝乐公司因"过去支付鳄鱼商标保护和防御用的补偿金"共150万美元。至此,两只"鳄鱼"暂时休战。

1.2.2 中国再遇,针锋相对

然而,双方和平共处的局面,并未维系很久。1993年,卡帝乐公司开始进入中国市场。但由于拉科斯特公司早在1980年就在中国注册了商标,为避免商标纠纷,卡帝乐公司不得不在中国重新启用头朝左鳄鱼图案且上方有绿、蓝、红三色的"CARTELO"空心字母的图文商标,即C商标,并被获准注册。为了使这个商标能尽快被消费者熟知,卡帝乐公司为此花费了巨额的广告宣传费用。然而,两家公司的纠纷并未因此而避免。拉科斯特公司率先发难,在法定异议期内,以C商标中的鳄鱼图案与其先申请注册的A商标构成近似商标为由,向商标评审委员会提出异议,对卡帝乐公司展开了穷追不舍的"攻击"。

原来,拉科斯特公司早在1984年便开始在眼镜等4类商品上提出LACOSTE及鳄鱼图形商标的注册申请。此后,拉科斯特公司的4件商标又获得领土延伸保护,专用权期限为20年。商标局于1999年做出裁定,对卡帝乐公司的鳄鱼商标不予注册。卡帝乐公司向商评委申请复审,2008年,复审结果认为,双方商标存在明显区别,裁定该商标予以注册。拉科斯特公司不服,先后向北京市第一中级人民法院和北京市高级人民法院提起诉讼。北京市高级人民法院于2009年做出二审判决,认为该商标与拉科斯特公司商标在文字构成、呼叫、整体外观上均具有明显区别，且两款商标在实际使用中并存多年，已各自具有较高的知名度和显著特征，故两商标不构成近似商标，并驳回了拉科斯特公司的再审申请。至此，卡帝乐公司终于“沉冤得雪”，但“一山不容二虎”，两只“鳄鱼”之间的纷争也尚未就此罢休。

2002 年，拉科斯特公司试图将卡帝乐创始人陈贤进亲手设计并拥有著作权的鳄鱼图形加手写体“CROCODILE”商标，以其名义在多类商品上发布商标注册公告。因此，卡帝乐公司于同年 3 月向上海市第二中级人民法院以侵犯著作权为由提起诉讼，要求拉科斯特公司向卡帝乐赔偿 1 美元。而从 2003 年开始，拉科斯特公司则以卡帝乐公司侵犯自己的注册商标专用权为由，先后在上海、武汉、长沙、西安、长春等地对当地销售卡帝乐公司商品的商场提起诉讼。案件时间轴如图 2-6 所示。

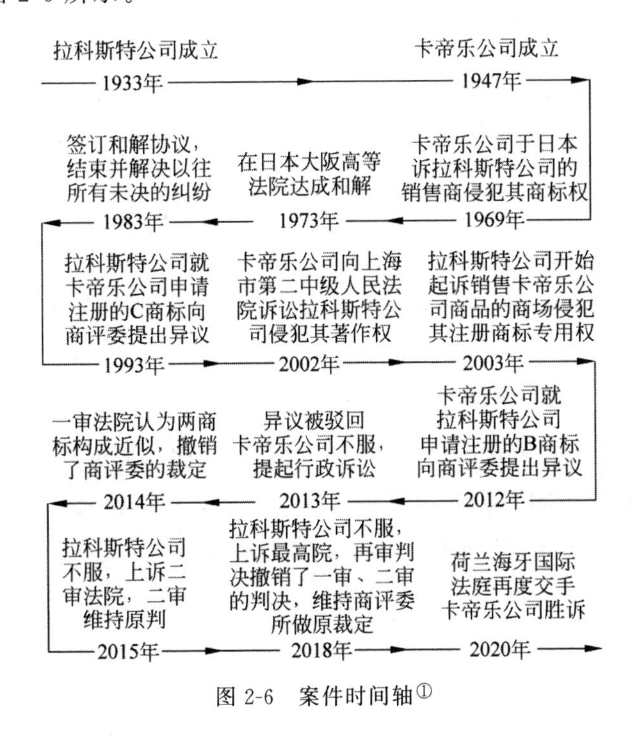

图 2-6　案件时间轴①

① 案件时间轴由案例作者根据资料整理并绘制而成。

法律篇

拉科斯特公司1933年在法国成立，随后，其头朝右鳄鱼图形商标也在法国正式注册。1980年，拉科斯特公司在我国申请注册A商标，之后为了防止他人以改变鳄鱼头部朝向的方式进行侵权，1994年，拉科斯特将A商标进行水平镜像翻转，在法国申请注册了B商标，并于1995年在我国获得领土延伸保护申请。值得注意的是，拉科斯特公司此前从未在我国境内注册过头朝左的鳄鱼图形商标。面对拉科斯特公司的头朝左鳄鱼图形商标，卡帝乐公司没有坐视不理，双方展开了历时7年之久的"商标大战"。

2.1 商标注册惹争议

本案中的争议商标为一写实头朝左鳄鱼图形，由拉科斯特公司于1995年申请的国际注册B商标，经核准注册使用在第9类光学用具及仪器等商品上。引证商标为"CARTELO及图"商标，其由文字"CARTELO"及一个嵌于文字中间的头朝左鳄鱼图形构成，申请号为第846776号，由卡帝乐公司于1994年6月向国家工商行政管理总局商标局申请注册，核定使用于第9类电视机等商品上。

2012年6月，卡帝乐公司针对争议商标向商评委提出异议，申请撤销拉科斯特公司的B商标。理由包括：一是拉科斯特公司的B商标与卡帝乐公司在先申请注册的C商标构成近似商标；二是B商标构成对卡帝乐公司已经使用并有一定知名度的系列头朝左鳄鱼商标的恶意抢注。

2013年12月，商评委作出第124823号裁定[①]，认为采用整体比较

① 天眼查.国家工商行政管理总局商标评审委员会商评字(2013)第124823号关于国际注册第638122号图形商标争议裁定[EB/OL].[2022-09-12].https://susong.tianyancha.com/b861aada125949c6b285801511963603.

法，两商标在构成元素、视觉效果等方面区别明显并能够区分，并存于市场不易导致相关公众混淆，因此，两商标未构成 2001 年《商标法》第二十九条[①]所指的使用在同一种或类似商品上的近似商标。此外，对于卡帝乐公司所主张的争议商标构成对他人在先使用并有一定影响的未注册商标的抢注，商评委认为，卡帝乐公司提供的证据未涉及争议商标指定使用的现金收入记录机等其尚未注册引证商标的商品，其主张缺乏事实依据。因而裁定，予以维持拉科斯特公司第 638122 号头朝左鳄鱼图形商标。

2.2　一审二审掀波澜

卡帝乐不服第 124821 号裁定，向北京市第一中级人民法院提起行政诉讼，申请撤销该裁定。除了向商评委主张的理由外，其主张理由还包括对于其主张的在先使用并有一定影响的未注册商标，商标评审委员会未进行评审，属于程序错误。在一审过程中，卡帝乐公司与拉科斯特公司还分别向一审法院提交了争议商标档案、引证商标档案等证据，用以证明其向法院提供的证据的来源可靠性。

2014 年 12 月，一审法院经审理后认为[②]：拉科斯特公司的鳄鱼图形商标与卡帝乐公司的鳄鱼图形商标在构成元素、整体视觉效果等方面差异较小，且也应尊重和遵守两家公司此前就市场划分达成的和解协议。两商标核定使用商品属于类似商品，并存于市场容易造成相关公众的混淆、误认，已构成近似商标，争议商标的注册违反了 2001 年《商标法》第二十九条规定。此外，根据一审法院查明的事实，卡帝乐公司在评审中提出的争议商标的注册对其在先使用并有一定影响的未注册商标存在侵犯注册商标专用权的主张，其引述的 4 件商标中其他

---

① 本案适用于 2001 年修正的《商标法》，该项条款对应 2019 年修正的《商标法》第三十一条。

② 中国裁判文书网. 北京市第一中级人民法院(2014)一中知行初字第 4499 号行政判决[EB/OL]. [2022-09-12]. https://wenshu. court. gov. cn/website/wenshu/181107ANFZ0BXSK4/index. html? docId=vjFW3xzcinA7pehPkJBYuoHOo4hVLxCId98zNjmKsPKtGBHqgPdBcZO3q-NaLMqsJVd/PWzKq/eJu1qmLvdjHTCfHTO9Hz752ChVdVKEW56DsobiQUt4f0pIc7EAZ16/3.

3件(如图2-7所示)与引证商标并不一致,不能就此3件商标一并吸收评审,商评委存在漏审的程序错误。因此,一审法院作出判决,撤销了商评委的第124821号裁定,并责令其重新做出裁定。

图2-7 卡帝乐公司请求保护的3件在先使用未注册商标[①]

对于一审判决,拉科斯特公司表示不服,并上诉至北京市高级人民法院,请求撤销一审判决。理由包括:一是第124821号裁定并不存在遗漏审查事实的程序错误;二是B商标的注册未违反2001年《商标法》第二十九条规定。2015年12月,二审法院作出判决,驳回了拉科斯特公司撤销一审判决的诉讼请求,维持原判。二审法院认为[②],拉科斯特公司商标中的"鳄鱼图形"与卡帝乐公司商标中的"鳄鱼图形"几乎完全相同,两商标构成近似商标,且拉科斯特公司的鳄鱼商标使用的第9类光学用具及仪器等商品与卡帝乐公司鳄鱼商标核定使用的第9类电视机等商品,在用途、功能、销售渠道等方面相近,构成类似商品,足以导致相关公众的混淆与误认。因此,拉科斯特公司头朝左鳄鱼商标的注册违反了2001年《商标法》第二十九条规定。此外,对于拉科斯特公司主张的第124821号裁定并不存在遗漏审查事实的程序错误,由于拉科斯特公司补充提交的证据不足,二审法院不予支持。

2.3 "决战"最高院

2018年,拉科斯特公司正式向最高院申请再审与卡帝乐公司的关

① 爱企查网站商标查询[EB/OL].[2022-09-14]. https://aiqicha.baidu.com/mark/.

② 中国裁判文书网.北京市高级人民法院(2015)高行(知)终字第3018号行政判决[EB/OL].[2022-09-12]. https://wenshu.court.gov.cn/website/wenshu/181107ANFZ0BXSK4/index.html?docId=vjFW3xzcinA7pehPkJBYuoHOo4hVLxCId98zNjmKsPKtGBHqgPdBcZO3q-NaLMqsJVd/PWzKq/eJu1qmLvdjHTCfHTO9Hz752ChVdVKEW56DsobiQUt4f0ohoOzUCjrZO.

于第 638122 号争议商标纠纷一案。两只“鳄鱼”多年的商标纠纷，迎来了在中国境内的最终对决。同年 9 月，最高院公开开庭审理此案，在庭审过程中，拉科斯特公司与卡帝乐公司展开了激烈的辩论，双方各执己见。

拉科斯特公司一方主张：第一，公司在 1933 年创建于法国，早在 1980 年就在中国成功注册了 A 商标，并适用于第 25 类衣服商品上。随后，公司又陆续在第 9、18、28 等类别商品上也申请注册了鳄鱼商标，在发展中逐渐获得较高知名度，A 商标还于 1994 年被商标局认定为驰名商标。为防止他人以改变鳄鱼头部朝向的方式进行侵权，公司在头朝右鳄鱼图形这一商标的基础上，对其进行水平镜像翻转，这是对其基础商标的延续性注册，并非对他人商标标识的恶意模仿。况且，注册和使用左右朝向不同的图形商标是服装、眼镜等行业的惯例，因此，B 商标的申请注册不违反 2001 年《商标法》第二十九条规定。第二，对于卡帝乐公司主张其使用 B 商标属于对未注册商标使用的理由，商评委已在第 124821 号裁定中进行审理，不存在漏审。第三，关于在任何环境下均可单独使用头朝左鳄鱼图形标识，卡帝乐公司未获得确认。因此，卡帝乐公司对于此标识不享有商标权。第四，商标保护应坚持地域性原则，1983 年和解协议的适用国家或地区并不包括中国，且彼时拉科斯特公司已向卡帝乐公司的前身利生民公司支付补偿金作为对价。因此，1983 年的和解协议对本案没有约束力。此外，拉科斯特公司领先卡帝乐公司 10 多年在中国申请注册鳄鱼图形商标，没有必要与其签订共存协议，且事实上也不存在任何形式的共存协议。

卡帝乐公司一方则辩称：首先，拉科斯特公司的 B 商标是对卡帝乐公司一直使用的鳄鱼商标的恶意模仿、恶意注册，因为拉科斯特公司从未实际使用过头朝左鳄鱼商标；其次，商评委存在漏审，拉科斯特公司的头朝左鳄鱼商标侵犯了其在先使用并具有一定影响的 3 件未注册商标；此外，在过去几十年的市场发展中，鳄鱼图形的头部朝向始终是双方最显著的区别特征，拉科斯特公司始终实际使用头朝右鳄鱼商标，卡帝乐公司则始终使用头朝左鳄鱼商标，1983年的和解协议更是明确了两家公司鳄鱼图形商标头部朝向不同这一区别特征。在双方已经形成目前稳定市场格局的情况下，拉科斯特公司新申请注册的鳄鱼商标，其头部朝向与卡帝乐公司鳄鱼商标相同，违背了诚实信用原则和基本的商业道德，具有明显的不正当目的。总之，判断两个商标是否构成近似，不能简单机械地比较商标构成要素，而应该综合考虑双方的历史背景，以及商标注册、使用、知名度等情况，还应将双方各自经过长期实际使用、宣传而早已形成的固定市场格局和市场秩序纳入考虑范围。

最高院认为，拉科斯特公司与卡帝乐公司的商标纠纷案的争议焦点在于：第一，两家公司的头朝左鳄鱼商标是否构成近似商标，其申请注册是否违反2001年《商标法》第二十九条规定；第二，拉科斯特公司头朝左鳄鱼商标是否侵犯了卡帝乐主张的在先使用并有一定影响的未注册商标，其申请注册是否违反了2001年《商标法》第三十一条后半段规定[①]。

关于争议商标与引证商标的近似性判断。2001年《商标法》第二十九条规定："两个或者两个以上的商标注册申请人，在同一种商品或者类似商品上，以相同或者近似的商标申请注册的，初步审定并公告申请在先的商标；同一天申请的，初步审定并公告使用在先的商标，驳回其他人的申请，不予公告。"

2002年《最高人民法院关于审理商标民事纠纷案件适用法律若干问题的解释》第九条规定[②]："《商标法》第五十七条第（二）项[③]规定的商标近似，是指被控侵权的商标与原告的注册商标相比较，其文字的字形、读音、含义或者图形的构图及颜色，或者其各要素组合后的整体

① 该项条款对应2019年修正的《商标法》第三十二条。

② 本案适用于2002年《最高人民法院关于审理商标民事纠纷案件适用法律若干问题的解释》，该项条款对应2020年修正的《最高人民法院关于审理商标民事纠纷案件适用法律若干问题的解释》第九条。

③ 该项条款对应2019年修正的《商标法》第五十七条第（二）项。

结构相似，或者其立体形状、颜色组合近似，易使相关公众对商品的来源产生误认或者认为其来源与原告注册商标的商品有特定的联系。”由此可见，近似商标具有以下表现形式[①]：一是外观形状方面的近似，具体又可分为文字近似、图形近似和组合近似；二是发音方式上的近似，商标名称读音相同或相近的，一般具有较强的近似性；三是商标所要表达的含义上的相似，如果商标意义近似，则会导致人们理解上的错误，进而产生混淆商标的实际效果。

2002年《最高人民法院关于审理商标民事纠纷案件适用法律若干问题的解释》第十条规定[②]，“人民法院依据《商标法》第五十二条第(一)项[③]的规定，认定商标相同或者近似按照以下原则进行：以相关公众的一般注意力为标准；既要进行对商标整体的比对，又要进行对商标主要部分的比对，比对应当在比对对象隔离的状态下分别进行；判断商标是否近似，应当考虑请求保护注册商标的显著性和知名度”。因此，商标近似性的判断应遵循以下原则[④]。第一，以相关公众的一般注意力为标准，其中相关公众是指与商标所标识的某类商品或服务有关的消费者和与前述商品或服务的营销有密切关系的其他经营者。第二，采用整体比对、主要部分比对和隔离比对的方法。整体比对是指应当将被控侵权的商标作为一个整体与原告注册商标的整体进行比对，而不能通过被控侵权商标某一部分的要素与原告注册商标某个部分的要素相同、近似而认定两商标整体上近似；主要部分比对是先将被控侵权商标中非主要部分进行分离，然后再比对两商标的主要部分，而不是仅仅通过两商标中非主要部分不相同、不近似而认定两个商标在整体上不近似；隔离比对是指在商标近似认定中，应将两个商标分别置于不同时空来观察其是否近似，隔离比对是一种基本的商标比对

① 赵楠．商标授权确权案件中商标近似问题的认定[J]．中华商标，2018(1)：41-44.

② 该项条款对应2020年修正的《最高人民法院关于审理商标民事纠纷案件适用法律若干问题的解释》第十条。

③ 该项条款对应2019年修正的《商标法》第五十七条第(一)(二)项。

④ 金长荣．知识产权案例精选(2003—2004)[M]．北京：知识产权出版社，2006：225.

方式，无论采用整体比对还是主要部分比对，都应在隔离的状态下进行。第三，在判断商标是否构成近似时，还应将商标的显著性和知名度纳入考虑范围。因为显著性强、知名度高的商标，容易成为不法侵害的目标，应当受到更加充分的保护。

本案中，从整体上看争议商标为一写实鳄鱼图形，引证商标为带有指定颜色的“CARTELO 及图”文字图形组合商标。从主要部分来看，引证商标中的鳄鱼图形身长只占据文字“CARTELO”中的 3 个字母，高度仅为文字高度的 2/3，因此文字部分是引证商标的主要识别部分。整体比对法要求把商标当作一个整体进行比对，而不是将商标的各个要素抽象出来进行比对，同时还应结合主要部分比对的方法，着重比较和对照商标中起主要识别作用的部分。根据上述关于近似商标认定的标准和方法，虽然两商标的鳄鱼图形部分近似，但各个部分组合成的整体结构及起主要识别作用的部分并不相同或者近似。相关公众的一般注意力在隔离状态下观察，不会对两者产生混淆和误认。据此，最高院认为两商标不构成近似商标，拉科斯特公司头朝左鳄鱼商标的申请注册未违反 2001 年《商标法》第二十九条规定[①]。第 124821 号裁定认定事实清楚，法律适用正确，应予以维持，而在一审、二审判决中，仅将两商标的鳄鱼图形部分进行比对，违反了司法解释规定中采用整体比对和主要部分比对的近似商标认定方法这一原则，应予以撤销。与此同时，最高院还分析了两家公司于 1983 年签订的商标共存协议的效力。根据商标权具有地域性特点，最高人民法院认为，1983 年的和解协议只适用于其明确约定的国家或地区，不能成为本案中判断商标是否近似以及是否应当注册的事实和依据。

---

① 中国裁判文书网. 拉科斯特股份有限公司、卡帝乐鳄鱼私人有限公司商标行政管理（商标）再审行政判决书（2018）最高法行再 133 号[EB/OL].（2019-04-19）[2022-09-12]. https://wenshu.court.gov.cn/website/wenshu/181107ANFZ0BXSK4/index.html? docId=vjFW3xzcinA7pehPkJBYuoHOo4hVLxCId98zNjmKsPKtGBHqgPdBcZO3qNaLMqsJVd/PWzKq/eJu1qmLvdjHTCfHTO9Hz752ChVdVKEW56By6/cSqNTUhYmIIYdjKyOC.

关于拉科斯特公司头朝左鳄鱼商标是否侵犯了卡帝乐公司主张的在先使用并有一定影响的未注册商标。2001 年《商标法》第三十一条规定：“申请商标注册不得损害他人现有的在先权利，也不得以不正当手段抢先注册他人已经使用并有一定影响的商标。”同时，满足以下条件的争议商标的申请注册才构成对他人在先使用并有一定影响的商标的恶意抢注①：一是在先使用的商标已具有一定影响；二是争议商标申请人存在主观上的恶意，在明知或者应知某一商标已经使用并具备一定影响的情况下仍进行抢先注册，但能够提供确凿的证据证明不存在利用在先使用未注册商标商誉的除外；三是争议商标与在先使用并有一定影响的商标核定使用在相同或者类似的商品或服务上。基于以上考虑因素，最高院认为，卡帝乐公司未能提交充分证据，证明拉科斯特公司在中国提出对头朝左鳄鱼图形商标的领域延伸保护申请前，其已经在中国使用头朝左鳄鱼图形商标并已具有一定影响。此外，由于拉科斯特公司先于卡帝乐公司在中国获准注册了头朝右鳄鱼图形商标，头朝左鳄鱼商标是对其头朝右鳄鱼商标的水平镜像翻转，拉科斯特公司在中国提出对头朝左鳄鱼商标的领域延伸保护申请并不具有恶意②。因而不予支持卡帝乐公司提出的关于争议商标侵犯其在先使用并有一定影响力的未注册商标的相应主张。

综上，最高院判决，撤销北京市高级人民法院(2015)高行(知)终字第 3018 号行政判决和北京市第一中级人民法院(2014)一中知行初字第 4499 号行政判决，维持国家工商行政管理总局商标评审委员会商评字〔2013〕第 124823 号关于国际注册第 638122 号图形商标争议裁定。卡帝乐公司承担一、二审案件受理费 200 元。至此，拉科斯特公司与卡帝乐公司长达 7 年的头朝左鳄鱼图形商标之争，以拉科斯特公司胜诉最终得以落下帷幕。

---

① 戴文骐. 认真对待商标权：恶意抢注商标行为规制体系的修正[J]. 知识产权，2019(07)：33-46.

② 高雪. 主观因素对商标近似判断的影响[J]. 中华商标，2018(03)：26-30.

商事篇

3.1 “鳄战”在所难免：利益竞争的驱使

拉科斯特公司和卡帝乐公司不约而同地选择了“鳄鱼”作为各自企业商品的识别性标志，但是拉科斯特公司商标上的鳄鱼头朝右，身躯为绿色，嘴巴为红色且张开；而卡帝乐公司商标上的鳄鱼头朝左，身躯无色，且图形上方配有绿、蓝、红三色的“CARTELO”空心字母，从视觉上看两商标有一定区分度。此外，在品牌创立之初，拉科斯特公司和卡帝乐公司分别聚焦于欧洲市场和亚洲市场，双方的市场划分也有着较为明晰的界限。

然而，随着经济全球化趋势的推动，双方都开始不满足于已有业务市场的发展，着手扩大营销版图。随着两只“鳄鱼”所进入的产品市场的重叠度增高，再加之二者相近的产品经营范围，难免会给部分消费者带来混淆，进而不利于各自品牌的宣传和发展。同时，激烈的市场竞争大环境或许也起到了“推波助澜”的作用，在无形中加深了“两只鳄鱼”之间的“芥蒂”。基于此，“两鳄”之间产生商标纠纷其实也是在所难免。

3.2 数次燃起战火：商标保护战略的运用

两只“鳄鱼”的第一次交手，是在20世纪60年代的日本。已在日本市场开展业务的卡帝乐公司对于拉科斯特公司在日本申请注册的商标提出异议，行使商标异议权，抗辩其侵权行为；拉科斯特公司则以自己的鳄鱼图形头朝右，而卡帝乐公司鳄鱼图形头朝左，两者不构成近似商标为由，行使商标诉讼权向法院提起诉讼并进行申辩。经过3年多的诉讼，双方最终达成和解。可惜好景不长，双方后来又在缅甸、泰国、柬埔寨等多个国家展开了一系列的商标维权斗争。

直到两只“鳄鱼”在潜力巨大的中国市场碰头，可谓是“仇人相见，分外眼红”，矛盾迅速激化，并展开了多场激烈焦灼的“商标大战”。从1993 年开始，拉科斯特公司率先发难，对卡帝乐公司在中国申请注册的 C 商标提出异议，行使商标异议权和诉讼权，使得 C 商标经历了长达 12 年裁定和复审的流程，才最终完成注册。再到 2002 年，卡帝乐公司也积极运用商标保护战略，行使商标诉讼权，将使用其创始人陈贤进亲手设计并拥有著作权的鳄鱼图形加手写体“CROCODILE”商标注册到化妆品类别商品的拉科斯特公司特告上法庭，要求停止侵权、登报道歉并赔偿 1 美元。而拉科斯特公司也“不甘示弱”，继续坚持走商标维权道路，以卡帝乐公司侵犯自己的注册商标专用权为由，从 2003 年起先后在上海、武汉、长沙、西安、长春等地对当地销售卡帝乐公司商品的商场提起诉讼，致使一些商场因此暂时拒绝卡帝乐品牌的入驻。

而两只“鳄鱼”最近一次在中国市场的“撕咬”，则源自对 B 商标的争议。为了更好地保护自身权益，拉科斯特公司积极运用商标保护战略，适时申请注册联合商标[①]，于 1994 年申请注册其 A 商标的镜像翻转商标 B 商标来延伸对 A 商标的保护范围。然而，2012 年，卡帝乐公司引证其在先在中国提出注册申请的 C 商标，主张 B 商标与 C 商标构成近似，拉科斯特公司系以不正当手段抢先注册其在先使用并有一定影响力的 C 商标，据此向商评委申请撤销拉科斯特注册的 B 商标。被商评委驳回后，卡帝乐公司又行使商标诉讼权向法院提起行政诉讼，北京市第一中级人民法院和北京市高级人民法院在重点比较了双方商标中的鳄鱼图形后，认为两件商标构成近似商标，撤销了商评委的裁定，认为拉科斯特公司侵权。拉科斯特公司不甘就此认输，行使商标诉讼权向最高院申请再审，最高院于 2018 年提审此案，认为两件商标不构成近似，拉科斯特公司亦不构成以不正当手段抢先注册卡帝乐公

---

① 如果同一商标所有人在同一种或同类商品上注册了若干个近似的商标，这些近似商标中首先注册的或者主要使用的商标为正商标（或称之为主商标），其余的为正商标的联合商标。

司在先使用并有一定影响力的C商标,最终撤销了一审、二审的判决,维持了商评委涉案裁定。至此,近7年的商标之战以拉科斯特的胜诉落下帷幕。但两者之间的纠葛却仍然是“剪不断,理还乱”……

2020年,拉科斯特公司与卡帝乐公司又于荷兰海牙国际法庭正面交锋[①]。而这一次,则是卡帝乐公司“扬眉吐气”“一雪前耻”,赢得了胜利。在事后的双方声明中:卡帝乐公司承认,它们没有立场去反抗自己所遭受的伤害,并声称自己也有过错;同时,拉科斯特公司虽然不相信卡帝乐公司会为自己犯下的过错付出同等的代价,但也表示如果自己的品牌在市场营销中足够强大,它们也会变得更加自信和坚强。

3.3 能否和谐共存:回顾过往,着眼当下,展望未来

其实,早有业内专家指出,在两只“鳄鱼”狭路相逢的这五六十年中,双方同时在多国市场深耕和发展,均已形成了各自的市场定位、业务经营范围,并收获了稳定的消费群体[②]。其中:拉科斯特公司的产品以高档运动休闲服饰为主,并且业务更多地聚焦在欧洲消费者市场;而卡帝乐公司旗下产品以中档的商务休闲服饰为主,价格相对平民化,且市场的重心明显向我国倾斜。同时,也有法律界人士指出,企业在面对他人对自身商标简单、恶意的模仿及侵权行为时,应积极抗辩,依法维护权益。但是,如果企业对自身的知识产权过度保护,则会造成非关税壁垒,进而降低贸易的自由度;属地性商标权导致对国际市场的瓜分,形成少数企业的支配性地位,反而有可能削弱反垄断法的效力[③]。凡此种种,都向我们发出呼吁两只“鳄鱼”和谐共存的信号,并且两只“鳄鱼”也确实曾有过一段“握手言和”的时期……

---

① ATOME. Things you must know about Lacoste vs. Crocodile[EB/OL]. (2021-04-30) [2022-09-15]. https://www.atome.sg/blog/things-you-must-know-about-lacoste-vs-crocodile.

② 谢剑. 两只“鳄鱼”商标官司在沪终审[EB/OL]. (2005-07-26) [2022-09-15]. https://business.sohu.com/20050726/n240194443.shtml.

③ 马明超. “鳄鱼大战”升级,新加坡“鳄鱼”不弃中国市场[EB/OL]. (2006-01-11) [2022-09-15]. https://business.sohu.com/20060111/n241373863.shtml.

回顾两只“鳄鱼”交手的过往，早在双方进入中国市场之前的 1983 年，就曾签订了和解协议，决定和谐共处。毕竟，在之前数次商标纠纷的拉锯战中，两家公司都已付出了颇多的人力、财力和物力，这从企业的长远发展角度来看是不利的。因此，双方签订协议，意图结束并最终解决双方之间未决的所有法律纠纷、法律行动、分歧、争议和请求，开发双方各自的业务并合力反对第三方侵权人，如有可能，双方还将在世界其他地区进行合作。同时，拉科斯特公司愿意对利生民公司（卡帝乐公司的前身）过去在“鳄鱼”商标保护和防御上所花费的费用给予补偿。

近年来，拉科斯特公司也开始更多关注于自身商标和品牌标识的识别度和区分度，在商标和品牌标识上积极求变——开始不再拘泥于“头朝右”的鳄鱼图案标识，而是进一步增加了产品标识的多样性，设计出了更多有新意的鳄鱼变体标识图案（部分展示如图 2-8 所示）。例如，在拉科斯特公司于近期推出的部分产品中，开始使用一串鳄鱼组成的鳄鱼图案来代替单个鳄鱼图案标志，用多种濒危物种的动物图案替换原来的鳄鱼图案标志，发布带有不同国家国旗的鳄鱼图标等。

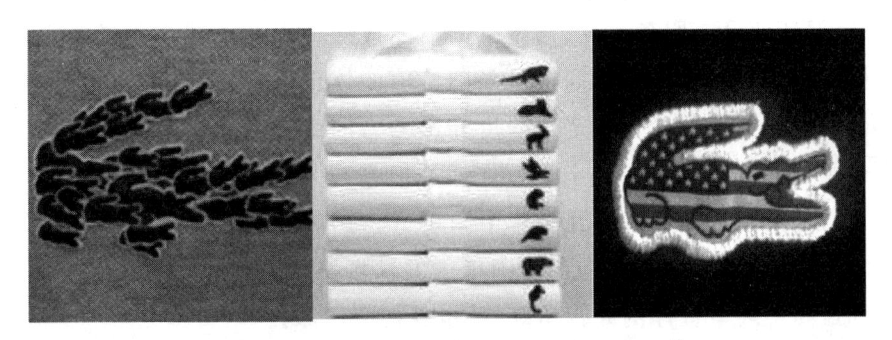

图 2-8　拉科斯特公司推出的部分新品牌标识[①]

而卡帝乐公司在 2016 年被南极电商收购之后，也在进一步丰富自己的产品线，并将目光锁定在中国消费者市场，积极布局线上渠道，并在各大城市拓展线下门店。

① The Lacoste Crocodile Logo[EB/OL]. [2022-09-16]. https://www.lacosted.com/the-lacoste-crocodile-logo/.

“悟已往之不谏，知来者之可追。”两只“鳄鱼”似乎都开始更加专注于自身品牌及业务的发展，以求提升产品的市场竞争力。

未来，两家公司又会有什么新动向？两只“鳄鱼”的商标纠纷是否真的能够偃旗息鼓？让我们拭目以待……

案例启示

拉科斯特公司与卡帝乐公司多年来在世界各地的法律纠纷，主要还是围绕着两家公司的“鳄鱼”商标是否相似、一方是否对另一方构成商标侵权所展开的。这充分说明知识产权，尤其是商标，在如今的企业经营与竞争中发挥着重要的作用。商标是商品的生产者或经营者、服务的提供者所使用的，用以区分自己与他人生产、经营的同类或类似商品或服务的识别性标志，可以由文字、图形、字母、数字、三维标志、颜色组合和声音，以及上述要素的组合构成①，具有标示商品或服务的来源、保证商品或服务质量、宣传推广商品或服务以及承载企业影响力、传播企业文化等作用。商标是品牌价值的体现，也是现代企业重要的无形资产。拥有具有一定辨识度和影响力的商标，也成为了企业产品或服务在市场营销中立于不败之地的根基和关键。因此，拉科斯特公司与卡帝乐公司在过去几十年中为了“鳄鱼”图案商标而数次“开战”，“打”得不可开交，特别是在中国境内的这场持续7年、用尽一审、二审和最高院终审程序的商标争夺战，也就情有可原。

无疑，两家公司的品牌标识中都包含了“鳄鱼”这一标志性的图案，这也成为了两家公司长期以来多次对簿公堂的导火索。但是，二者的商标是否构成近似商标或存在侵权，并不能仅仅依据商标中都含有“鳄鱼”图案而做出简单机械的判断。我国2001年《商标法》第五十二条中对于商标近似有着明确的定义，商标近似的表现形式包括外观近

① 王黎萤，刘云，肖延高. 知识产权管理[M]. 北京：清华大学出版社，2020.

似、发音近似、含义近似等，而认定原则应以相关公众的一般注意力为标准，对争议商标的比对应遵循整体比对与主要部分比对相结合的方式，以及隔离比对，即将争议商标分别置于不同时空来考察其是否近似。此外，还需考虑在先商标的显著性与知名度。在拉科斯特公司与卡帝乐公司在中国境内均拥有较强显著性与较高知名度的情况下，最高院正是基于司法解释规定的整体比对和主要部分比对方法，最终判定两家公司的鳄鱼图形商标不构成近似商标。

值得注意的是，两家公司曾在1983年签订了一份商标共存协议，暂时搁置了双方之间的商标纠纷，并为双方争取到了一段时间的和平共处与稳步发展。世界知识产权组织（World Intellectual Property Organization，WIPO）对商标共存的定义是：“商标共存是指两个不同的企业使用相同或近似的商标而不必然影响各自商业活动的情形。”尽管我国最高院在裁决中指出，双方签订的这份商标共存协议不影响本案对于两家公司“鳄鱼”商标不构成近似商标的判断，但商标共存协议签订后的10年间，它在充分保留双方商标价值、发挥双方商标作用、实现商标所有权人利益最大化等方面所发挥的作用，是不容忽视的。

不难看出，两家公司对各自商标的保护，本质上是企业市场竞争战略的体现，现代企业理应树立“商标先行”意识，充分运用商标保护战略来维护自己的合法权益。首先，企业应及时申请商标注册，以取得商标专用权。这包括及时申请注册已经使用的商标，适时为主商标申请注册联合商标与防御商标，适时申请商标国际注册等。其次，在商标使用过程中，企业应建立起自我约束防范机制，合法使用注册商标与未注册商标。再次，当面临商标侵权时，企业应积极抗辩，积极行使商标异议权、商标诉讼权，依法维护商标权益。最后，企业还应健全完善商标档案、夯实商标维权证据，这有助于商标的核准注册、商标专用权的保护以及驰名商标的确认与保护。

案例 3

同名“吴良材”，不是一家人：“吴良材”商标字号交叉侵权系列案

孟巧爽　李乐逸

引言

老字号拥有良好的社会声誉和深厚的文化底蕴，具有巨大的品牌价值和文化价值。在悠久的发展历程中，许多老字号常出于经营需要在各地成立分支机构。其中，部分老字号分支机构走上了独立发展道路，但沿用老字号名称仍是其进行品牌宣传和市场扩张的重要手段。近年来，同一历史渊源老字号企业之间的冲突屡见不鲜。2015 年，上海三联集团有限公司吴良材眼镜公司(以下简称上海吴良材公司)以侵害商标权与不正当竞争为由起诉南京吴良材眼镜有限公司(以下简称南京吴良材公司)。2017 年，上海黄浦区人民法院一审判决南京吴良材公司构成对上海吴良材公司的商标侵权及不正当竞争。南京吴良材公司不服一审判决提起上诉，由上海知识产权法院二审并维持原

判。2018年，南京吴良材公司向上海高级人民法院申请再审，经审理，法院驳回申请，维持原判。这一本之源的两家“吴良材”在市场利益的驱使下围绕商标与字号展开系列纷争的案件，对理解商标与字号的权利范围、探索老字号企业知识产权保护战略具有重要意义。

故事篇

1.1 背景介绍

上海吴良材公司是一家历经200余年发展的老字号。1807年，店主吴良材将创立于1719年的附带经营眼镜业务的“澄明斋”珠宝玉器铺改为专营眼镜业务的“吴良材”眼镜店，吴良材第五代后人吴国城于1926年更改店名为吴良材眼镜公司，1949年后历经公私合营等，至1998年10月更名为现上海三联(集团)有限公司吴良材眼镜公司，主要经营范围包含验光配镜、眼镜及配件、眼镜设备等。经过200多年的积累，“吴良材”字号和商标在全国范围获得广泛知名度，被认定为“中华老字号”“上海市著名商标”“驰名商标”等。自20世纪90年代始，上海吴良材公司以联营、合资等方式在江苏、浙江等省开设以“吴良材”为字号的分支机构，并自2002年起在江苏省乃至全国范围开设直营店和加盟店。上海吴良材公司注重对“吴良材”品牌的技术研发投入，通过持续投入和努力经营，赋予了“吴良材”品牌巨大的商业价值。

南京吴良材公司的前身，可追溯到1946年吴良材第五代后人吴国城于南京太平路开设的吴良材眼镜南京分公司。吴良材眼镜南京分公司于1956年在公私合营中并入国营公司，吴良材眼镜店于“无产阶级文化大革命”期间改名为金陵眼镜店，直到1979年工商登记恢复吴良材眼镜店店名，经营范围包含三类角膜接触镜及护理用液销售、眼镜及配件销售、验光配镜、加盟经营、特许经营等。南京吴良材公司先后于2007年、2010年、2013年被认定为“南京市著名商标”，2011年、2014年被江苏省工商行政管理局认定为“江苏省著名商标”。2011年1月，南京吴良材公司被商务部认定为“中华老字号”，2012年、2015年被中国商业联合会授予“中华老字号传承创新先进单位”称号，2014年被江苏省眼镜协会、江苏省工商联眼镜行业商会认定为“五星级零售企业”，成为江苏省眼镜零售企业中规模最大的连锁企业。

1.2 系列案件始末

2015年12月7日，上海吴良材公司以侵害其商标权和不正当竞争为由起诉南京吴良材公司，要求南京吴良材公司及其特许商暂停使用“吴良材”企业名称并赔偿侵权损失。2017年5月，上海黄浦区人民法院判决南京吴良材公司商标侵权，立即停止在南京以外地区使用“吴良材”名称。南京吴良材公司不服一审判决，于2017年10月19日提起上诉，2017年12月15日由上海知识产权法院二审并维持原判。二审判决后，南京吴良材公司继续向上海高级人民法院申请再审，法院驳回申请并维持原判。一本之源的两家“吴良材”围绕商标和字号侵权行为3次对簿公堂。系列案件始末如图3-1所示。

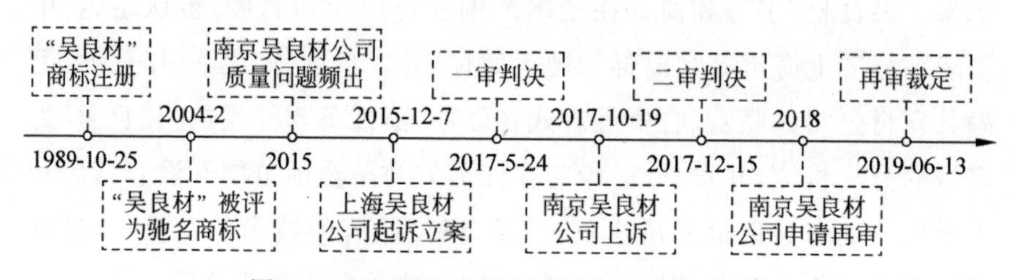

图3-1 “吴良材”系列案件相关背景时间轴①

1.2.1 第一次交锋

2015年12月7日，上海吴良材公司以侵害其商标权和不正当竞争为由起诉南京吴良材公司，在上海黄浦区人民法院立案。上海黄浦

① 案例作者根据资料自行整理并绘制而成。

区人民法院于2016年5月11日、5月25日组织各方当事人进行证据交换，于2016年9月8日、11月24日公开开庭审理。本案依法延长审理期限9个月，2017年5月24日审理终结。

上海吴良材公司主张：①南京吴良材公司及其分支机构在实体及网络宣传中突出使用“吴良材”文字，构成商标侵权；②南京吴良材公司及其分支机构擅自将“吴良材”登记为企业字号，并授权加盟商注册使用含有“吴良材”文字的企业名称或个体工商户名称，构成不正当竞争；③南京吴良材公司及其分支机构在官网使用“中华老字号”“百年老店名不虚传”“百年老店始创于1719年”等字样，系虚假宣传的不正当竞争行为。

上海吴良材公司认为被告的上述行为严重损害其合法权益，造成其商誉和经济利益的巨大损失。请求判令：①南京吴良材公司立即停止侵害“吴良材”注册商标专用权的行为；②南京吴良材公司立即停止擅自使用他人企业名称和虚假宣传的不正当竞争行为；③南京吴良材公司及其分支机构、加盟商于实体店和网上使用“吴良材”文字的行为，不仅侵犯了原告的注册商标专用权，还构成对原告企业名称的不正当竞争。

上海黄浦区人民法院判决如下：①被告南京吴良材公司立即停止对原告上海吴良材公司享有的第501569号、第1284981号、第3440248号注册商标专用权的侵害行为及不正当竞争行为，包括立即停止在特许经营中授权许可被特许经营人使用含“吴良材”文字标识的行为；②被告南京吴良材公司立即停止其分支机构在江苏省南京市以外地区注册、使用含“吴良材”文字的企业名称；③南京吴良材公司应于判决生效之日起在其官网连续发表声明30天，消除侵权行为的不良影响；④南京吴良材公司应赔偿原告包括合理调查费用在内的经济损失260万元。上海吴良材公司首战告捷，获得一审胜诉。

1.2.2 第二次交锋

南京吴良材公司不服上海市黄浦区人民法院(2015)黄浦民三(知)

初字第157号民事判决，提起上诉，2017年10月19日由上海知识产权法院开庭审理。

南京吴良材公司上诉请求撤销一审判决，依法驳回上海吴良材公司一审的全部诉讼请求或者发回重审。其主张的事实包括：①南京吴良材公司合法在先使用其名称、字号，不存在侵害上海吴良材公司商标权的行为，不构成不正当竞争；②一审判决错误地确定了侵权责任，名称使用不会导致误认，不会损害上海吴良材公司的合法权益；③一审判决片面摘录证据，故意忽视南京吴良材公司提交的大量证据。

上海知识产权法院驳回上诉、维持原判。从企业发展历史、现状、公平的角度考虑，二审法院认为：①南京吴良材公司注册使用含“吴良材”文字的企业名称不构成不正当竞争，本院对此予以认可；②虽然南京吴良材公司作为字号在先使用人本身有权继续使用其企业名称，但相应的主体范围亦应当有所限制，南京吴良材公司授权许可加盟商使用含“吴良材”文字的企业名称和标识构成商标侵权和不正当竞争；③“南京吴良材眼镜”属于对“吴良材”字号的突出使用，不足以防止市场混淆，相关行为构成商标侵权；④南京吴良材公司通过片面和不完整的“百年老店”陈述，其行为构成虚假宣传。第二次交锋，南京吴良材公司再次败诉。

1.2.3 第三次交锋

二审维持原判后，南京吴良材公司不服上海知识产权法院(2017)沪73民终246号民事判决，向上海市高级人民法院申请再审，2019年6月13日再审审理终结。

南京吴良材公司申请再审称，一审、二审判决对重要事实的认定及法律适用存在错误，请求撤销原审判决，再审改判驳回一审全部诉讼请求或依法改判。其请求如下：①原审法院对南京吴良材公司注册使用含有“吴良材”文字的企业名称设定地域边界限制，存在事实认定错误和法律适用错误，违背公平原则；②原审法院未将南京吴良材公司的分支机构列为当事人，却判决其分支机构构成商标侵权，属于程序违法，超出诉讼请求；③南京吴良材公司及其分支机构、加盟商使用“南京吴良材眼镜”不属于对“吴良材”字号突出使用，不构成商标侵权；④原审法院认定南京吴良材公司的宣传内容构成虚假宣传，属于事实认定错误和法律适用错误。

上海高级人民法院经审查，驳回南京吴良材公司的再审请求。法院认为：①原审法院将南京吴良材公司扩展使用“吴良材”字号的合理范围限定在其原有使用范围即南京市地区，原审判决认定事实清楚、法律适用正确；②南京吴良材公司授权许可加盟商使用含“吴良材”文字的标识，存在相同商标突出使用行为，侵害商标权；③南京吴良材公司在其实体店和公司网站的相关宣传构成虚假宣传不正当竞争行为；④分公司不具有法人资格，其民事责任由总公司承担。至此，上海吴良材公司与南京吴良材公司的商标与字号交叉侵权及不正当竞争系列案件以南京吴良材公司败诉告终。

法律篇

涉案3个商标的核定使用范围均包括眼镜服务项目和相关商品，南京吴良材公司及其分支机构、加盟商的经营范围也均含有相应的眼镜服务和产品。上海吴良材公司与南京吴良材公司彼此的服务项目与商品均属类似，存在着市场竞争关系。3次庭审交锋中，双方针对企业商标与字号是否存在交叉侵权及虚假宣传的不正当竞争的问题存在争议，这也是本系列案件判决的焦点。

2.1　争议焦点一

本案争议焦点一，即南京吴良材公司及其分支机构使用含“吴良材”企业文字名称是否构成不正当竞争。

2015年，一审原告上海吴良材公司主张，南京吴良材公司及其分支机构擅自将“吴良材”文字登记为企业字号，并授权其加盟商注册使用含“吴良材”文字的企业名称或个体工商户名称，构成对原告的不正当竞争。对此，南京吴良材公司辩称，其将“吴良材”登记为企业名称早于原告，并非擅自使用。将“吴良材”文字登记为企业字号系基于在先使用权，应受到法律保护。据南京吴良材公司提供的证据（证据1），1952年吴国城在盖有“南京市钟表眼镜业会员统一印章吴良材眼镜公司”印章的《工商业户资产负债报告书》上签名，登记的店名为“吴良材眼镜公司”，并提供退休员工的证明，证明1960—1994年期间，其单位名称为“吴良材眼镜店”。南京吴良材公司注册含“吴良材”文字的企业名称的时间为1979年，上海吴良材公司恢复登记的时间为1982年，上海吴良材公司商标最早注册于1989年10月，均晚于南京吴良材公司的企业名称登记时间。

经审理，上海黄浦区人民法院意见如下。

（1）被告南京吴良材公司注册使用含“吴良材”文字的企业名称不构成对原告的不正当竞争。被告南京吴良材公司与设立于1947年的吴良材眼镜公司南京分公司具有一定的历史渊源，该历史因素应当得到尊重，被告将“吴良材”文字注册为其企业名称具有相应的合理性。

（2）在南京市以外地区设立冠名含“吴良材”文字的分支机构的方式，构成对原告上海吴良材公司企业名称的不正当竞争。南京吴良材公司扩展使用最具识别意义的“吴良材”字号的行为，已逾越其企业名称权原有使用范围的边界，其攀附原告商誉、抢占市场的恶意显而易见。

2017年，南京吴良材公司不服一审判决提起二审上诉，其主张如下。

（1）一审法院无权依据所谓的双方“历史沿革、注册商标及企业名称的知名度和影响力、企业自身发展壮大的需要以及相关利益的平衡等因素”确定所谓的“合理范围”，也无权依据行政区域划分双方“合理范围”，正确的处理方式应当是确定商标和企业名称、字号规范使用的合理范围。

（2）一审判决不但依据“知名度和影响力”来划分双方行政区域使

用范围的前提错误，其认定“知名度和影响力”的标准和依据也是错误的，认定“知名度和影响力”的结果更是错误的，所确定的“合理范围”也必定是错误的。

（3）南京吴良材公司的全国性知名度和影响力。在一部分消费者心目中，吴良材就是南京吴良材公司。

对此，上海知识产权法院二审意见如下。

（1）南京吴良材公司是由上海吴良材公司于1947年在南京设立的分公司。自1979年南京吴良材公司在南京市工商行政管理局恢复登记含“吴良材”文字的企业名称起，至1989年“吴良材”文字商标获准注册期间，南京吴良材公司没有证据证明其企业名称的知名度和影响力已超出该登记机关的辖区，即南京市的范围。

（2）证据显示，上海吴良材公司系由“吴良材眼镜店”历经百年发展而来，并于1989年获准注册与其企业字号相同的“吴良材”文字商标、2004年获得“驰名商标”的荣誉，多年来在眼镜行业服务与销售的排名始终列于全国前茅，相关公众已通过“吴良材”标识将相关商品和服务来源同上海吴良材公司建立起了稳定的联系。

（3）在对比考虑各方当事人的历史沿革，注册商标及企业名称的知名度和影响力，企业自身发展壮大的需要及相关利益的平衡等因素后，该“合理范围”以与南京吴良材公司自身企业名称的原有使用范围相适应为宜。因此，在南京市以外地区设立冠名含“吴良材”文字的分支机构的方式已构成对上海吴良材公司的不正当竞争。

南京吴良材公司不服二审判决，向上海市高级人民法院提起再审上诉，其主张：原审法院对南京吴良材公司注册使用含“吴良材”文字的企业名称设定地域边界限制，属于事实认定错误和法律适用错误，包括对南京吴良材公司违背诚实信用原则“搭乘”上海吴良材公司商誉和知名度行为的认定错误，且明显违背公平原则。南京吴良材公司提交以下新的证据材料：证据2，《中国眼镜》杂志中刊登的文章《那次回访》和南京吴良材眼镜有限公司天长分公司的工商登记信息，证明南京吴良材公司早于1999年5月在江苏省外设立分公司，其知名度和影响力已拓展至省外，原审判决要求该分店变更企业名称没有依据；证据 3，文章《南京“老字号”路在何方》，证明在 2004 年 7 月之前，南京吴良材公司的单店营业额已非常高，在全国获得了极高的知名度和影响力。

上海吴良材公司认为上述证据材料不属于申请再审的新证据，其中：证据 2 中天长分公司的设立时间晚于上海吴良材公司 1989 年注册“吴良材”商标，且该店不具有知名度，不能证明南京吴良材公司存在先用权；证据 3 来源于南京吴良材公司时任总经理的自述，其所要证明的南京吴良材公司的知名度与本案无关，不能对抗上海吴良材公司的注册商标专用权。

最终，上海市高级人民法院裁定：原审法院对南京吴良材公司注册、使用含“吴良材”文字的企业名称设定地域边界限制，不存在事实认定错误和法律适用错误。在南京市以外地区设立冠名含“吴良材”文字的分支机构的方式已构成对上海吴良材公司的不正当竞争，驳回南京吴良材公司的再审申请。

2.2 争议焦点二

本案争议焦点二，即南京吴良材公司授权加盟商使用含“吴良材”企业名称是否构成商标侵权及不正当竞争。

上海吴良材公司认为，被告南京吴良材公司及其分支机构、授权许可加盟商大量在店招和店内装潢、眼镜盒、眼镜布、购物袋、产品单据、名片、网络等方面突出使用“吴良材”文字，侵害了原告的商标权。对此，南京吴良材公司辩称，为与原告商标相区分，其在经营中从未将“吴良材”三字放大或以其他方式突出使用，店招及装修均采用与原告白底红字商标相区分的蓝底白字，字体也不相同，故不侵犯原告的商标权。

经审理，上海黄浦区人民法院认为：字号作为企业名称中的主要识别部分，虽然可以被用于特许，但明知许可使用会造成市场混淆、损害他人合法权益的，该行为本身不具有合法性，应当依法予以制止。首先，被告授权使用的所谓商号是“南京吴良材眼镜”，但其中最具识别意义的仍是“吴良材”3个字；结合该“商号”所配有的“百年老店，始于1719年”的文字，有从整体上突出“吴良材”字号的作用。在相同或者类似商品上突出使用，易使公众产生误认，属于《商标法》规定的给他人注册商标专用权造成其他损害的行为。其次，南京吴良材公司自2001年起开展特许经营，而原告在相同及类似商品和服务上取得注册商标的时间分别是1989年和1999年，南京吴良材公司大量发展加盟商的时间在原告获得驰名商标之后，其抢占市场的恶意明显，故其行为构成商标侵权和不正当竞争。

2017年，南京吴良材公司提起二审上诉，其主张：南京吴良材公司开展特许经营使用“南京吴良材眼镜”等字样是合法行为，一审法院剥夺了其合法开展特许经营的权利，认定特许经营构成商标侵权的前提、逻辑、结论均是错误的，其依据如下。

(1) 一审判决中认定商标侵权的前提是“明知字号的许可使用会造成市场的混淆，损害他人的合法权益”。然而，上海吴良材公司2002年才开展特许加盟，南京吴良材公司则是在2001年开展的特许加盟，这一前提是错误的。

(2) 判决未明确“明知会造成混淆”产生的时间点。一审判决认定1989年之后和1999年之后才造成混淆，这意味着一审法院认为上海吴良材公司在申请注册商标之后，南京吴良材公司就丧失了开展特许加盟的权利，但相关法律和司法解释、法院判例对此均不认可。

(3) 一审法院认为使用“南京吴良材眼镜”就是使用“吴良材”，加之“百年老店”文字，符合商标法突出使用的构成要件。这一逻辑无视了南京吴良材公司在先合法注册的企业名称。

(4) 一审判决未给出构成不正当竞争的行为描述、适用法律条款说明及论证过程。南京吴良材公司完整地使用“南京吴良材眼镜”字样不属于突出使用，也并不构成侵权。

对此，上海知识产权法院二审认为：南京吴良材公司及其分支机构、加盟商在经营中将“南京”与“吴良材眼镜店”拆分使用，以及使用

“吴良材眼镜”标识均属于突出使用，易使公众对商品来源产生混淆，构成商标侵权。“吴良材”字号是企业名称中最具识别效果的部分，在“吴良材”商标具有很高知名度的情况下，南京吴良材公司在“吴良材”字号的使用上应进行必要的避让，其使用“南京吴良材眼镜”仍属于对“吴良材”字号的突出使用，不足以防止市场混淆，一审法院认定相关行为构成商标侵权，上海知识产权法院对此予以维持。

南京吴良材公司不服二审判决，向上海市高级人民法院提起再审上诉，其主张如下。

(1) 原审法院未将南京吴良材公司的加盟商列为当事人，却径行判决加盟商构成商标侵权，属于程序违法，超出诉讼请求。

(2) 原审法院认定南京吴良材公司及其分支机构、加盟商使用“吴良材”文字构成商标侵权，属于事实认定错误和法律适用错误。南京吴良材公司及其分支机构、加盟商使用“南京吴良材眼镜”字样不属于对“吴良材”字号的突出使用，不会导致相关公众混淆，不构成商标侵权。

对此，上海吴良材公司认为：

(1) 一审、二审判决是对反不正当竞争法“公平、诚实信用原则”的正确适用，是对商标法“禁止混淆原则”的正确适用。

(2) 南京吴良材公司的分支机构由该公司设立，南京吴良材公司是责任主体，法院判决其承担责任适用法律正确，程序合法。

最终，上海市高级人民法院裁定：原审法院将南京吴良材公司及其分支机构、加盟商在实体店和网店经营中使用“吴良材”文字认定为商标侵权，不存在事实认定错误和法律适用错误，驳回南京吴良材公司的再审申请。

2.3 争议焦点三

本案争议焦点三，即南京吴良材公司及其分支机构、加盟商的相关宣传行为是否构成虚假宣传。

原告上海吴良材公司认为，南京吴良材公司及其分支机构在官网上使用“中华老字号”及“百年老店，名不虚传”等文字，其加盟商在大众点评网等团购平台的“商户介绍”中使用与上述内容类似的涉原告的历史介绍等,均系虚假宣传的不正当竞争行为。南京吴良材公司被认定的中华老字号为“丝绸之路”商标,但其自行制作多枚“中华老字号”铜牌分别悬挂于直营店和加盟店内,使消费者误认“南京吴良材眼镜”是中华老字号。对此,南京吴良材公司辩称,基于合法的在先使用权,其有权使用“南京吴良材眼镜”的企业名称,有权以广告或网络进行推广和授权直营店及加盟店在经营中使用“南京吴良材”文字等。关于吴良材历史宣传的内容均摘自档案资料,不构成虚假宣传的不正当竞争。

经审理,上海黄浦区人民法院认为:被告在其注有“南京吴良材眼镜”标识的官网首页显著位置上使用“百年老店,名不虚传,货真价实,配验考究”的宣传文字,会使人产生该网站经营者是一家具有百年历史和配验考究的老店,但被告自设立时起至今并无百年的时间,该文字表述与编排易引起消费者的误解。结合网站整体的宣传方式和内容来看,被告有利用历史进行片面宣传、混淆的事实,以误导性方式造成消费者误解,已构成虚假宣传。

二审中,南京吴良材公司认为其和上海吴良材公司均与百年前的吴良材眼镜公司具有一定历史渊源,应当共享这一品牌历史,其使用“百年老店”并不构成虚假宣传。对此,上海知识产权法院认为,反不正当竞争法意义上的虚假宣传是指引人误解的宣传,因片面或不完整的陈述而产生误导效果的,同样可以构成虚假宣传。南京吴良材公司确与百年前的吴良材眼镜公司具有一定的历史渊源,但其间历经公私合营、“文革”等特殊历史时期,当年的吴良材眼镜公司南京分公司并没有完整地延续,不能由此说明南京吴良材公司本身即具有百年历史。南京吴良材公司通过片面和不完整的“百年老店”陈述,隐瞒其与上海吴良材公司没有关联关系的事实,误导相关公众、攀附上海吴良材公司的商誉,其行为构成虚假宣传,对于南京吴良材公司的相关上诉意见不予采纳。

南京吴良材公司不服二审判决,提起再审请求:原审法院认定南京吴良材公司的宣传内容构成虚假宣传,属于事实认定错误和法律适用错误，包括错误认定“百年老店”构成虚假宣传，错误认定公司网站“关于我们”及实体店文化墙关于“南京吴良材眼镜简介”构成虚假宣传，错误认定南京吴良材公司与老字号“吴良材”的关联性构成虚假宣传。

上海市高级人民法院认为：南京吴良材公司虽然在相关宣传资料中介绍了吴良材眼镜公司南京分公司的由来和历史沿革，但其使用“百年老店”“南京吴良材眼镜是由上海吴良材眼镜公司设立的南京分公司发展而来的”的表述，足以使相关公众误解南京吴良材公司与上海吴良材公司存在关联关系，属于引人误解的虚假宣传。原审法院认定上述行为构成不正当竞争，认定事实清楚、法律适用正确。

商事篇

商标不仅在法律意义上保护企业品牌，更代表了公司产品与服务的整体形象。老字号企业的商标与字号，更是产品质量的符号与象征，能在消费者中建立品牌与产品可靠性之间的积极联想。“吴良材”商标与字号交叉侵权及不正当竞争系列案件，体现了“上海吴良材”作为一家老字号企业，应用知识产权战略防止竞争对手入侵、保护自身收入流的决心。

3.1 老字号商标保护战略

本案中，涉诉商标（注册号：501569，1284981，3440248）为“吴良材”字样商标，是上海吴良材公司建立企业品牌的支柱和基础商标。经过多年的积累，“吴良材”商标在全国范围获得广泛知名度，多次被认定为“上海市著名商标”，并于2004年2月被商标局认定为“驰名商标”。以“使用良材”为宗旨的上海吴良材公司，凭借用心对待每一位客户的经营理念、专业的技术设备和专家、值得信赖的服务品质、考究的工艺享誉海内外。

上海吴良材公司通过持续投入和努力经营,赋予了"吴良材"品牌巨大的商业价值。上海吴良材公司注重对"吴良材"品牌的技术研发投入,已拥有多项与眼镜相关的发明专利。在保留老字号传统的优秀技艺与服务项目基础上,上海吴良材公司在商品品牌、品种销售及展示上,以高档化、潮流化、普及化为分类主导,从技术、商品、服务上满足不同层次消费者的需要。依托三联集团的网点资源和经营实力,上海吴良材公司业务遍布全国,形成紧密相连的规模优势,在网点资源、经营指标和财务指标上在国内专业行业中名列前茅。

然而,在近些年的发展过程中,竞争对手南京吴良材公司通过商标侵权,逐步扩张市场,影响了上海吴良材公司的经营活动,侵害了上海吴良材公司的合法权益,造成经济利益的巨大损失。1979年,恢复工商登记后的南京吴良材公司不再作为分公司,走上独立发展道路。除开发自有产品外,南京吴良材公司还与国际知名品牌建立合作关系,成为江苏省规模最大的眼镜零售连锁企业。2010年开始,南京吴良材公司逐渐与江苏省人民医院建立了稳定的合作关系,与医疗机构合作开展视光、调理、配镜等服务,其产品和服务的专业度得到保证,受到消费者的一致好评。在特许加盟方面,自2001年起南京吴良材公司凭借对自己的品牌、培训、管理、货品等资源优势的宣传,以及"加盟一家,成功一家"的口号吸引了大批中小投资者加盟。除此之外,大众点评等网络平台上推出的团购套餐,进一步助力了南京吴良材公司的市场扩张。

面对竞争对手持续的市场入侵,上海吴良材公司于2015年以侵害其商标权与不正当竞争为由起诉南京吴良材公司,要求南京吴良材公司赔偿其经济损失及合理维权费用270万元。经一审法院审理,判决南京吴良材公司赔偿上海吴良材公司经济损失260万元;立即停止在特许经营中授权许可被特许经营人使用含"吴良材"文字标识的行为;立即停止其分支机构在江苏省南京市以外地区注册、使用含"吴良材"文字的企业名称。

对于老字号企业,其名称字样的商标是品牌的核心,也是企业商标保护战略的重中之重。在经过该系列案件后,为实现对"吴良材"商标的保护，上海吴良材公司先后在42类（设计研究）、40类（材料加工）、35类（广告销售）、5类（医药）、3类（日化用品）、10类（医疗器械）等多个分类对“吴良材”进行商标注册，以防范竞争对手在不同领域的侵权和竞争。

3.2 老字号商号保护战略

20世纪初，吴良材眼镜店就以定配、定制眼镜为主要业务。为扩大经营，第五代传人吴国城不仅开设分店，还专门派遣技术人员到美国学习先进的验光技术。凭借新颖的技术，吴良材眼镜公司生意越做越大，成为当年上海滩上一块响当当的牌子。除了验光配镜，吴良材眼镜公司还曾服务于我国航空领域，20世纪50年代上海吴良材公司生产了我国航空领域第一副防风镜。上海吴良材公司20世纪90年代并入上海三联（集团）有限公司。在上海吴良材公司老字号的传承过程中，历史悠久、工艺独特、货真价实是消费者公认的特点，也是老字号企业的魅力所在。

然而，近年来南京吴良材公司的扩张，给上海吴良材公司造成了不少负面影响。南京吴良材公司大肆宣传“百年老店，始于1719”，可消费者并不知此“吴良材”并非彼“吴良材”，这给上海吴良材公司带来了不少负面纠纷。2008年9月3日，《合肥晚报》刊载《10家“吴良材”逐鹿合肥：有的配镜戴上就发晕——这还是那个名牌吗?》称，洪先生在黄山路上的“吴良材”新配了眼镜，试戴后感觉不舒服，一转身来到长江路“吴良材”，却被告知竟不是同一家眼镜公司，不能享受质保服务。合肥地区围绕着这两家公司、10家“吴良材”眼镜店引发的纷争，更是让众多消费者莫衷一是。位于黄山路和飞凤街的南京吴良材眼镜店的招牌，与上海吴良材眼镜店的白底红字招牌如出一辙，并且都打着“中华老字号吴良材”的口号，让消费者很难分辨。在南京吴良材眼镜店赠送的打折卡上，清晰地标注着“吴良材眼镜合肥店，百年老店，始于1719年”，与上海吴良材眼镜店的宣传口号基本相同。南京吴良材眼镜店的营业员表示“我们与合肥的其他七八家‘吴良材’都是一家”，上海吴良材眼镜店的代金券在此店也可以使用。而上海吴良材眼镜店却说，“我们不是一家的，不是连锁”。两家各执己见，令广大合肥消费者很是犯难。2015年2月5日，“嘉兴在线”网站刊登报道：“都叫‘吴良材’，却不同根生：为何海盐存在两家吴良材眼镜店？近日，武原街道新桥北路上新开了一家‘南京吴良材眼镜店’，有市民来电咨询，这家店与勤俭南路上的‘上海吴良材眼镜店’有什么关系？两家店与中华老字号‘吴良材’又有什么联系？”

南京吴良材公司加盟商在实体店相关标识使用过程中，多次配以“中华老字号”“百年老店，始于1719年”等文字。在塑料购物袋、名片宣传过程中示意部分用红色字体突出使用了“吴良材眼镜”的文字表述。其所要传递的信息是南京吴良材与老字号上海“吴良材”的关联性，易引发对南京吴良材公司和“吴良材”标识关联关系的混淆与误认。对于注重考究工艺和专业品质的上海吴良材公司，公众因为这种误认而对其质量产生质疑，使其损失更为严重。2015年，多家网站媒体针对南京吴良材公司的门店有产品被江苏省质量技术监督局公布为配装质量不合格，分别以《光明、吴良材等眼镜大牌纷纷上质量黑榜》《眼镜越贵合格率越低，光明、吴良材等大牌纷纷上黑榜》《省质检局发布配装眼镜抽检报告：吴良材等多店上“黑榜”》为题进行转载和报道。

南京吴良材公司扩张线下加盟店，在大众点评上推出线上团购，而且负面新闻接踵而至，侵犯了百年老字号的声誉。为此，上海吴良材公司以虚假宣传为由，起诉南京吴良材公司。上海吴良材公司历经百年时间的不断锤炼，以科技作为核心竞争力，自制加工与世界新技术接轨。在中国眼镜行业发展进入质量时代的背景下，上海吴良材公司对“吴良材”商标和字号保护，代表企业围绕传承与创新对百年老字号品牌建设的决心，通过积极利用知识产权背后的执法权力，实现知识产权保护和防御价值。南京吴良材公司在南京市以外地区设立冠名含“吴良材”文字的分支机构均已构成不正当竞争。

3.3 商标与字号综合保护

老字号企业的历史沿革,通常围绕一个标识、图像等来构建品牌,从而建立起产品特征与标识之间的联系。老字号具有鲜明的地域文化和历史痕迹,兼具巨大的品牌价值、经济价值和文化价值。上海吴良材公司与南京吴良材公司的商标和字号之所以发生交叉侵权,原因在于在老字号企业发展过程中,商标权与商号权的权属不清。在本系列案件中,南京吴良材公司具有“吴良材”商号权,而不具备“吴良材”商标权,上海吴良材公司具有“吴良材”字样的商标权。本系列案件为老字号提升商标与字号的知识产权综合保护提供了有益借鉴。

我国商标由《商标法》和《商标法实施条例》规范,注册商标在全国范围有排他性,而商号(企业名称)则根据《企业名称登记管理规定》实施分级登记和属地登记制度,只在登记机关的管辖范围享有企业名称专有权。商号既是社会公众了解商事主体的重要途径,也是商事主体在经营活动中表彰自己的重要手段。在本系列案件中,企业名称依法由行政区划、字号、行业或经营特点、组织形式所构成,其中字号最具识别意义。基于保护在先权利的原则,南京吴良材公司的企业名称可以与上海吴良材公司的“吴良材”文字商标共存。

但是,在商号权拓展使用的过程中,本着尊重历史、诚实信用、保护在先和利益平衡等原则,需对商号权拓展使用的合理范围进行界定。南京吴良材公司分支机构的扩展使用应当依法被限制在合理范围。该合理范围的界定应当考虑以下因素:首先,考察南京吴良材公司企业名称的知名度和影响力。自1979年南京吴良材公司在南京市工商行政管理局恢复登记含“吴良材”文字的企业名称起,至1989年上海吴良材公司获准注册“吴良材”文字商标期间,南京吴良材公司没有证据证明其企业名称的知名度和影响力已超出该登记机关的辖区即南京市的范围。其次,考察上海吴良材公司字号、商标的知名度和影响力。在案证据显示,上海吴良材公司由“吴良材眼镜店”历经百年发展,2004年获得“驰名商标”的荣誉,多年来在眼镜行业服务与销售的排名始终列于全国前茅，其"吴良材"字号和商标均已在国内市场上享有相当高的声誉，相关公众已通过"吴良材"标识将相关商品和服务来源同上海吴良材公司建立起了稳定的联系。

老字号企业在实施商标与字号综合保护过程中，尤为需要注意因企业名称权的无限扩张而挤压商标权保护空间的问题。本案中"合理范围"以与南京吴良材公司自身企业名称的原有使用范围相适应为宜，即南京吴良材公司的分支机构仅可以在南京市地区注册含"吴良材"文字的企业名称。南京吴良材公司在南京市以外地区的加盟店和分支机构使用"吴良材"作为企业名称，已逾越其企业名称权原有使用范围的边界，与南京吴良材公司商标权的辐射范围产生冲突。考虑到上海吴良材公司字号和商标已具有强大知名度，南京吴良材公司的行为已经形成攀附商誉、抢占市场，挤压商标权的保护空间。

案例启示

老字号历经百年风雨锤练而享有盛誉，在悠久的历史中成立了不少分支。由于商标和商号管理制度的分离，老字号企业商标和字号产生的权利冲突屡见不鲜。本案中历经3次庭审，上海吴良材公司在商标与字号交叉侵权及不正当竞争系列案中的胜诉，向眼镜行业竞争企业宣告了上海吴良材公司对其核心商标及百年老字号声誉进行维护的决心。同时，也向广大市场消费者释放出"吴良材"品牌在知识产权领域的巨大商业价值。

企业名称之争的背后是利益之争。上海吴良材公司积极利用知识产权背后的执法权力，利用知识产权保护收入流，为老字号企业实现知识产权保护和防御价值、提升企业商标和字号专属价值做出了表率。南京吴良材公司3次败诉后另谋出路，申请"南吴眼镜"商标，停止了对上海吴良材公司的商标侵权。南京吴良材公司在南京市以外地区的分支机构、加盟店现已全部更名为南吴眼镜，开始书写传统与现代融合、老字号与新时尚碰撞的品牌历史。与诉南京吴良材公司系列案件类似，上海吴良材公司曾先后在苏州、无锡、泰州、盐城、常州等城市提起对苏州市吴良材眼镜公司的诉讼。本系列案件的判决，为解决老字号企业商标与字号交叉侵权及不正当竞争问题提供了有益借鉴。

案例 4

品牌混淆的历史与现实：加多宝与王老吉商誉之殇

刘琳琳　张　倩　张丽霞　薛星群　石　丹

引言

2019 年 7 月 1 日，加多宝集团官方网站上发布了一则重磅公告，又将战火延绵近 10 年的“加多宝 PK 王老吉”商誉车轮战再次置于风口浪尖。加多宝集团称：“已收到最高人民法院(2018)最高法民终 1215 号民事裁定书，因一审法院采信的证据在内容和形式上存在重大缺陷，不能作为认定案件事实的依据，最高院裁定撤销广东省高级人民法院(2014)粤高法民三初字第 1 号民事判决，发回广东省高级人民法院重审……”一石激起千层浪，该案因加多宝六公司[①]

① 加多宝六公司是指广东加多宝饮料食品有限公司(简称广东加多宝公司)、浙江加多宝饮料有限公司(简称浙江加多宝公司)、加多宝(中国)饮料有限公司(简称加多宝中国公司)、福建加多宝饮料有限公司(简称福建加多宝公司)、杭州加多宝饮料有限公司(简称杭州加多宝公司)、武汉加多宝饮料有限公司(简称武汉加多宝公司)。加多宝六公司均为外资企业，其中，福建加多宝公司于英属维尔京群岛注册成立。加多宝六公司均为香港鸿道(集团)有限公司的关联公司。

于 2010 年 5 月 2 日至 2012 年 5 月 12 日期间在凉茶商品上使用涉案“王老吉”商标，广州医药集团有限公司（以下简称广药集团）要求其承担侵权损害赔偿及合理维权费用共计 14.4 亿余元。天价赔偿案被发回重审，这无疑振奋着加多宝集团，也意味着加多宝集团与广药集团又要再次对簿公堂……

加多宝与王老吉之间的一系列品牌保护与反不正当竞争案件轰动全国。其中：“红罐凉茶”特有包装、装潢案件受万众瞩目，被最高院评选为“2017 年推动法治进程十大案件”之一，业内称为“中国包装、装潢第一案”；关于“怕上火喝……”“全国销量领先的红罐凉茶改名加多宝”等广告语涉嫌虚假宣传案件影响深远，入选最高院“2021 年度第 28 批指导性案例”……加多宝与王老吉品牌争议自然是司法诉讼的主要目的，但却真切地催生了两大凉茶市场的争夺升级，似乎我国的凉茶市场是两家凉茶厂商相互角逐的竞技场。经过 30 多起的诉讼，双方均在各自的市场有所斩获：广药集团作为王老吉凉茶掌门人，不断升级迭代新贵；加多宝集团亦完成由“王老吉凉茶”到“加多宝凉茶”，再到“加多宝金罐凉茶”的华丽转身。

如今，加多宝与王老吉已无干系，双方均以崭新的形象再赴征程，但那些年纷至沓来的诉讼情仇，一次又一次颠覆性的法院判决，特别是司法适用标准和法律解释逻辑的大反转，确实给社会公众上了一堂前所未有的鲜活生动的法治课。本案例借助拉开时间距离而生成的反思性视角，对上述系列纷争进行时光穿梭的循环往复。

故事篇

1.1 同宗同源

1.1.1 “溯源王老吉”

1828 年清朝道光年间，广东鹤山人王泽邦通过研究华南草药并收集民间验方，不断总结临床经验，最终以岗梅等10味地产草药配伍而成凉茶方，并在广州市十三行路靖远街开设了一间王老吉凉茶铺，专营水碗凉茶。1840年，王老吉凉茶铺以“前店后厂”的形式，生产王老吉凉茶包，形成了水碗和茶包同时供应的销售局面。至王泽邦第三代传人，王老吉凉茶分成了两个分支，其中：王恒辉、王瑞恒两兄弟留在广东省内继续经营王老吉远恒济凉茶；而王恒裕迁往香港发展，经过数十年的苦心经营，分别在香港鸭巴甸街和澳门大兴街设立王老吉分店，经营至王泽邦第四代传人王豫康。近200年的商战洗礼，王老吉凉茶成为中国传统凉茶文化的典范，是消费者公认的凉茶始祖。

1.1.2 “内地王老吉”

1956年5月，工商业实行社会主义改造，王老吉远恒济合并“何天福”“嘉宝栈”“存仁堂”“康寿堂”“陈燃氏”“常炯堂”“卢薛昌”等凉茶厂，成立王老吉联合制药厂；1965年9月，王老吉联合制药厂改名为“广州中药九厂”；1982年11月，“广州中药九厂”更名为“羊城药厂”；1992年11月，羊城药厂股份制改造成立广州羊城药业股份有限公司。1993年1月20日，广州羊城滋补品厂经核准注册了第626155号“王老吉＋图形”组合商标，核定使用商品种类为第32类无酒精饮料、固体饮料。1993年9月1日，该商标的注册人变更为广州羊城药业股份有限公司王老吉食品饮料分公司，利用传承了100多年的王老吉凉茶配方开创性地生产出盒装王老吉和罐装王老吉凉茶。作为国内最早的凉茶植物饮料，王老吉凉茶在华南市场广受欢迎。1996年8月，广药集团成立，1997年8月28日，广药集团从广州羊城药业股份有限公司处受让王老吉商标专用权，经两次续展，该商标有效期至2023年1月19日。2012年2月28日，广药集团成立全资子公司广州王老吉大健康产业有限公司(简称王老吉大健康公司)，并授权其使用王老吉商标专用权。图4-1为王老吉凉茶博物馆。

图 4-1 王老吉凉茶博物馆①

1.1.3 “香港王老吉”

王泽邦第五代玄孙王健仪为王豫康之女。1993 年 6 月 28 日，王健仪签署《使用王老吉凉茶秘方授权》，因祖上王泽邦创立了凉茶配方数款，将其中一款采用仙草、鸡蛋花、布渣叶、菊花、金银花、夏枯草、甘草培植而成的祖方及配料用量授权给陈鸿道先生独家永久专用，并许可香港鸿道（集团）有限公司（以下简称鸿道集团）及其在中国内地投资的各公司（加多宝六公司）生产上述祖传正方之凉茶。

1.2 相爱相搏

1.2.1 携手合作：商标独占许可有效的权益双收

由于商标权的地域性限制，鸿道集团欲进军内地开拓王老吉凉茶市场，唯有从广药集团手中获得王老吉商标的授权许可，才能生产王老吉凉茶。于是，1995 年 3 月 28 日和 9 月 14 日，鸿道集团与广州羊城药业股份有限公司王老吉食品饮料分公司分别签订《商标使用许可合同》和《商标使用许可合同补充协议》，取得独家使用第 626155 号商标生产销售带有“王老吉”3 个字的红色盒装和罐装清凉茶饮料的授权。1997 年 6 月 14 日，陈鸿道被国家专利局授予“外观设计专利证书”，获得外观设计名称为“罐帖”的“王老吉”外观设计专利。2000 年 5 月 2

① 王老吉官方网站[EB/OL].[2022-09-23]. https://www.wljhealth.com/museum.

日，广药集团（许可人）与鸿道集团（被许可人）签订《商标许可协议》，约定许可人授权被许可人在中国内地使用第 626155 号“王老吉”注册商标生产销售红色罐装及红色瓶装王老吉凉茶。被许可人未经许可人书面同意，不得将该商标再许可其他第三者使用，但属被许可人投资（包括全资或合资）的企业使用该商标时不在此限，须知会许可人；许可人除自身及其下属企业已生产销售的绿色纸盒包装“王老吉”清凉茶外，许可人不得在第 32 类商品（饮料类）在中国境内使用“王老吉”商标或授权第三者使用“王老吉”商标，双方约定许可的性质为独占许可，许可期限自 2000 年 5 月 2 日起至 2010 年 5 月 2 日止。关于商标许可使用费，双方约定如下：第 1 年及第 2 年每年为 450 万元，第 3 年至第 6 年为每年 472.5 万元，第 7 年至第 10 年为每年 491.4 万元。2002 年 11 月 27 日，广药集团与鸿道集团签订《“王老吉”商标许可补充协议》，将 2000 年许可协议的许可期限从 10 年变更为 20 年，期限从 2000 年 5 月 2 日起至 2020 年 5 月 1 日；并把许可使用期限划分为 6 个时间段，许可使用费按时间段自每年 450 万元递增至每年 537 万元。2003 年 6 月 10 日，广药集团与鸿道集团又签订了《关于“王老吉”商标使用许可合同的补充协议》，规定了“王老吉”商标许可后的续展和备案事宜，保证鸿道集团能在许可期限内合法使用王老吉商标。

鸿道集团及其加多宝六公司经过长期多渠道的营销、公益活动和广告宣传活动，在凉茶市场上培育出红罐“王老吉凉茶”品牌，并获得了众多荣誉。第 626155 号“王老吉”商标在 1992 年和 1998 年被评为广东省著名商标，在 1993 年和 1998 年被评为广州市著名商标；“王老吉”罐装凉茶饮料在 2003 年被佛山市中级人民法院认定为知名商品；“王老吉”罐装凉茶的装潢被认定为知名商品包装装潢；“王老吉”罐装凉茶多次被有关行业协会评为“最具影响力品牌”；根据中国行业企业信息发布中心的证明，2007—2012 年，加多宝六公司生产使用“王老吉”商标的红色罐装凉茶连续 6 年名列罐装饮料市场销售额第一；2008 年，红色罐装王老吉凉茶的销售额突破 100 亿元，成为销售额超越了可口可乐和百事可乐的中国罐装饮料市场第一品牌；2009年4月24日，商标局认定广药集团使用在第32类无酒精饮料商品上的“王老吉”注册商标为驰名商标；2010年11月，北京名牌资产评估有限公司向广药集团出具王老吉品牌价值评估咨询报告，认定“王老吉”品牌在评估基准日的公允价值为1080.15亿元。

1.2.2 分道扬镳：商标独占许可无效的权益回收

然而，好景不长，巨大商业利益的漩涡一步步吞噬着无上荣光……

2005年7月1日，广东省广州市中级人民法院作出(2005)穗中法刑二初字第87号一审刑事判决。随即，2005年9月26日，广东省高级人民法院作出(2005)粤高法刑二终字第370号二审刑事判决，均认定2000—2003年，李益民在担任广药集团副董事长、总经理期间利用职务之便，先后3次收受鸿道集团董事长陈鸿道贿送的约300万元港币。该期间也是广药集团与鸿道集团签订《“王老吉”商标许可补充协议》的过程，这有可能意味着，关于两份“王老吉”商标许可补充协议的订立，属于当时的《合同法》第五十二条第二项所规定的“恶意串通，损害国家、集体或者第三人利益”的情形，这两份补充协议会被认定为无效。

2011年4月26日，广药集团向中国国际经济贸易仲裁委员会(简称贸仲委)提出仲裁申请，要求裁决：广药集团与鸿道集团2002年11月27日签订的《“王老吉”商标许可补充协议》和2003年6月10日签订的《关于“王老吉”商标使用许可合同的补充协议》无效；鸿道集团停止使用“王老吉”商标。2012年5月9日，贸仲委基于两份补充协议签订的双方代表均涉嫌刑事责任，作出(2012)中国贸仲京裁字第0240号裁决书，支持了广药集团的仲裁请求。故而，鸿道集团及加多宝六公司再也无权使用第626155号“王老吉”注册商标。2012年5月12日，广药集团随即发布公告，收回鸿道集团的红色罐装及红色瓶装王老吉凉茶的生产经营权。2012年5月25日，广药集团与王老吉大健康公司签订《商标使用许可合同》，广药集团许可王老吉大健康公司在中国内地生产和销售的红色罐装及红色瓶装凉茶植物饮料上独家使用包括第626155号“王老吉”注册商标在内的5个商标。2012年6月3日，王老吉大健康公司生产使用第626155号“王老吉”注册商标的红色罐装凉茶产品上市，该产品在2012年度的销售额为17亿余元。王老吉大健康公司为推销其产品，制作并发布了相关广告，该广告的主画面是王老吉大健康公司生产的红色罐装凉茶产品，罐体正面突出使用了黄色“王老吉”文字，还有醒目的“怕上火喝王老吉”的广告语，如图4-2所示。

图4-2　广药集团的“王老吉凉茶”[①]

加多宝集团一手培育的“王老吉凉茶”，陷入了“使用与所有”的辩证逻辑障碍之中。接下来，加多宝集团的凉茶市场份额又该何去何从……

1.3　硝烟四起

早在仲裁期间，加多宝集团已开始未雨绸缪，2011年11月就陆续生产一面印有“王老吉”，另一面印有“加多宝”红色罐装的凉茶饮料，启动了“去王老吉化”“强加多宝化”的凉茶战略。在仲裁裁决生效后，加多宝集团开始生产两面均印有“加多宝”的加多宝凉茶饮料，并将经典的广告用语“怕上火喝王老吉”逐步替换成“怕上火喝加多宝”……

① 图片来源：百度图片。

1.3.1 广告语虚假宣传之战

“怕上火喝×××”的广告语策划，是由广东加多宝公司完成的。2002年12月31日，广东加多宝公司与广州成美广告有限公司合作，进行策划红罐凉茶产品广告定位。2003年3月7日，双方确定主旨广告语为“怕上火喝王老吉”。2003年10月至2004年3月，广东加多宝公司委托广州成美广告有限公司制作了含有广告语“怕上火喝王老吉”的影视广告。2004年3月至2007年3月，加多宝其他5家公司相继成立，均生产凉茶产品，且其配方、包装与广东加多宝公司生产的凉茶产品相同。

2012年6月5日，广东加多宝公司委托广州市智在广告有限公司制作含有“怕上火喝加多宝”广告语的电视广告，在相关报刊、公交车、地铁、机场、火车站、候车亭、大卖场等媒介上投放。随即，陆续使用“王老吉改名加多宝”“全国销量领先的红罐凉茶改名加多宝”“全国销量领先的红罐凉茶——加多宝”“中国每卖10罐凉茶，7罐加多宝”“怕上火更多人喝加多宝，配方正宗当然更多人喝”“加多宝凉茶全国销量遥遥领先”“怕上火，喝正宗凉茶；正宗凉茶，加多宝”等广告语宣传加多宝凉茶，并作为首届《中国好声音》的唯一赞助商，大力推广加多宝品牌。2012年7月1日，广东加多宝公司授权加多宝中国公司在其生产的红罐凉茶外包装上印制“全国销量领先的红罐凉茶改名加多宝”商业标识。主后视图均有“全国销量领先的红罐凉茶改名加多宝”“还是原来的配方，还是熟悉的味道”“怕上火喝加多宝”“加多宝凉茶独家使用王泽邦传承配方，精选本草植物材料配制”的字样，并配有红罐凉茶的图片，罐体正面突出使用了黄色“加多宝”文字，并有“正宗凉茶”字样（见图4-3）。

加多宝集团的广告宣传攻略势必引起广药集团的连锁反应，于是针对“怕上火喝加多宝”“全国销量领先的红罐凉茶改名加多宝”“中国每卖10罐凉茶，7罐加多宝”“怕上火，喝正宗凉茶；正宗凉茶，加多宝”

图 4-3　加多宝集团的“加多宝凉茶”①

“怕上火，喝正宗凉茶”等广告语，广药集团、王老吉大健康公司分别对广东加多宝公司、加多宝中国公司提起涉案广告语虚假宣传不正当竞争诉讼，这其中多以加多宝集团败诉、上诉、再审而告终。颇有意味的是，有 3 起案件被最高院启动再审程序并改判，加多宝集团在广告语宣传战中呈现着连败数十场诉讼后的大反转（见表 4-1），加多宝集团挽回 1000 余万元赔偿。

表 4-1　最高院再审改判广告语虚假宣传案

原审判决字号	涉案广告语	原审判决	最高院判决
湖南省高级人民法院（2016）湘民终字第 94 号	“中国每卖 10 罐凉茶，7 罐加多宝”“怕上火更多人喝加多宝，配方正宗当然更多人喝”“全国销量领先的红罐凉茶改名加多宝”	武汉加多宝公司停止侵权，赔偿 600 万元	武汉加多宝公司停止侵权，赔偿 100 万元

① 图片来源：百度图片。

续表

原审判决字号	涉案广告语	原审判决	最高院判决
广东省高级人民法院(2014)粤高法民三终字第482号	"全国销量领先的红罐凉茶改名加多宝""王老吉改名加多宝"	加多宝中国公司停止侵权,赔偿1000万元	驳回广药集团全部诉讼请求
重庆高级人民法院(2014)渝高法民终字第00318号	"全国销量领先的红罐凉茶改名加多宝"	加多宝中国公司停止侵权,赔偿40万元	驳回广药集团全部诉讼请求

1.3.2 配方正宗虚假宣传与商业诋毁之战

广药集团与加多宝集团为争夺凉茶市场,回收与转移各自的市场份额,澄清消费者对正宗凉茶的困惑,陆续采取"凉茶配方谁更正宗"的新闻广告攻略……

加多宝集团方面,2012年3月12日,王健仪再次签署《王老吉创始凉茶祖方传授谨启》,授权给香港鸿道集团独家永久专用,并准许其在中国内地投资的加多宝集团各公司生产上述祖传正方之凉茶。2013年5月23日,北京卫视、湖南卫视、四川卫视、江西卫视、湖北卫视、广东卫视、湖南卫视、广西卫视、云南卫视均播放了内容为"我是凉茶创始人王泽邦第五代传人王健仪,我将祖传凉茶秘方独家传授给加多宝,喝正宗凉茶请认准正宗配方,怕上火喝加多宝"的广告。凤凰网发表题目为《王泽邦后人发布联合声明:从未将祖传配方授予广药集团》的文章,直指2013年3月26日,凉茶创始人王泽邦先生第五代传人王健仪女士携家族成员在深圳召开"凉茶创始人王泽邦后人媒体见面会",王氏家族发表联合声明,表示从未将祖传秘方授予广药集团使用,目前广药集团所生产凉茶并非承袭王氏家族的祖传秘方。"我已将祖传秘方独家传授给加多宝集团。加多宝生产的凉茶是我独家授权配方的,过去是,现在是,未来还是。""无论是现在的加多宝红罐或是以前由加多宝在国内生产销售的红罐凉茶,都是沿用王泽邦的秘方,为了让消费者饮到真正的凉茶创始人王泽邦的凉茶,我有责任告诉消费者市场上哪一款才是真的。"2013年3月27日的《广州日报》《北京晚报》《羊城晚报》《信息时报》《新快报》《南方日报》《深圳商报》均在头版大篇幅登载了《王健仪等人发布联合声明：从未将祖传秘方授予广药集团》或《王健仪等人发布联合声明：从未将祖传秘方授予加多宝以外的企业》的文章，其中，《南方日报》和《北京日报》两家媒体明确标注该内容为广告。

广药集团方面，2013年1月1日，湖北日报传媒集团下属《楚天都市报》广告部与楚汉之翼文化传播有限公司（以下简称楚汉之翼公司）签订《品牌药品广告代理协议》，约定由楚汉之翼公司代理《楚天都市报》刊登品牌药品行业的广告业务。2013年6月7日，广州市医药海马广告有限公司受王老吉大健康公司委托，转托楚汉之翼公司在《楚天都市报》上发布内容为“解密王老吉之争”的广告。2013年6月8日，《楚天都市报》A07版刊登了题为《解密王老吉之争：外资企业加多宝老板行贿潜逃是根源》的整版广告。该广告由标题、配图和正文三部分组成，其中标题“解密王老吉之争：外资企业加多宝老板行贿潜逃是根源”“广州市检察院：继续追捕加多宝老板”“广州市国资委：广药是唯一合法传承实体”“广州市公证处：广药拥有王老吉独家秘方”分3行排列，位于广告正上方，使用的字体醒目突出。标题下方配有广州市人民政府新闻办公室新闻发布会现场图片、1928年王老吉商号注册执照和1936年注册的“王老吉公孙父子图”商标影印件图片。图片下方为广告正文，全文共5000余字，分七大部分，各部分标题依次为：“国有资产严重流失，陈鸿道行贿导致‘史上最廉价商标租赁’”“为何没能和解？加多宝董事长潜逃无法对话，广药只能诉诸法律”“为何不能良性竞争？不断制造流血冲突进行市场暴利营销”“外资身份扮民企，打悲情牌进行舆论暴力”“为何官司一打再打？加多宝‘三诈’欺骗消费者，广药只能维权”“10份公证权威证明王老吉一脉相传，广药独家拥有秘方。广州市国资委：广药集团是王老吉唯一合法传承实体”“王老吉开创凉茶行业多个第一，没有王老吉就没有凉茶产业的今天”。

广药集团和王老吉大健康公司闻之以上消息，立即向法院提起对广东加多宝公司和加多宝中国公司虚假宣传和商业诋毁的不正当竞争诉讼。同时,广东加多宝公司也指控广药集团和湖北日报传媒集团在争议广告中有16处内容构成虚假宣传,有17处内容构成商业诋毁。双方依据各自举证的事实,上演了一场相互纠错的司法大剧。

1.3.3 "红罐凉茶"特有包装、装潢归属之战

广告宣传的不正当竞争巨幕尚未落下,加多宝集团与广药集团"第一装潢"大戏序幕徐徐揭开。2013年5月15日,在"红罐凉茶"包装、装潢一案开庭之际,《北京晨报》B22版刊发了题为《红罐案今日开庭,数千种植户联名力挺红罐属于加多宝》《加多宝员工参与声援活动》《红罐案开庭前,经销商系加多宝红丝带表支持》的报道。广东省高级人民法院相关负责人在记者提问该案开庭为何延期时回应:"此案庭审延期是因为广药集团变更了诉讼请求,同时受广州加多宝公司、鸿道集团一直没有签收或拒签法律文书的影响,案件审理程序进展缓慢。"由于多方的影响,加多宝集团和广药集团开始了长达5年之久的"红罐凉茶"特有包装、装潢的争夺(见图4-4)。

图4-4 王老吉与加多宝红罐相夺①

从历史演进的脉络来看,鸿道集团1995年就取得了独家使用"王老吉"商标生产红色罐装凉茶饮料的权利。鸿道集团取得该权利后,委

① 威科中国.威科先行法律信息库[EB/OL].[2022-09-23]. https://law.wkinfo.com.cn/.

托香港新灵印刷设计公司设计了许多罐装、纸盒装、瓶装的项目，其中，王老吉红罐包装、装潢从 1995 年开始设计，历经 3 个阶段（1995 年—1996 年 2 月—1998 年 7 月），并许可东莞鸿道食品有限公司予以生产，东莞鸿道食品有限公司自 1996 年 5 月 1 日开始委托广东国际容器有限公司制造红色罐装“王老吉凉茶”饮料的包装标识，1998 年 8 月 31 日东莞鸿道食品有限公司注销后，鸿道集团于 1998 年 9 月 17 日投资成立了广东加多宝公司，并许可其生产带有红色罐装包装、装潢标识的“王老吉凉茶”。早在 2004 年 12 月，广东省高级人民法院在“三水华力饮料食品有限公司与广东加多宝饮料食品有限公司知名商品装潢侵权纠纷”中作出（2003）粤高法民三终字第 212 号判决，其中既已认定：“广东加多宝公司是红色罐装‘王老吉凉茶’饮料的合法经营者和实际生产者，故广东加多宝公司作为争议装潢使用权人，是民事权利义务关系的主体……”之后，广东加多宝公司授权武汉加多宝公司、浙江加多宝公司、杭州加多宝公司、福建加多宝公司生产销售带有红色罐装包装、装潢的“王老吉凉茶”。

从加多宝集团提供的《加多宝集团历年支出的建厂、广告、促销费用》数据来看，1998 年至 2011 年上半年，加多宝集团为生产和销售红罐王老吉凉茶产品，支出建厂、广告、促销费用分别为 22.2 亿元、32.8 亿元、29.5 亿元，共计 84.5 亿元。加多宝集团生产的红色罐装“王老吉凉茶”获奖不断：2007 年 9 月红色罐装“王老吉凉茶”被授权在产品包装盒媒体宣传中使用“人民大会堂宴会用凉茶饮品”字样；2008 年 4 月，加多宝集团生产的红色罐装“王老吉凉茶”饮料获得“中华民族凉茶行业第一品牌”称号。加多宝集团历年参加各种慈善、公益活动所支出的费用合计 3.09 亿元，其中，2008 年汶川大地震时捐助 1 亿元，2009 年玉树大地震时捐助 1.1 亿元。

2011 年 4 月 26 日，在广药集团向贸仲委提出仲裁申请后，加多宝集团开启了“去王老吉化”和“强加多宝化”战略。前文提及，2011 年 12 月，加多宝集团开始生产、销售一面标注有“王老吉”，另一面标注有“加多宝”的红罐包装、装潢凉茶。在短暂的“双标红罐凉茶”之后，自

2012年5月9日起，加多宝集团开始生产、销售两面均标注有“加多宝”红罐包装、装潢凉茶。而另一边，2012年6月3日，广药集团在北京八达岭长城举行“红色易拉罐装王老吉凉茶”的新装上市活动，正式推出广药集团的红罐“王老吉凉茶”。加多宝集团与广药集团到底谁才是真正的红罐凉茶？谁应该拥有“红罐凉茶”的包装、装潢？

广药集团斥责加多宝集团：在明知将要败诉的情况下，恶意将原两边均为“王老吉”装潢的产品包装改为一边是“王老吉”、另一边是“加多宝”装潢的产品包装，实施“去王老吉化”的不道德商业手段，将“王老吉”“加多宝”装潢标识混为一体；在仲裁裁决后，又将红罐两边字样都改为“加多宝”，并未再使用“王老吉”注册商标，其他装潢基本未变；在失去“王老吉”商标许可使用权后，生产和销售的“加多宝”装潢的红罐凉茶饮料，在设计的文字、色彩、图案及排列组合上均与广药集团知名商品“王老吉凉茶”相似，其装潢近似程度足以引起与知名商品“王老吉凉茶”混淆。

加多宝集团反责广药集团：加多宝集团多年来生产、销售的红色罐装凉茶是知名商品，该知名商品具有特有的包装装潢，该装潢应当获得排他性法律保护。这一事实已经被广东省高级人民法院第212号判决认定。在2012年6月之前，广药集团及其下属企业从未生产或委托生产过任何一款红罐凉茶，亦没有对涉案知名商品的生产和宣传做出任何贡献，自无权针对知名商品包装、装潢享有任何权利。

双方争执不下的知名商品红罐包装、装潢究竟指什么呢？早在2004年12月广东省高级人民法院第212号判决中已认定了“王老吉”凉茶包装、装潢是指：采用红色为底色，主视图中心为突出、引人注目的3个竖排黄色装饰的楷书大字“王老吉”，“王老吉”右边为2列小号宋体黑色文字“凉茶始祖王老吉创业于清朝道光年已有百余年历史”，“王老吉”左边下部为褐色底、宋体白色文字“凉茶”，再左边为3列小号宋体黑色文字“王老吉凉茶依据祖传秘方采用上等草本配制老少咸宜诸君惠顾请认商标”；罐体上部有条深褐色的装饰线，该装饰线上有黄色英文“herbal tea”和“王老吉”楷书小字相间围绕，罐体下部有一粗一细两条装饰线；后视图与主视图基本相同；左视图是中文和英文的配料表及防伪条形码；右视图上部是“王老吉”商标及“王老吉凉茶”字样，下部是“东莞鸿道食品有限公司”及其地址、电话、传真、保质期等商品生产者的信息。此后，王老吉红罐凉茶一直沿用该包装、装潢，虽然期间有更改，但只是在罐体的文字等处做少许更改。因此，王老吉知名商品特有的包装、装潢的内容可以界定为：“标明在王老吉红罐凉茶罐体上，包括黄色字体‘王老吉’等文字、红色底色等色彩、图案及其排列组合等组成部分在内的整体内容。”

那么，产品的包装、装潢与驰名商标、知名商品之间的归属逻辑究竟几何？司法中又该如何认定？于是，广药集团开始了红罐包装、装潢的确权之路，前后向广东加多宝公司、武汉加多宝公司、浙江加多宝公司、杭州加多宝公司、福建加多宝公司提起“擅自使用知名商品特有包装、装潢”系列诉讼，将商标与装潢、知名商品的认定、知名商品特有包装、装潢认定与归属问题，推上了司法适用的舞台。

1.3.4　商标侵权认定与赔偿之战

时光隧道又穿梭至引人关注的王老吉商标侵权案，历史总是惊人的相似，为了天价赔偿金额，加多宝与王老吉这对昔日伴侣又将再次奏响舞曲……

广药集团与加多宝六公司均认可在仲裁裁决确认两份商标补充协议无效后的一段时间内(2010 年 5 月 2 日至 2012 年 5 月 12 日)加多宝六公司在凉茶商品上使用了涉案“王老吉”商标。那么在这段时间，是否有确实的证据可以证明加多宝集团系未经商标权人其他许可而生产“王老吉凉茶”？也可以继续追问，广药集团李益民与鸿道集团陈鸿道的个人刑事责任问题，是否必然引起 2002 年 11 月 27 日、2003 年 6 月 10 日签订的两份商标许可合同补充协议无效？两者之间具有必然的因果关系吗？这是本案被发回重审必须解决的两个问题，只有以此为前提，才能判断加多宝六公司生产、销售“王老吉凉茶”的行为是否属于商标侵权行为,是否要承担相应的商标侵权赔偿责任。

退一步看,假使认定加多宝集团"王老吉"商标侵权,侵权赔偿额的计算依据是否科学?依据广药集团提供的《专项分析报告》,证明加多宝六公司在2010年5月2日至2012年5月19日期间的净利润合计293 015.55万元,广药集团以此为基础确定了本案的赔偿额。但该《专项分析报告》在结论部分对分析结果做出多处保留,缺失大量的基础财务数据,且无制作分析报告的相关人员的资质证明及签章,这意味着侵权赔偿额的计算证据有瑕疵,会导致案件事实认定不清。

这也是开篇所谈及的加多宝集团与广药集团关于商标侵权案件发回重审的理由,《专项分析报告》在证据内容与证据形式上均存在重大缺陷,不能作为认定案件事实的依据。重审法院需要结合全案证据,重新对涉案被诉商标侵权行为的性质及相关侵权责任做出全面审查认定。重审结果究竟会怎样,还需要留给历史和现实去验证,加多宝与王老吉商誉的终级对决,我们拭目以待。

1.4 相忘江湖

1.4.1 加多宝华丽转身

今天的加多宝集团,旗下产品包括罐装、瓶装、盒装"加多宝凉茶"。一直以来,加多宝以满腔热忱,秉承为中国创造一个世界级的饮料品牌、传承中华传统养生及仁爱文化的理念,不断开拓创新。加多宝集团战略升级,推出"金罐加多宝"凉茶,内含菊花、甘草、仙草、金银花等具有预防上火作用的草本植物,有益身体健康,深受广大消费者喜爱。"金罐加多宝"正开启国际化战略布局,建立全球化营销网络,占领全球饮料市场的新高地(见图4-5)。加多宝集团正向着2.0版"凉茶中国梦"不懈努力……

1.4.2 王老吉纵深发展

今天的王老吉大健康公司,形成了"时尚、科技、文化"品字型发展

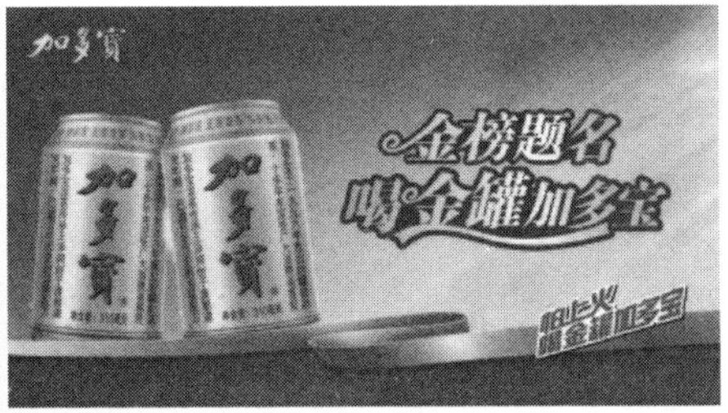

图 4-5 加多宝产品[1]

战略，打造了王老吉“吉祥文化”和防上火的“功能饮料文化”，使“怕上火喝王老吉”“过吉祥年喝王老吉”的广告宣传语深入人心。作为中国传统凉茶文化的代表，王老吉大健康公司肩负起传播凉茶文化的重任，先后在广州、北京、雅安、纽约建立起凉茶博物馆，未来还将陆续在东京、中国台湾等地建立起 56 家凉茶博物馆，大力宣传凉茶文化。同时，王老吉大健康公司积极推动品牌年轻化建设，通过社交媒体创新品牌与消费者的沟通方式，持续不断激发品牌年轻活力，大力推行单品和品类多元化战略，除了经典的红罐、红瓶王老吉凉茶，创新推出无糖凉茶、黑凉茶、茉莉凉茶、爆冰凉茶等凉茶细分产品（见图 4-6），还进军植物蛋白功能饮料领域，推出了大寨核桃露、椰柔椰汁等新类型产品，推出的刺柠吉天然高维 C 饮料，创造了健康消费的新潮流……

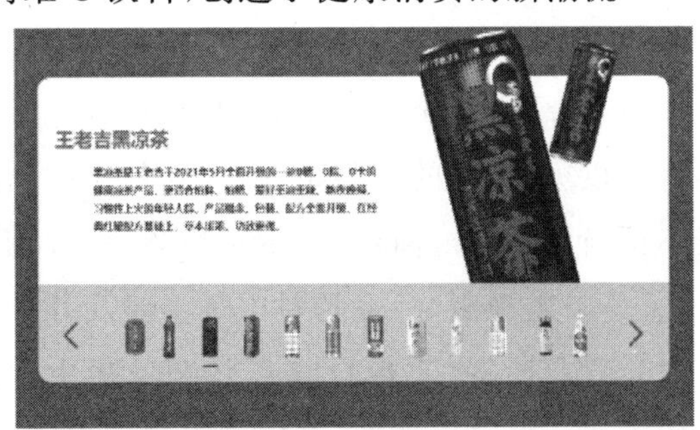

图 4-6 王老吉产品[2]

① 加多宝官网[EB/OL].[2022-09-23]. https://www.jdbchina.com/cn/index.asp.

② 王老吉官网[EB/OL].[2022-09-23]. https://www.wljhealth.com/product.html.

法律篇

加多宝与王老吉的种种纠葛,不仅为司法界、法学教育界提供了绝好的讨论素材,也为商业界树立了商标与商誉运营的典范。法律是企业商业经营必须遵守的行动准则,而企业商业经营终究为实现最终的盈利目标而在市场上树立良好的商誉。时间在不经意间流逝,加多宝与王老吉多数纠纷已尘埃落定,但它们带给我们的启示却意味深长。接下来,编者将用法律人特有的司法三段论思维,对上述系列案件进行知识经济视阈下的重新解读,究竟"谁动了谁的奶酪"?

2.1 眼花缭乱的广告语

学理上的广告语是商业标识的下位概念,商业标识是经销者为了经销自己的商品或服务而制作使用的广告语和宣传口号。在现实生活中,商业标识往往与商标一同出现,用在商品或服务的宣传资料和商品的外包装上。商业标识随着市场的变化、消费者追求的改变、经销者营销方式的调整而改变。普通意义上的商业标识不具有区别商品来源的功能,不能为企业所专有和独占;特殊意义上的商业标识可以区别商品来源,可为企业所专有和独占。商业标识若符合《中华人民共和国著作权法》规定的作品条件,可受其保护,也可成为《中华人民共和国反不正当竞争法》(简称《反不正当竞争法》)保护的客体。《反不正当竞争法》是市场规制法,也是对市场主体及其行为的规范法。竞争是产品生产经营者追逐、实现自身经济利益最大化的过程,不正当竞争行为破坏市场公平竞争秩序,自然成为该法规制的对象。

商业标识若成为《反不正当竞争法》保护的客体,一定具备被仿冒混淆的性质;若成为《反不正当竞争法》规制的对象,一定具备虚假宣传的性质。广告语是经营者为推销其商品或服务而使用的特殊宣传语句，是经营者传递企业和商品或服务形象信息、提高企业和商品或服务知名度、刺激受众购买欲望的重要手段，具有简洁性、独创性、易于记忆等特点。成功的广告语能给消费者留下深刻的印象，增强商品在消费者心里的认同感，使商品能有效地从同类商品中脱颖而出，并成为具有识别性和显著性的商业标识，为经营者带来竞争优势及经济利益，从而成为《反不正当竞争法》保护的客体。如若广告语具有虚伪、夸张性、欺骗性而引人误解，即为虚假宣传。因此，具有虚假宣传性质的广告语同时构成《广告法》和《反不正当竞争法》的规制对象，两部法律在立法上相互结合、相互交叉。

加多宝集团最初为推广王老吉凉茶知名度，使用了"怕上火喝王老吉"广告语，随后为推广加多宝凉茶而延续、创新使用广告语，导致纷争不断，司法审判如何进行认定，编者将逐一揭开它们的神秘面纱。

2.1.1 "怕上火喝×××"广告语的显著性、混淆性、权利归属等认定

（1）显著性认定

依据案件适用的1993年《反不正当竞争法》第五条第二项规定，"擅自使用知名商品特有的名称、包装、装潢，或者使用与知名商品近似的名称、包装、装潢，造成和他人的知名商品相混淆，使购买者误以为是该知名商品的，属于经营者采用不正当竞争手段从事市场交易、损害竞争对手的行为。"广告语若要成为知名商品的特有名称，一定是该广告语本身已被作为商品的名称使用，并具有识别商品来源的作用。

"怕上火喝王老吉"广告语指向的"王老吉凉茶"属于知名商品。"怕上火喝×××"广告语句式对凉茶产品进行了功能定位，"怕上火"是个常见词，在南方地区，由于水质、地缘等因素，"上火"现象更是常见。该广告语在产生之初，并无显著性和识别性，但经加多宝集团长期的宣传与推广，已经具备了较高的知名度。该广告语的显著性和识别

性来自“王老吉凉茶”,但其本身并未作为“王老吉凉茶”的商品名称使用,并非知名商品的特有名称,消费者在“王老吉凉茶”广告之外的任意场合看到“怕上火喝×××”字样时,难以直接识别商品的来源。因此,“怕上火喝×××”广告语缺乏显著性,不具有识别商品来源的作用,同样也不属于知名商品特有的名称,无法受到《反不正当竞争法》的保护。

(2) 混淆性认定

“怕上火喝王老吉”广告语和“怕上火喝×××”广告句式不是注册商标,亦均不具备独立于“王老吉”商标的识别商品来源的显著性,其使用目的是宣传推广商品,在相关公众的通常认知中是广告,从未被直接作为识别商品来源的商标或商业标识使用过,也不是知名商品的特有名称,不会造成市场混淆。

在“怕上火喝×××”广告语缺乏显著性和产品功效描述性的宣传功能条件下,“怕上火喝加多宝”“怕上火,喝正宗凉茶;正宗凉茶,加多宝”“怕上火,喝正宗凉茶”,使用方式与“怕上火喝王老吉”之间的区别特征非常明显,足以使消费者在看到该广告语时,能够很清晰地识别出其要宣传推广的商品是“加多宝凉茶”,其使用的商标是“加多宝”,不会将“加多宝凉茶”混淆或误认为“王老吉凉茶”,不构成对“王老吉凉茶”及“王老吉”的商标、商誉价值的转移或淡化,不会产生混淆性。

(3) 权利归属认定

“怕上火喝王老吉”广告语系由加多宝集团创设,在广药集团许可使用“王老吉”商标期间,加多宝集团持续使用该广告语并使之具有了一定的知名度。在商标许可使用关系终止后,加多宝集团在将凉茶产品改用“加多宝”商标的情况下,将其一直使用的“怕上火喝×××”广告句式改用在“加多宝凉茶”产品上进行宣传,并未因为广告语而形成对王老吉大健康公司和广药集团商业利益的攀附,不具有不正当性,并不存在明显违反诚实信用原则或公认的商业道德情形,不会扰乱社会经济秩序。王老吉大健康公司和广药集团也未能举证证明加多宝集团广告语使消费者将“加多宝凉茶”混淆或误认为“王老吉凉茶”，而导致加多宝集团不正当地获得了竞争优势。因此，“怕上火喝×××”广告语并不与王老吉凉茶作为一个整体，也并非专属于广药集团的独有权益。

2.1.2　“中国每卖10罐凉茶，7罐加多宝”广告语的虚假性认定

王老吉大健康公司与加多宝中国公司就广告语是否构成虚假宣传产生分歧，重庆高级人民法院对此进行二审判决。我国有两部法律和一部司法解释对虚假广告做了认定。1993年《反不正当竞争法》第九条第一款规定：“经营者不得利用广告或者其他方法，对商品的质量、制作成分、性能、用途、生产者、有效期限、产地等作引人误解的虚假宣传。”2015年《广告法》第十一条第二款规定：“广告使用数据、统计资料、调查结果、文摘、引用语，应当真实、准确并表明出处。”《最高人民法院关于审理不正当竞争民事案件应用法律若干问题的解释》第八条第三款规定：“人民法院应当根据日常生活经验、相关公众一般注意力、发生误解的事实和被宣传对象的实际情况等因素，对引人误解的虚假宣传行为进行认定。”

要判断加多宝中国公司发布的广告语是否构成虚假宣传，应当从该广告语的文义理解和一般消费者的语言习惯及注意力出发。广告语“10罐凉茶”与其后紧随的“7罐加多宝”相对应，更容易被理解为“10罐凉茶7罐加多宝凉茶”，加多宝中国公司应确保在该理解下广告语有客观和准确的数据支撑。在以“中国每卖10罐凉茶，7罐加多宝”为主打广告的图文及视频广告中，明确标示数据来源为《2012年前三季度中国饮料行业运行状况分析报告》《2012年1—9月全国罐装凉茶主要品牌市场监测结果证明》《尼尔森零售数据确认函》《消费品市场资讯报告2012年罐装饮料》4份行业报告。其中，由于各品牌凉茶的统计总量包括含罐装、瓶装、盒装，罐装并非唯一的包装形态，即使在罐装形态下，各品牌罐装饮料的容积是否一致，在统计凉茶市场占有率时，直接将计量单位由“升”改为“罐”，既不客观也缺乏相关证据

证明。但无论如何，加多宝中国公司提交的数据来源报告，预想证明的事实是2012年加多宝集团生产并销售的凉茶前三季度占据72.96%的市场份额。

但是，2012年加多宝集团全年生产并销售的凉茶应当包括3种类型：第一种是在加多宝集团2011年11月前生产的“王老吉”红罐凉茶；第二种是加多宝中国公司从2011年11月起至2012年5月生产的一面印有“王老吉”标识，另一面印有“加多宝”标识的红罐凉茶；第三种是从2012年5月底开始生产的罐体两面均印有“加多宝”的红罐凉茶。很明显，只有最后一种是加多宝凉茶，第二种——根据前文谈及的仲裁裁决——属于商标授权许可终止前使用“王老吉”商标的红罐凉茶。而王老吉大健康公司生产的“王老吉”红罐凉茶上市时间为2012年6月，加上加多宝集团生产的第一种和第二种王老吉凉茶数量，加多宝凉茶市场销售额无法在2012年前三季度超过王老吉凉茶。

在此特定时间，王老吉凉茶具有很高的知名度，一般消费者更熟知的知名商品是王老吉凉茶而不是加多宝凉茶。《2012年前三季度中国饮料行业运行状况分析报告》中：将“加多宝生产的罐装凉茶”替换成“加多宝红罐凉茶”；将“2012年”“2012年1—9月”“前三季度”的时间不区分时段进行了模糊表述，即“加多宝集团生产并销售的凉茶占整个凉茶市场份额72.96%”，由此得出“中国每卖10罐凉茶7罐加多宝”的结论。这样的表述是否构成引人误解的虚假宣传，主要是根据相关经济生活领域的日常生活经验和宣传行为的具体情形，按照相关公众是否产生误解进行判断。引人误解的虚假宣传虽然字面上既包括了“虚假宣传”又包括了“引人误解”，但其核心与本质在于是否“引人误解”。如果宣传的内容不真实，一般足以认定为构成引人误解的虚假宣传；如果宣传的内容真实，但由于不准确或者不全面的原因，足以导致该商品的消费者对商品产生错误认识，误解该商品具有本不存在的品质特征或者其他特点，经营者由此得到利益或者竞争优势，也同样构成引人误解的虚假宣传。

加多宝中国公司虽然在广告语中标明了统计数据的出处，但该数据来源的统计口径、计量单位并不能与广告语一一对应；该广告语也并未全面、准确地引用数据来源，不能证明在广告语发布时“加多宝红罐凉茶”在罐装凉茶的市场占有率为72.96%。因此，广告语所体现的市场占有率与实际情况并不相符，很容易引起消费者认为加多宝凉茶市场销量远远超过王老吉凉茶市场销量，会造成相关公众对加多宝红罐凉茶和加多宝凉茶占有市场份额的误解。

2.1.3　“全国销量领先的红罐凉茶改名加多宝”广告语的误解性认定

前文谈及1993年《反不正当竞争法》第九条第一款规定的足以引人误解的虚假宣传行为的构成。《最高人民法院关于审理不正当竞争民事案件应用法律若干问题的解释》第八条规定：“经营者具有下列行为之一，足以造成相关公众误解的，可以认定为反不正当竞争法第九条第一款规定的引人误解的虚假宣传行为：(一)对商品作片面的宣传或者对比的；(二)将科学上未定论的观点、现象等当作定论的事实用于商品宣传的；(三)以歧义性语言或者其他引人误解的方式进行商品宣传的。以明显的夸张方式宣传商品，不足以造成相关公众误解的，不属于引人误解的虚假宣传行为。人民法院应当根据日常生活经验、相关公众一般注意力、发生误解的事实和被宣传对象的实际情况等因素，对引人误解的虚假宣传行为进行认定。”加多宝中国公司使用“全国销量领先的红罐凉茶改名加多宝”广告语的行为是否构成虚假宣传，需要结合具体案情，根据日常生活经验、相关公众一般注意力判断涉案广告语是否片面，是否有歧义，是否易使相关公众产生误解。

故事篇谈及2007—2012年间，加多宝六公司生产使用的“王老吉”商标红色罐装凉茶产品连续6年名列罐装饮料市场销售额第一。在“王老吉”商标许可使用期间，广药集团并不生产和销售“王老吉”红罐凉茶，广告语前半部分“全国销量领先的红罐凉茶”的描述与统计结论相吻合，不存在虚假表述，且其指向的是加多宝集团生产和销售的“王老吉”红罐凉茶。2012年5月9日,“王老吉”商标许可补充协议被仲裁裁决无效后,加多宝中国公司开始生产“加多宝”红罐凉茶,在广告语后半部分宣称“改名加多宝”也是对客观事实的描述。

1993年《反不正当竞争法》上的虚假宣传立足点在于“引人误解的虚假宣传”。在“王老吉”商标许可使用期间,加多宝集团通过多年持续大规模的宣传和使用,不仅显著地提升了“王老吉”红罐凉茶的知名度,而且向消费者传递了“王老吉”红罐凉茶的实际经营主体为加多宝集团。在加多宝集团不再生产“王老吉”红罐凉茶后,使用广告语向社会公众告知以前的“王老吉”红罐凉茶“改名加多宝”,防止社会公众误认王老吉大健康公司生产的“王老吉”红罐凉茶为原来加多宝集团生产的“王老吉”红罐凉茶。

“王老吉”商标知名度和良好商誉是广药集团和加多宝集团共同创造的结果。加多宝集团使用的广告语的确占用了“王老吉”商标的商誉,但是“王老吉”商标的商誉却在很大程度上源于加多宝集团持续多年的宣传和使用。根据加多宝集团的贡献度,这种占用具有一定合理性。广药集团收回“王老吉”商标后授权许可王老吉大健康公司生产“王老吉”红罐凉茶,消费者不会误认为“王老吉”商标已停止使用或不再使用,凝结在“王老吉”红罐凉茶上的商誉自然归王老吉大健康公司所有。

“全国销量领先的红罐凉茶改名加多宝”广告语虽然没完整反映商标许可使用变化的相关事实,但将“王老吉”红罐凉茶改名“加多宝”的基本事实告知消费者,主观上并无明显不当;基于广告语简明扼要特点,以及客观上加多宝集团对提升“王老吉”商标商誉所做的贡献,消费者对“王老吉”红罐凉茶实际经营主体的认知,结合消费者的一般注意力,发生误解的事实和被宣传对象的实际情况,加多宝集团使用涉案广告语并不产生引人误解的效果,并未损害公平竞争的市场秩序和消费者的合法权益,不构成虚假宣传行为。即便部分消费者在看到广告语后有可能会产生“王老吉”商标改为“加多宝”商标,原来的“王老吉”商标已经停止使用或不再使用的认知,也属于商标所有人与实际使用人分离后，凉茶市场可能产生混淆的后果，但该混淆后果并不必然产生《反不正当竞争法》里所指的“引人误解”的效果。该广告语虚假宣传案以加多宝集团胜诉告终[①]。

2.2 争相表白的正宗配方与商誉互诋

2.2.1 争先恐后的虚假宣传

(1) 广药集团和王老吉大健康公司诉广东加多宝公司和加多宝中国公司

加多宝集团方面王健仪的声明是否构成虚假宣传？王健仪作为王泽邦后人香港分支的代表，由于没有对王老吉配方的历史沿革进行客观的介绍，普通消费者很有可能从“独家”的字眼中解读出其他凉茶经营者均未经过合法授权的含义。这种表述存在明显的歧义，极易引起普通消费者的误解，会使加多宝集团在凉茶市场中获得不正当竞争优势，扰乱正常的市场竞争秩序，损害其他同行业经营者的合法权益，也损害了广药集团和王老吉大健康公司的合法权益。加多宝集团向社会公众发表声明应当尊重客观事实，王健仪的声明构成虚假宣传行为。

(2) 广东加多宝公司诉广药集团和湖北日报传媒集团

广东加多宝公司指控广药集团的虚假宣传主要集中在王老吉品牌传承和王老吉凉茶配方归属、王老吉凉茶市场销售地位、加多宝董事长陈鸿道行贿潜逃与双方争端的关系3个方面。

关于王老吉品牌传承及配方归属的评述，是否构成虚假宣传？广药集团强调历史传承的唯一性和配方的独家性，但广药集团并不拥有我国内地以外的王老吉品牌；广药集团的王老吉凉茶与加多宝凉茶配料相同，配方不同，广药集团称自己拥有独家正宗凉茶的配方与事实不符。对于王老吉凉茶这种拥有着历史传承、脱胎于传统中药的植物

---

① 威科中国.威科先行.法律信息库[EB/OL].[2022-09-23]. https://law.wkinfo.com.cn/；搜狐.搜狐财经[EB/OL].[2022--09-23].https://business.sohu.com/.

饮料而言,历史传承、配方来源均是消费者考量的重要因素。广药集团以10份公证文件进行不实宣传,有可能导致消费者产生误解,广药集团和湖北日报传媒集团构成虚假宣传行为。

关于王老吉凉茶市场销售地位的评述,是否构成虚假宣传?争议广告中"王老吉"品牌开创凉茶行业多个第一,创造性地开发出中国最早的盒装和罐装凉茶饮料具有事实依据,虽然加多宝公司对"王老吉"商标商誉的累积、发展做出了重要贡献,但广药集团作为"王老吉"商标的专有使用权人,在收回商标许可使用权后,有权利用该商标所承载的商誉进行经营和宣传活动。"王老吉"商标的使用权人虽然发生变化,但宣传内容指引的是"王老吉"品牌标注的商品,对消费者购买"王老吉"商标标注商品的意愿不会产生影响。广药集团有关"王老吉"品牌开创凉茶行业多个第一,创造性地开发出中国最早的盒装和罐装凉茶饮料这些事实并不背离客观事实,不构成虚假宣传。

关于加多宝董事长陈鸿道行贿潜逃与双方争端的关系的评述,是否构成虚假宣传?这些内容虽有不实或夸大之处,但主要是对商标许可使用协议相对方行为的描述,而非对广药集团经营的凉茶商品的描述,也并非消费者在选择广药集团凉茶商品时考虑的重点要素。因此,该内容不构成我国《反不正当竞争法》所规制的虚假宣传行为。

2.2.2 针锋相对的商业诋毁

(1) 广药集团和王老吉大健康公司诉广东加多宝公司和加多宝中国公司

1993年《反不正当竞争法》第十四条规定:"经营者不得捏造、散布虚伪事实,损害竞争对手的商业信誉、商品声誉。"商业诋毁不但宣传虚假事实,而且该虚假事实针对明确的竞争对手,目的是诋毁竞争对手的商业信誉或商品声誉。加多宝集团方面王健仪的声明内容,不但容易引起普通消费者的误解,更指向加多宝集团以外的企业,甚至直接指向广药集团。这种针对竞争对手的宣传内容,刻意引导消费者误认为广药集团没有王老吉正宗配方,"王老吉凉茶"使用的不是正宗王老吉配方，是对“王老吉凉茶”声誉和广药集团商誉的诋毁，构成《反不正当竞争法》规定的商业诋毁行为。

（2）广东加多宝公司诉广药集团和湖北日报传媒集团

广东加多宝公司指控广药集团方面的商业诋毁行为，可以分为关于陈鸿道行贿潜逃的事实及评述、关于加多宝营销模式的评述、关于加多宝广告宣传的评述、关于加多宝企业性质及案外人王健仪系诈骗惯犯的宣传 4 个部分，这需结合商业诋毁的构成要件，从事实的真实性、评述的正当性、散布的合理性对广药集团的行为进行评判。

关于陈鸿道行贿潜逃的事实及评述，是否构成商业诋毁？前文报纸广告中的描述，预将陈鸿道行贿潜逃的事实与“王老吉之争”联系起来。虽然仲裁裁决书认定《“王老吉”商标使用许可补充协议》无效系陈鸿道行贿的原因，但将陈鸿道的个人行为界定为双方之间纠纷的根源过于武断，将陈鸿道的个人行为认定为激化“王老吉之争”的原因更是缺乏依据；广告中“国有资产严重流失”“陈鸿道行贿导致最廉价商标租赁”的表述不仅缺乏依据，而且可能会使相关公众误认为广东加多宝公司窃取了国有资产，对广东加多宝公司形成负面评价；广药集团对外公开发布“加多宝老板行贿犯罪潜逃”的事实缺乏正当性。陈鸿道虽然涉嫌犯罪，其涉嫌犯罪行为也可能与加多宝集团的经营相关，但并不能因此而否定加多宝集团的商誉。广药集团刻意将之与相关的商业品牌之争相联系，明显具有损害加多宝集团商誉的恶意，也必然会对公众在认知和评价加多宝集团时造成负面影响，构成商业诋毁。

关于加多宝集团营销模式的评述，是否构成商业诋毁？广药集团在前文报纸广告中以“为何不能良性竞争？不断制造流血冲突进行市场暴力营销”“外资身份扮民企，打悲情牌进行舆论暴力”为标题，在正文中继续描述加多宝“妄图给司法施压，将商业纠纷演变成社会事件”“外资身份扮民企，打悲情牌进行舆论暴力”“加多宝一直充当影帝，扮演‘民企弱势者’的角色，试图故意制造国企与民企的对立来骗取消费者同情，绑架民意，大打悲情牌”“使用黑公关等手段，不断攻击广药集团和公有制经济，博取民众同情……故意挑起各种经济体制之间的矛盾”。而依据查明的事实，确有加多宝集团员工伤害王老吉业务员而承担刑事责任，伤害行为也起因于市场营销，但这类行为系个别人员所实施，并不足以认定广东加多宝公司及其相关企业进行了暴力营销。加多宝中国公司网站的确刊登过《加多宝集团董事长陈鸿道先生致加多宝全体员工的一封信》及《让“非公经济”同样成为党的执政基础加多宝集团致两会代表委员的一封信》，但以之得出加多宝扮演“民企弱势者”的角色、大打悲情牌、进行舆论暴力的结论缺乏依据，构成商业诋毁。

关于广告中对加多宝广告宣传的评述，是否构成商业诋毁？前文报纸广告“为何官司一打再打加多宝‘三诈’欺骗消费者广药只能维权”，以及正文中“加多宝一次又一次的谎言欺骗了消费者，触碰了法律底线，广药开始了一次又一次艰难的维权”等内容，不仅与客观事实不符，而且使用贬义性的措辞评价加多宝的广告宣传行为，亦会对加多宝的企业形象造成不良影响，“一诈、二诈、三诈”的表达更是带有贬义和否定色彩，系对加多宝集团的否定性评价。广药集团的行为在主观上明显具有恶意，客观上也会不当影响相关公众对加多宝形象的认知，损害了加多宝集团的商誉，构成商业诋毁。

关于争议广告中对加多宝企业性质及案外人王健仪系诈骗惯犯的宣传，是否构成商业诋毁？前文报纸广告称“加多宝是在英属维京群岛注册的外资企业”，但企业名称包含“加多宝”的公司有多家，其中加多宝投资有限公司是在英属维尔京群岛注册，该宣传内容与客观事实不符。企业注册地表述不准并不会导致相关公众对加多宝集团评价的降低，该项内容不具备认定商业诋毁的损害结果要件。而对王健仪是使用诈骗手段的惯犯的描述，针对的是案外人王健仪，并非针对加多宝集团或其股东，不构成对加多宝集团的商业诋毁行为。

另外，湖北日报传媒集团通过发布广告，在帮助广药集团提升企业形象、争取交易机会的同时，破坏了广东加多宝公司的企业形象和竞争优势，其行为在性质上属于帮助他人实施不正当竞争行为，理应受到《反不正当竞争法》的规制。

2.3 广为人知的红罐凉茶特有包装、装潢

1993年《反不正当竞争法》第五条第（二）项规定："擅自使用知名商品特有的名称、包装、装潢，或者使用与知名商品近似的名称、包装、装潢，造成和他人的知名商品相混淆，使购买者误认为是该知名商品"，构成一种不正当竞争行为。《最高人民法院关于审理不正当竞争民事案件应用法律若干问题的解释》第一条第一款规定：在中国境内具有一定的市场知名度，为相关公众所知悉的商品，应当认定为反不当竞争法第五条第（二）项规定的知名商品。知名商品具有显著区别性特征，并通过在商品上的使用，使消费者能够将该商品与其他经营者的同类商品相区别的商品名称。认定知名商品，应当考虑该商品的销售时间、销售区域、销售额、销售对象，进行商品宣传的持续时间、程度、地域范围，以及作为知名商品受保护的情况等因素，进行综合判断。

"王老吉"作为一个中华老字号的凉茶产品，经过加多宝集团大规模的生产、持续性的市场推广、广泛的媒体宣传、积极地参与公益活动，王老吉凉茶生产、销售数量不断攀升，并连续多年稳居全国罐装饮料销量首位，多次获得各种荣誉，王老吉凉茶成为名副其实的知名商品，实现了由地区知名到全国知名的跨越。

而知名商品的特有包装、装潢之所以受《反不正当竞争法》保护，是因为经使用具有较高的知名度，形成了特有性和显著性，可实现识别商品来源的功能。广药集团与加多宝集团在王老吉商标许可使用协议中，并没有对"王老吉"红罐凉茶的特有包装、装潢权益归属做出明确约定。通常情况下，在商标许可使用关系终止后，被许可人应停止使用行为，在被许可使用商标上所积累的商誉应同时归还于许可人。但"王老吉"红罐凉茶包装、装潢的特殊之处在于，许可使用期间形成的特有包装、装潢权益既与被许可使用商标的使用存在密切联系，又因其具备《反不正当竞争法》的独立权益属性，而产生外溢于商标权之外的商誉特征，性质上属于许可使用期间的衍生利益。这涉及与商业标识性

权益保护相关的法律适用问题，也体现该特有包装、装潢权益在形成过程中包含的复杂历史和现实因素。因此，广药集团和加多宝集团均主张对“王老吉”红罐凉茶的特有包装、装潢享有专有权。在确定特有包装、装潢权益归属时，需要对以下因素做出综合考量。

2.3.1 “王老吉”的品牌标识基础

在双方签订商标许可使用协议之前，“王老吉”已形成并积淀一定的品牌知名度和市场价值。其在中国内地具有的历史渊源和品牌效应，使加多宝集团在获得“王老吉”商标的使用权后，选择以醒目、突出的字体在红罐包装、装潢上使用。“王老吉”红罐凉茶一经推出，即拥有较好的消费者认知和市场前景。因此，作为“王老吉”商标权利人的广药集团，对于品牌知名度和美誉度的维护，是红罐“王老吉”凉茶的知名度得以产生、延续和发展的重要标识基础。

2.3.2 “加多宝”的显著性要件

加多宝集团的经营行为使得王老吉红罐凉茶包装、装潢具有识别商品来源的显著性特征。自“王老吉”红罐凉茶推出市场以来，加多宝集团是“王老吉”红罐凉茶的实际经营主体，其持续和稳定的使用行为，显著提升“王老吉”红罐凉茶知名度的同时，也使得包含有红色、底色、黄色“王老吉”文字等显著识别部分的包装、装潢，依附于具有知名度的“王老吉”红罐凉茶商品之上。这是该特有包装、装潢获得《反不正当竞争法》保护的法定要件。

2.3.3 消费者的认知与公平原则衡量

在确定知名商品特有包装、装潢的权益归属时，在遵循诚实信用原则的前提下鼓励诚实劳动，也应尊重消费者基于包装、装潢具有的显著性特征而客观形成的对商品来源指向关系的认知。

虽然注册商标与知名商品特有包装、装潢权益均属于对商业标识性权益的法律制度，但二者的权利来源和保护条件有所不同。注册商标与包装、装潢可以各自发挥其独立的识别作用，并分属于不同的权利主体。“王老吉”红罐凉茶推出市场后，经过加多宝集团的营销活动，其使用的包装、装潢因其知名度和独特性，已形成独立的商业标识性权益。

加多宝集团作为包装、装潢的实际经营者，在设计、使用及宣传推广的过程中，始终将广药集团注册商标的“王老吉”文字在包装、装潢中进行突出使用，从未着意阻断包装、装潢与注册商标之间的关系，客观上该包装、装潢同时指向了加多宝集团与广药集团。消费者也不会刻意区分法律意义上的商标权与知名商品特有包装、装潢权益，而会自然地将“王老吉”红罐凉茶与广药集团、加多宝集团同时建立联系。实际上，包装、装潢中确实也同时蕴含了广药集团“王老吉”品牌的影响力，以及加多宝集团通过 10 余年的生产经营和宣传推广而形成、发展而来的商品知名度和包装、装潢的显著识别效果。

因此，综合“王老吉”红罐凉茶的历史发展过程、双方合作背景、消费者认知及公平原则的考量，因广药集团及其前身和加多宝集团，均对红罐凉茶特有包装、装潢权益的形成、发展和商誉有所建树，各自发挥积极作用，无论将红罐凉茶特有包装、装潢权益完全判归哪一方所有，均会导致显失公平的结果，并可能损及社会公众利益。在遵循诚实信用原则和尊重消费者认知并不损害他人合法权益的前提下，“王老吉”红罐凉茶的特有包装、装潢权益可由广药集团与加多宝集团共同享有。

商事篇

3.1　借船出海：商标许可保通行

中国香港鸿道集团在欲进军内地开拓凉茶市场时，面临着两种抉择，是使用王老吉凉茶配方创立凉茶新品牌，还是向广药集团许可使用“王老吉”商标推广老字号？从商业战略分析的角度来看，鸿道集团进军内地凉茶市场,手握王泽邦第五代传人王健仪签署的《使用王老吉凉茶秘方授权》,独家永久专用王泽邦创立的凉茶配方,本身拥有先进的管理和营销理念,这是鸿道集团自身的优势;而广药集团经营的王老吉凉茶拥有一定的品牌知名度,鸿道集团若通过新注册商标进入内地凉茶市场,不仅缺乏知名度和品牌优势,且新公司成立和新产品上市的运营成本较高,市场竞争面临风险,这是鸿道集团自身的劣势;20世纪90年代,我国内地消费市场日渐蓬勃,软饮料行业步入快速成长期,碳酸饮料、天然矿泉水、果菜汁饮料、固体饮料等细分市场开始占据一定份额,但极具地域特色的凉茶未能分一杯羹,凉茶细分市场的巨大潜力亟待挖掘,当时广药集团经营重心在药品而非在饮料上,王老吉凉茶营销方式和渠道单一,市场布局主要在华南地区,尚未打开全国市场,这是鸿道集团面临的商业机遇;通过新注册商标进入内地市场,将面临与广药集团王老吉的竞争,且全国消费者对极具地域特色的凉茶系列饮料缺乏了解,消费理念有待培育,市场销售前景一片未知,这是鸿道集团面临的商业威胁。

通过对凉茶市场的内外部竞争环境进行SWOT分析后,鸿道集团选择了商标许可战略。对广药集团而言,将"王老吉"商标许可给鸿道集团使用,不仅可以按年收取商标使用许可费用,绿盒"王老吉"商标权依然归属广药集团,还可以继续生产销售。从长远考虑,如若鸿道集团将商标培育成知名品牌,做大做强,广药集团也可成为品牌利益的获得者,获得许可的收益。

3.2 扬帆起航:品牌塑造显神威

但是,鸿道集团获得商标许可授权后,并不意味着拥有品牌。商标与品牌既有联系又有区别,商标是一个法律概念,而品牌是一个市场概念,是企业连同其提供的产品或服务在消费者心目中的总体印象、形象,蕴含了企业及其产品或服务的品质、形象、声誉、特色等内涵。在品牌规划和设计中,商标往往被置于核心位置,品牌广告宣传的核心也是商标,商标是承载企业产品信誉和企业商誉的有形载体。广告专家拉里·莱特(Larry Light)指出："未来的营销是品牌的战争——品牌互争长短的竞争，商界与投资者将认清品牌是公司最宝贵的资产。这一概念极为重要，因为它是有关如何发展、强化、防卫等管理生产业务的一种愿景。拥有市场比拥有工厂重要多了。唯一拥有市场的途径是先拥有具有市场优势的品牌。"因此，品牌是企业参与市场竞争的重要手段和武器，是企业具有重要价值的无形资产，品牌建设和战略是企业自身发展之所需。

在鸿道集团获得商标使用许可后，加多宝集团制定了完善的品牌战略，并展示出强大的品牌建设能力，将"王老吉"红罐凉茶培育成为中国第一凉茶品牌，巅峰时期的品牌价值高达1080.15亿元。

3.2.1　品牌定位

20世纪70年代，随着经济全球化的发展和互联网时代的来临，商业竞争超越了时空限制，竞争的速度、深度和广度前所未有地激烈，传统的注重组织内部运营效率提升的管理理论与工具不再能帮助企业取得成功，定位理论应运而生。定位理论的先行者艾·里斯(AL Ries)与杰克·特劳特(Jack Trout)指出，所谓定位就是令你的企业和产品与众不同，形成核心竞争力，对受众而言，即鲜明地建立品牌①。品牌定位就是企业以企业自身、行业竞争者及消费者为主要维度，从产品、渠道、服务、广告促销等方面寻求差异化，塑造品牌核心价值及品牌个性形象，从而占据消费者心中有利的位置②。定位的目标是在消费者心中确定一个有利位置，关键在于提供产品和服务的差异化。

加多宝集团意识到品牌定位的重要性。当时遇到了一个棘手的难题：到底是把王老吉当作"凉茶"卖，还是当作"饮料"卖？一方面，消费者对王老吉凉茶的认知不同，在广东地区，因下火功效显著，凉茶普遍被当作"药"服用，无须也不能经常饮用；在其他销售地区，消费者将

① 艾·里斯，杰克·特劳特. 定位[M]. 谢伟山，苑爱冬，译. 北京：机械工业出版社，2011.
② 余明阳. 品牌定位[M]. 武汉：武汉大学出版社，2008.

王老吉视为一种饮料，没有不适合长期饮用的禁忌。另一方面，两广地区之外的消费者缺乏喝凉茶的概念和消费意识，消费者大多通过药物解决"降火"需求。若当饮料去卖，又难以与以可口可乐、百事可乐为代表的碳酸饮料，以康师傅、统一为代表的茶饮料、果汁饮料相抗衡。加多宝集团还需要克服的难题是，王老吉凉茶前期推广的概念模糊，其广告语"健康家庭，永远相伴"，并未体现出王老吉凉茶的独特价值。应该采用何种推广手段呢？

加多宝集团通过大量的市场调研发现，王老吉凉茶的竞争对手"菊花茶""清凉茶"等竞争产品缺乏品牌推广战略，并未占据"预防上火的饮料"的定位，而碳酸饮料、茶饮料、果菜汁饮料、矿泉水等不具备"预防上火"的功能。也就是说，"预防上火的饮料"在国内饮料业从未被宣传过，属于饮料的新品类。于是，加多宝集团将王老吉凉茶定位为"预防上火的功能性饮料"，这一精准而差异化的细分定位，不仅避开了强大竞争对手的同质竞争，避免陷入价格战的困境，而且充分发挥品牌优势，以差异化的经营求取生存和发展。

3.2.2 品牌推广

品牌推广是企业通过一定的手段，使消费者逐渐接受品牌，不断提高品牌的知名度、美誉度和忠诚度，使企业自身形象和产品品牌形象不断提升的活动和过程。其目的是不断提高企业形象和品牌形象，使具有相应品牌的产品及时被消费者接受。

为了更好宣传推广"预防上火的功能性饮料"，将王老吉凉茶的差异化价值传递给消费者，加多宝集团最终确定了"怕上火喝王老吉"的广告语。在广告设计方面，将电视广告延伸到消费者认为日常生活中最易上火的场景，通过场景营销，迅速让消费者知晓王老吉凉茶品牌。在斥巨资进行广告宣传的同时，加多宝成立强大的终端销售团队，将受众群体对准各大商场、饭店、小卖店，大到电子显示屏，小到牙签筒，投放物料的设计都以产品主包装为主要设计元素，集中宣传一个信息："怕上火喝王老吉。"加多宝集团还根据产品特性，系统地把火锅作为一个发力渠道进行开拓，后又延伸到湘菜馆、烧烤、铁板烧及普通餐饮。

在对品牌清晰定位的基础上，加多宝集团通过各种形式的广告展示“王老吉”商标，将品牌个性和文化传递给消费者，使其知晓、接受自己的品牌。

3.2.3　品牌形象

品牌形象理论是品牌战略理念发展的一个重要阶段，该理论强调创造差异、树立个性、反映自我、长期贡献、综合因素和长远目标。从企业品牌管理角度来看，企业应着力塑造品牌在消费者心目中的正面形象。良好的企业品牌形象，不仅可以大大增进消费者对企业产品的好感和信赖，提高企业的知名度和竞争力，还可以诠释和展现品牌的内涵和核心价值。

作为正宗凉茶的传承者、凉茶产业的开拓者和领导品牌，加多宝集团常年致力于传承和发扬“悬壶济世”的民族凉茶文化和慈善文化。2008 年 5 月 12 日，汶川发生 8.0 级大地震。消息传出，举国悲痛，加多宝集团向灾区捐款 1 亿元人民币，成为国内单笔捐款最高的企业，一时成为街头巷尾谈论的焦点。这一善举迅速在网络上广泛传播发酵。5 月 19 日，知名网络论坛出现题目为《让王老吉从中国的货架上消失！封杀它》的贴文，其内容却是“买光王老吉，上一罐买一罐”，无数网友纷纷成为“自来水”。加多宝集团不仅铸就了良好的品牌形象，还带动了其产品销量。

3.3　搁浅触礁：许可策略埋隐患

广药集团与鸿道集团因“王老吉”商标的使用许可合同效力和许可使用费产生了矛盾，最终广药集团收回红色罐装及瓶装王老吉凉茶的生产经营权。回顾加多宝集团“借船出海”进入内地市场的过程，不难发现，其采用的商标独占使用许可策略，蕴含着诸多风险。

在获得“王老吉”商标使用权之后，加多宝集团通过长期多渠道的营销、公益活动和广告宣传，培育“王老吉”红罐凉茶品牌，依然保留在广药集团手中的绿盒王老吉凉茶“水涨船高”，却未分担任何宣传费用。加多宝集团未争取关联商标的使用许可权，且未约定授权许可使用期限内产生的广告宣传投入类费用的分担方式，造成了利益的无形流失。

商标许可使用期限是区分具有商标使用权及失去商标使用权的重要依据。双方初次签约约定的许可期限自2000年5月2日起至2010年5月2日止，补充协议又将许可期限从10年变更为20年，期限延至2020年5月1日。虽然签订补充协议，延长商标许可使用期限，为品牌培育争取了时间，但其间向时任广药集团副董事长、总经理李益民的行贿行为，却埋下了祸端，后被贸仲委裁决两份补充协议无效，鸿道集团失去了“王老吉”商标使用权。

合理的商标许可使用费是维持商标使用许可合同的重要条件，《“王老吉”商标许可补充协议》中固定了许可使用费的数额，但这种约定使得许可人难以分享被许可人的未来收益，相较于“王老吉”红罐凉茶的销售额，许可使用费偏低成为引爆矛盾的重要原因。相较而言，采取“利益共享，风险共担”的浮动使用费方式则更兼顾双方利益，有助于形成可持续的合作关系。

在加多宝集团的多年努力之下，“王老吉”商标价值直线上升。矛盾爆发后，“王老吉”商标使用权归还广药集团，加多宝集团多年来独力培育的已经依附、凝聚、载负在“王老吉”商标上的巨大商誉，亦将悉数转移到广药集团手中。加多宝集团未在商标使用许可合同中约定该部分利益分配问题，一时间导致其多年经营成果付诸东流。

尽管香港鸿道集团在进军内地市场时，选择商标使用许可策略是较优选择，无须花费太多人力、财力及时间成本创造培育自己的品牌，就取得可观的市场份额，但由于诸多事宜未做约定，这为企业培育品牌带来了重大隐患。

3.4　浴火重生：品牌迭代谋新篇

分道扬镳之后，加多宝集团和广药集团各自面临着现实难题：加多宝集团如何培育新启用的“加多宝”品牌？收回“王老吉”商标使用权后，广药集团又如何使“王老吉”品牌保值增值？

3.4.1　加多宝的品牌重塑之路

（1）转移品牌价值

在失去“王老吉”商标使用权之后，加多宝集团启用全新品牌名称：加多宝。为了承接“王老吉”的品牌价值，加多宝集团使用了“全国销量领先的红罐凉茶改名加多宝”“全国销量领先的红罐凉茶——加多宝”“中国每卖 10 罐凉茶，7 罐加多宝”“怕上火，喝正宗凉茶；正宗凉茶，加多宝”等广告语。借用消费者心智的力量，加多宝集团将失去品牌这一毁灭性事件，重新定位为“只是旧品牌更名”，调动原品牌的力量再造新品牌。尽管后来加多宝集团因广告语虚假宣传被起诉，陷入了旷日持久的法律纠纷之中，但这一策略在一定程度上实现了品牌价值转移的目的。

（2）延续品牌定位

加多宝集团继续使用运营“王老吉”这一品牌时期的广告宣传文案，推出“怕上火喝加多宝”的广告语，根据潜在用户的消费需求和消费心理，强调产品具有预防上火的功效，将品牌定位于越来越追求健康的潜在消费者之中。除了沿用广告宣传文案，加多宝集团还通过渗透性策略，在几十个省级卫视播放内容为“我是凉茶创始人王泽邦第五代传人王健仪，我将祖传凉茶秘方独家传授给加多宝，喝正宗凉茶请认准正宗配方，怕上火喝加多宝”的广告，夯实了加多宝凉茶的正宗地位。

（3）强化品牌印象

加多宝集团生产销售的“加多宝凉茶”，选用消费者熟知的红罐产品装潢，突出品牌商标。在广告设计方面，以家庭聚会、朋友聚会等热闹场面的红色元素呼应加多宝凉茶自身的红罐包装，在消费者群体中强化红罐等于加多宝品牌的印象。

(4) 升级品牌营销

加多宝集团立足产品的潜在客户群体,通过电视广告、网络广告、户外广告等多种媒体进行宣传,提高广告覆盖广度,提升品牌知名度。自 2012 年起,加多宝冠名浙江卫视现象级综艺节目《中国好声音》,并通过多家卫视广告片吸引观众注意,强化记忆以促成购买。通过多种形式的宣传,培养消费者对加多宝集团的信赖感及品牌情结。

在数字化转型中,加多宝集团借助"一物一码"技术打通消费者行为背后的数据链条,构建用户账户体系,获得消费者原生数据,最终赢得精准的粉丝,为下一步的再营销积累了大数据,以实现精准化营销,做到品效合一。

3.4.2 王老吉的品牌增值之路

2012 年,在收回"王老吉"商标使用权之后,广药集团面临着无生产线、无销售渠道、无团队的"三无"窘境。然而,不到两年的时间,王老吉大健康公司创造了一系列令人叹为观止的销售数字,这些数字背后是王老吉大健康公司快速建立的渠道和创新的营销体系。2014 年,王老吉大健康公司致力于品牌的年轻化和时尚化,推出了"品字形"发展战略,从时尚、科技、文化三大板块进行品牌营销战略部署。

(1) 品牌形象年轻化

对老字号来说,时尚就是年轻化,年轻化就是时尚。时尚意味着无论从品牌内涵、产品包装,还是从品牌营销、技术运用等维度,都要符合新时代消费者不断变化的需求,顺应年轻人的消费理念,才能吸引新的消费者,品牌才能保持活力。王老吉大健康公司聚焦核心"80 后""90 后""00 后"饮料购买重点人群,聚焦他们的生活方式和生活形态。从 2013 年开始,传播形象上更时尚和年轻化,并根据他们的媒体接触习惯以及现在的新媒体发展趋势和媒体环境进行战略转型。

2017 年,针对年轻用户,王老吉大健康公司推出王老吉黑凉茶,包装打破了红色色系,用电玩风格诠释二次元调性。2018 年 11 月,不仅推出茉莉凉茶和爆冰凉茶，还陆续推出大寨核桃露、椰柔椰汁和刺柠吉复合果汁等新品类。随着“Z世代”消费群体的养成，“养生”和“健康”成为饮品新时尚，2021年5月王老吉大健康公司推出了“0糖0脂0卡”的黑凉茶，主攻年轻消费市场。

(2) 科技手段助营销

王老吉大健康公司先后建立品牌官网、官方微博、百度专区、QQ空间、微信订阅号和服务号矩阵等品牌官方媒体。通过最新的营销手段，联合微信、电商平台、世界杯、大电影和大地标式建筑等进行创新营销；先后通过业界领先的罐体包装、条形码扫描技术、跨屏与闭环互动营销等营销手段，大大提升了品牌的活跃度。

(3) “吉祥文化”强覆盖

王老吉凉茶具备“怕上火”的健康属性，名字带有“吉”字，而吉祥如意又是人民群众对美好生活最直观的向往。王老吉大健康公司将中国传统文化中的“吉祥文化”与品牌有机联系起来，推出“过吉祥年，喝红罐王老吉”宣传口号，形成了喜庆时分送王老吉、送健康、送吉祥的消费潮流，让“王老吉”成为佳节民俗中的吉祥符号，开创了饮料礼品市场的先河。随着凉茶市场的竞争越来越激烈，王老吉大健康公司在品牌设计和产品创新方面也取得了更大突破，多次结合不同节日和场合推出联名罐与定制罐，给足消费者仪式感。除了“吉祥文化”营销场景的打造，王老吉大健康公司还通过多领域、多方式的品牌“吉祥文化”渗透，让“吉祥文化”触达不同圈层，实现多场景与多领域的覆盖式营销。

案例启示

加多宝集团与广药集团从广告语虚假宣传之战，到商业诋毁之战，包装、装潢归属之战，再到发回重审的商标侵权认定与赔偿之战，近10年的诉讼纷争，背后孕育着一条亘古不变的逻辑主线，即商业竞争。商业竞争表面上是产品市场的争夺，其本质是经营主体商誉的创造与延续。商誉是商业主体在进入经济市场时，通过长期销售产品努力与消费者达成认知统一而形成的企业重要的无形资产，是企业的核心竞争力。商标作为识别产品来源的标识，拥有刚性的法律保护制度，而商誉却是沉淀在消费者心目中的企业软性实力，失去商誉就意味着辛苦达成的软性实力的转移或消失。

加多宝集团与广药集团之间品牌纠纷跌宕起伏，恰如其分地诠释了商标与商誉的关系。加多宝集团长期使用“王老吉”商标产生了巨大的商誉资产，当其面对所有与使用的逻辑断层时，想方设法做出了种种抉择，无疑是为了延续加多宝集团的商誉资产。以“加多宝”新商标延续“王老吉”商标的市场份额，加多宝集团面临比广药集团更多的风险与挑战。商标运营与商标法律风险之间，仅一线之隔，这其中蕴含的道理，已超越加多宝集团和广药集团这个个案，给企业经营者带来的启示具有普适性。

关于加多宝集团与广药集团红罐凉茶特有包装、装潢案的裁决，最高院报道：“知识产权制度在于保障和激励创新。劳动者以诚实劳动、诚信经营的方式创造和积累社会财富的行为，应当为法律所保护。知识产权司法保护应当以维护有序规范、公平竞争、充满活力的市场环境为己任，并为社会公众提供明确的法律预期。知识产权纠纷常产生于复杂的历史与现实背景之下，权益的分割和利益的平衡往往交织在一起。对这类纠纷的处理，需要我们充分考量和尊重纠纷形成的历史成因、使用现状、消费者的认知等多种因素，以维护诚实信用并尊重客观现实为基本原则，严格遵循法律的指引，公平合理地解决纠纷。”加多宝对品牌风险和衍生利益的预计不足导致诉讼不断，不仅过度消耗了企业资源，还催生了商标与商业标识利益的再分配问题。今天，我们反观历史，立足现实，展望未来，基于个案又超越个案，力图完整抽象出一个可供反思的共性话题，有助于企业谨慎面对商标、品牌及其他权益的商业运营。

附录

附录1　加多宝集团与广药集团“核心法律事实链”

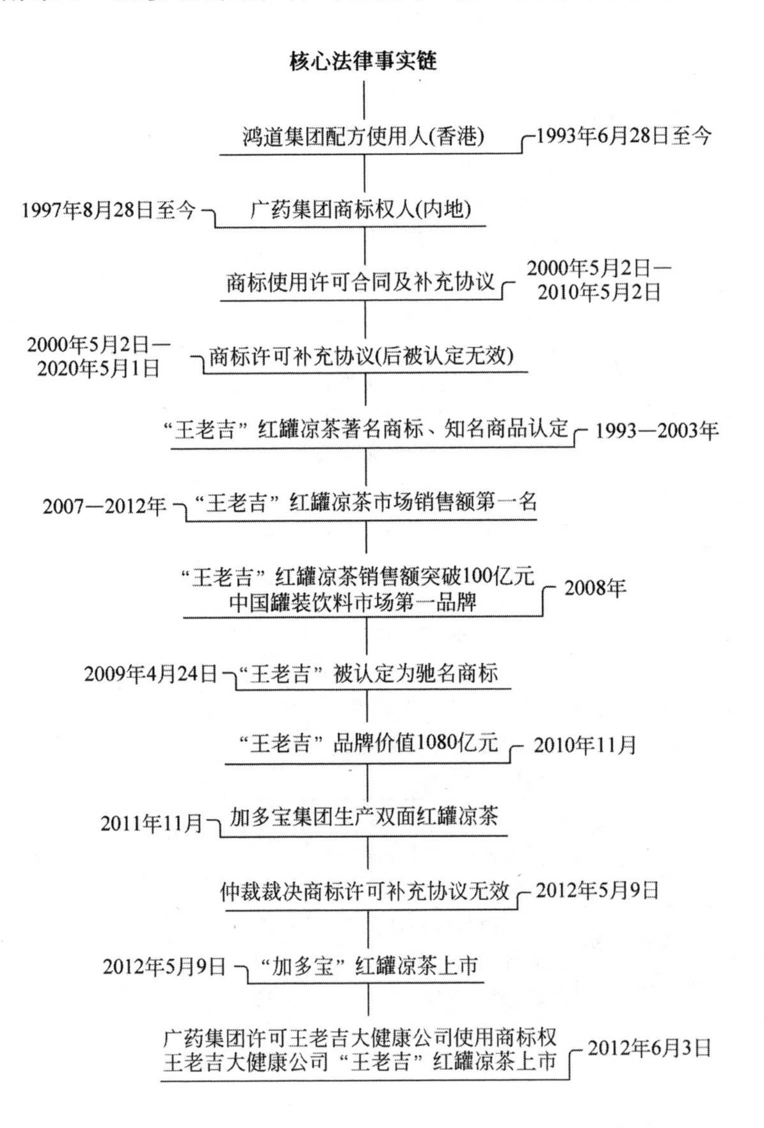

附录 2　加多宝集团与广药集团“核心法律诉讼群”

序号	案号	案　名	审理法院	裁判日期	结案方式
1	(2019)最高法民申 579 号	广药集团与广东加多宝公司不正当竞争	最高人民法院	2020 年 5 月 12 日	驳回再审
2	(2018)最高法民终 346 号	广药集团与福建加多宝公司擅自使用知名商品特有包装装潢纠纷	最高人民法院	2019 年 12 月 10 日	维持
3	(2018)最高法民终 955 号	广药集团与武汉加多宝公司擅自使用知名商品特有包装装潢纠纷	最高人民法院	2019 年 11 月 26 日	维持
4	(2018)最高法民终 1215 号	广药集团与广东加多宝公司、浙江加多宝公司、加多宝中国公司、福建加多宝公司、杭州加多宝公司、武汉加多宝公司商标侵权纠纷	最高人民法院	2019 年 6 月 17 日	发回重审
5	(2017)最高法民再 151 号	加多宝中国公司与王老吉大健康公司虚假宣传纠纷	最高人民法院	2019 年 5 月 28 日	改判
6	(2017)最高法民再 155 号	武汉加多宝公司、加多宝中国公司与广药集团、王老吉大健康公司等虚假宣传纠纷	最高人民法院	2019 年 5 月 28 日	改判
7	(2017)最高法民再 152 号	广东加多宝公司与广药集团、彭碧娟虚假宣传纠纷	最高人民法院	2019 年 5 月 28 日	改判
8	(2017)最高法民申 509 号	广东加多宝公司、加多宝中国公司与广药集团、王老吉大健康公司不正当竞争纠纷	最高人民法院	2019 年 1 月 10 日	驳回再审
9	(2018)最高法民申 2487 号	广药集团与广东加多宝公司擅自使用知名商品特有包装装潢纠纷	最高人民法院	2018 年 7 月 31 日	驳回再审
10	(2015)浙知初字第 1 号	广药集团与杭州加多宝公司擅自使用知名商品特有包装、装潢纠纷	浙江省高级人民法院	2018 年 2 月 12 日	判决

续表

序号	案号	案　　名	审理法院	裁判日期	结案方式
11	(2016)粤民终303号	广东加多宝公司与王老吉大健康公司、广药集团及广东乐润百货有限公司不正当竞争纠纷	广东省高级人民法院	2017年11月7日	改判
12	(2015)大民(知)初字第10081号	广药集团与加多宝中国公司擅自使用知名商品特有包装装潢纠纷	北京市大兴区人民法院	2017年10月20日	维持
13	(2015)民三终字第3号	广东加多宝公司与广药集团擅自使用知名商品特有包装装潢纠纷	最高人民法院	2017年7月27日	改判
14	(2015)民三终字第2号	广东加多宝公司与王老吉大健康公司擅自使用知名商品特有包装装潢纠纷	最高人民法院	2017年7月27日	维持
15	(2016)最高法民申682号	加多宝中国公司与王老吉大健康公司虚假宣传纠纷	最高人民法院	2016年12月23日	提审
16	(2016)最高法民申19号	广东加多宝公司与广药集团、彭碧娟虚假宣传纠纷	最高人民法院	2016年12月23日	提审
17	(2016)最高法民申3349号	武汉加多宝公司、加多宝中国公司与广药集团、王老吉大健康公司等虚假宣传纠纷	最高人民法院	2016年12月23日	提审
18	(2016)鄂民终106号	广药集团、湖北日报传媒集团与广东加多宝公司不正当竞争纠纷	湖北省高级人民法院	2016年7月26日	改判
19	(2016)最高法民申673号	加多宝中国公司与王老吉大健康虚假宣传纠纷	最高人民法院	2016年6月20日	驳回再审
20	(2015)民申字第2802号	加多宝中国公司、广东加多宝公司与广药集团、王老吉大健康虚假宣传纠纷	最高人民法院	2016年3月30日	驳回再审
21	(2015)粤高法民三终字第280号	广东加多宝公司与王老吉大健康公司、广药集团等虚假宣传及商业诋毁纠纷	广东省高级人民法院	2016年1月27日	维持
22	(2014)渝高法民终字第00318号	王老吉大健康公司与加多宝中国公司虚假宣传纠纷	重庆市高级人民法院	2015年12月15日	维持

续表

序号	案号	案　名	审理法院	裁判日期	结案方式
23	(2014)渝高法民终字第00319号	王老吉大健康公司与加多宝中国公司虚假宣传纠纷	重庆市高级人民法院	2015年12月9日	维持
24	(2014)渝高法民终字第00068号	广东加多宝公司与何燕、王老吉大健康公司不正当竞争纠纷	重庆市高级人民法院	2015年12月2日	维持
25	(2015)民三终字第6号	广东加多宝公司、浙江加多宝公司、加多宝中国公司、福建加多宝公司、杭州加多宝公司、武汉加多宝公司与广药集团侵害商标权纠纷一案	最高人民法院	2015年10月27日	维持
26	(2015)高民(知)终字第879号	加多宝中国公司、广东加多宝公司与广药集团、王老吉大健康公司虚假宣传纠纷	北京市高级人民法院	2015年7月23日	维持
27	(2014)民三终字第10号	广东加多宝公司、浙江加多宝公司、加多宝中国公司、福建加多宝公司、杭州加多宝公司、武汉加多宝公司与广药集团侵害商标权纠纷一案	最高人民法院	2014年12月1日	维持
28	(2014)粤高法立民终字第715号	加多宝中国公司、广东加多宝公司与广药集团、王老吉大健康公司虚假宣传以及商业诋毁纠纷	广东省高级人民法院	2014年4月18日	维持
29	(2014)粤高法立民终字第755号	广东加多宝公司与王老吉大健康公司、广药集团等不正当竞争纠纷	广东省高级人民法院	2014年4月18日	维持
30	(2013)粤高法立民终字第567号	广东加多宝公司与王老吉大健康公司、广药集团及广东乐润百货有限公司不正当竞争纠纷	广东省高级人民法院	2013年12月8日	维持

第二篇　专利篇

中国华为技术有限公司副总裁宋柳平先生曾说："专利是企业创新的生命线，拥有一项核心专利就等于拥有了一个产业。"寥寥数语，道出了技术创新和专利保护对企业发展的重要性。专利是受法律规范保护的发明创造，作为市场经济的重要组成部分，企业既是专利技术的创造者，又是专利技术的受益者。在知识经济时代，日益激烈的市场竞争归根结底是企业间产品的竞争，产品的竞争则表现为产品中所蕴含的技术的竞争，而技术的竞争正逐渐演变为核心专利的竞争。专利不再仅仅是企业保护发明创造成果、获取垄断收益的方式，更是企业参与市场竞争的重要战略工具和手段。近年来，随着我国对知识产权保护力度的加强，我国企业的专利保护意识得到很大提升，与此同时，专利侵权纠纷也愈演愈烈。

本篇选取了5个具有代表性的专利诉讼案例，分别是：歌尔股份有限公司与苏州敏芯微电子技术股份有限公司关于侵害实用新型专利权的纠纷，江苏常荣电器股份有限公司与宁波生方横店电器有限公司关于侵害专利权和商业秘密的纠纷，华为技术有限公司与国家知识产权局专利复审委员会关于视频彩铃的专利授权纠纷，上海中集冷藏箱有限公司与上海胜狮冻货柜有限公司关于"德国漏水器"的专利侵权纠纷，上海智臻智能网络科技股份有限公司"小i机器人"与美国苹果公司"Siri"产品的专利侵权纠纷。每个案例均从故事篇、法律篇、商事篇及案例启示4个方面展开，在详细介绍事件的基础上，进一步阐述授予专利权的条件、专利侵权的认定及专利被侵权、被诉侵权时的应对措施，专利诉讼的目的、收益，以及举证责任和专利布局策略等战略层面的企业专利管理活动。

通过对5个典型案例的还原与解析，本篇对于企业预防并应对专利侵权纠纷、灵活运用专利战略保护知识产权方面具有重要意义。目前，我国专利申请量逐年增加，大到技术方法，小到一颗螺丝钉都有可能被他人申请为专利。因此，企业在申请专利前，应做好充分的专利检索工作，尽可能规避侵犯他人专利的风险。当企业被诉专利侵权时，可以利用调查核实涉案专利信息确定自己是否侵权，依据相关法律规定摆脱诉讼、寻找诉讼程序漏洞、促成和解等积极进行侵权抗辩。而当企业发现自己的专利被侵犯时，应积极寻求行政和司法的保护，其中比较常用的一种方式是专利诉讼。此外，企业若是想用专利武器克敌制胜，应尽早根据所处的行业和自身的专利情况，结合路障式、城墙式、地毯式、丛林式的基本专利布局模式，形成适合自身发展的专利布局策略。

案例 5

围绕专利侵权的 IPO 阻击战：歌尔与敏芯的系列专利诉讼

杨　琳

引言

2020 年 4 月 17 日，歌尔股份有限公司(以下简称歌尔股份)以苏州敏芯微电子技术股份有限公司(以下简称敏芯股份)侵犯其"MEMS 麦克风"(专利号：ZL201220626527.1)的实用新型专利为由，向青岛市中级人民法院提起专利侵权诉讼。此时正值上海证券交易所召开敏芯股份上市委员会会议前一天，在敏芯股份还未收到应诉通知书并知晓该诉讼的情况下，歌尔股份便迫不及待地通过媒体曝出消息。随后，原定于 2020 年 4 月 30 日的敏芯股份科创板首次公开募股(initial public offering，IPO)上市审议被取消。而这并非歌尔股份向敏芯股份提起的第一次诉讼，自 2019 年 7 月以来，歌尔股份以敏芯股份的产品侵害专利权及专利权权属纠纷为由，先后 18 次提起诉讼，要求后者停止侵权行为，并要求赔偿（累计）1.35亿元，该赔偿额超过了敏芯股份2017—2019年的利润总和。针对IPO企业，以专利为武器的精准打击，被业界称之为“专利狙击”，受到社会各界广泛关注。

故事篇

1.1 敏芯股份联合创始人梅某欣与歌尔股份

梅某欣，毕业于南京大学微电子学与固体电子学专业，一直以来都是一名“技术大拿”，硕士毕业后先后就职于多家微电子领域企业，积累了大量研发经验。2004年7月，梅某欣入职歌尔股份，先后任职于多家下属公司，担任技术经理。2006年12月，梅某欣从歌尔股份离职并加入芯锐微电子技术（上海）有限公司，任产品开发部高级工程师。2007年9月，梅某欣与李刚、胡维等人作为发起人创立敏芯股份。依据招股说明书①显示，截至招股说明书签署日，梅某欣、李刚和胡维分别直接持有敏芯股份4.16%、33.92%和3.94%的股权，三人为一致行动人关系，合计持有该公司42.02%股份。可以说，梅某欣不仅是敏芯股份的技术负责人，还是敏芯股份的创始人兼大股东之一。

不仅如此，梅某欣作为敏芯股份的创始人兼主要技术负责人，其在敏芯股份工作伊始申请的专利，也和老东家歌尔股份具有一定的关联性。2007年3月，梅某欣就名为“微机电声学传感器的封装结构”的专利（专利号：ZL200710038554.0）向国家知识产权局提出申请。2008年7月，该发明专利的专利申请人变更为敏芯股份。2011年6月，该专利获得授权公告，专利发明人为敏芯创始人梅某欣、李刚和胡维。此后，敏芯股份筹备科创板上市。在敏芯股份公开的招股说明书中可以

① 苏州敏芯微电子技术股份有限公司首次公开发行股票并在科创板上市招股说明书[EB/OL].[2021-12-12]. https://pdf.dfcfw.com/pdf/H2_AN202008031396137736_1.pdf.

发现，公司的核心技术OCLGA封装技术与ZL200710038554.0的专利存在较多的相似之处。

1.2 敏芯股份技术负责人唐某明与歌尔股份

唐某明，2017年7月大学毕业入职歌尔股份，主要负责硅麦克风的研发，具体工作为设备的测试和验证等。工作还不到1年，2018年6月，唐某明被敏芯股份“挖走”，担任敏芯股份的技术负责人。2019年4月，唐某明就名为“硅麦克风”的专利（专利号ZL201910293219.8）向国家知识产权局提出申请，李刚、梅某欣等人为共同发明人，其后，唐某明就相似主题申请了多项专利。

但值得注意的是，虽然唐某明在歌尔股份的工作任务涉及硅麦克风的相关工作，但唐某明主要负责辅助性的产品测试、验证等具体任务，并未直接从事硅麦克风研发的核心工作。唐某明在歌尔股份工作时间尚不满1年，一般来说，研发部门是不会让一个刚进入公司的新员工接触技术核心资料的。因此，唐某明入职敏芯股份后申请的“硅麦克风”专利，其所包含的技术是否与歌尔股份有关，存在较大的争议，这也成为了日后歌尔股份和敏芯股份争论的焦点之一。

1.3 歌尔股份与敏芯股份的竞争

1.3.1 歌尔股份简况

歌尔股份的前身为潍坊怡力达电声有限公司，成立于2001年6月，主要从事话筒生产。2006年更名为歌尔声学股份有限公司，借助于在声学领域的技术积累，公司在电声器件、电声模组等领域快速发展，并于2008年5月在深交所挂牌上市。上市以后，歌尔股份主营业务收入由上市之初的微型麦克风、微型扬声器/受话器产品等电声产业链中游产品，逐步拓展到传感器、光电、3D封装模组等精密零组件产品，并先后成为苹果、三星、LG、松下、索尼等消费电子巨头企业的供应商。

通过持续深耕，歌尔股份业绩保持了高速的成长。2008—2017

年，公司营业收入由10.12亿元一路上涨至255.36亿元，年复合增长率高达38%。同期，公司净利润也由1.23亿元上涨至21.39亿元，复合增长率也达到33%。然而在2018年，歌尔股份的营业收入出现了罕见的下滑(－7.14%)，同期公司净利润下滑幅度更是达到57.42%。同时，其市值在1年之内缩水60%，股价也回到了8年之前(2010年)。2018年歌尔股份的公司年报显示，智能手机的下滑及真无线立体声(true wireless stereo，TWS)耳机、虚拟现实(augmented reality，AR)/增强现实(virtual reality，VR)等新兴业务的市场调整及自身产能的爬坡问题，共同导致了公司营业收入的负增长。

1.3.2 敏芯股份简况

敏芯股份，2007年在苏州工业园区成立，是国内最早成立的微机电系统(micro-electro-mechanical system，MEMS)芯片研发企业之一。敏芯股份的创始人都为技术出身，其技术研发方向为MEMS技术。MEMS是用半导体技术在硅片上制造电子机械系统，可以把外界的物理、化学信号转换成电信号，是MEMS麦克风的核心部件。

目前，敏芯股份的主要业务均是围绕MEMS传感器的研发与销售展开，主要产品线包括MEMS麦克风、MEMS压力传感器和MEMS惯性传感器。MEMS传感器产品广泛应用于智能手机、平板电脑、笔记本电脑、可穿戴设备、智能家居等消费电子产品，同时也逐渐在汽车和医疗等领域扩大应用。目前，已使用敏芯股份产品的品牌包括华为、传音、小米、百度、阿里巴巴、联想、索尼、LG、乐心医疗、九安医疗等。

1.3.3 歌尔股份和敏芯股份的激烈竞争

多年以来，包含MEMS传感器、微型麦克风、微型扬声器/受话器等传统零组件业务及在此基础上衍生的TWS耳机、智能音箱等业务，占据歌尔股份超过80%的营业收入，是公司生存发展的重中之重。而敏芯股份的主营业务恰好与此重叠。两家公司可谓“同行见面，分外眼红”。

根据知名市场调研机构Yole的报道，歌尔股份的芯片供应商——

德国英飞凌科技公司（以下简称英飞凌），近年来在单纯出售芯片的同时也开始涉足封装后的MEMS传感器业务。这意味着，英飞凌可能已经在考虑不继续卖MEMS芯片给歌尔股份，而是将MEMS芯片封装成麦克风成品对外出售，歌尔股份原来的供应商在高端客户层面将要成为自己的竞争对手。英飞凌已经成为第二代AirPods Pro的MEMS麦克风成品供应商。毋庸置疑，歌尔股份的高端市场份额正在被昔日的供应商挤压。

而敏芯股份坚持自主研发MEMS芯片，正在逐渐进入全球最重要的七大消费电子品牌，触角已经伸向歌尔股份的核心客户。用腹背受敌来形容歌尔股份现在的MEMS麦克风业务最恰当不过。

1.4 专利狙击？还是正常维权？

敏芯股份早于2007年9月就已经成立，其产品线包括MEMS麦克风、MEMS压力传感器和MEMS惯性传感器，与歌尔股份存在较大重合。

2019年5月，敏芯股份进入中国证券监督管理委员会江苏监管局公布的拟上市企业辅导备案名单；2019年11月1日，该公司的科创板IPO申请获得上交所受理；2020年4月30日，敏芯股份科创板IPO在上会前夕被紧急叫停，原因为“出现重大事项”。敏芯股份随后于5月22日发布回复函，主要就专利诉讼的情况进行了回复。“根据披露的情况来看，主要是补充披露诉讼事项，之前较大概率是因为诉讼纠纷而被临时叫停。”一位资本市场人士分析称。

敏芯股份十几年前就已经成立，2019年开启了上市之路，其创始人兼研发核心梅某欣早于2006年年底就已从歌尔股份离职，重要研发人员唐某明2018年离职。歌尔股份很长一段时间都未就相关事宜提起诉讼，而在敏芯股份准备上市前夕的2019年7月突然开始起诉敏芯股份，并连续提起了多种不同类型的专利诉讼，并持续加码，这是一种正常的专利维权，还是对敏芯股份上市前夕的“精准狙击”，以维护商业利益？

敏芯股份的招股说明书显示：2019 年 7 月至 2020 年 4 月期间，歌尔股份先后 4 次向敏芯股份提起专利侵权诉讼，主张敏芯股份 7 项产品侵害歌尔股份的 9 项专利；2019 年 11 月至 2020 年 3 月期间，歌尔股份及其全资子公司 3 次提起权属诉讼，主张敏芯股份的 6 项专利发明为梅某欣、唐某明的职务发明，专利权应归属于歌尔股份及其全资子公司。

歌尔股份相关负责人回应称，歌尔股份首次正式起诉时间为 2019 年 7 月，前面那段时间是敏芯股份侵权问题较为严重、产品销售快速上量的时期，当时敏芯股份的 IPO 事项还处在保密状态，歌尔股份并不清楚敏芯股份的相关准备工作。他同时称，MEMS 麦克风的侵权判定较为复杂，歌尔股份的律师团队持续进行了长时间的准备并有步骤地开展了大量工作。歌尔股份起诉敏芯股份的专利包括多项发明专利和多项实用新型专利，技术方向涵盖了 MEMS 芯片设计和封装设计等 MEMS 麦克风主要的技术范畴。随着歌尔股份对敏芯股份已上市产品分析的深入，歌尔股份发现敏芯股份侵犯歌尔股份的专利范围非常大。敏芯股份的全系列产品，尤其是芯片设计，同时侵犯了歌尔股份大量的专利。针对这些侵权行为，歌尔股份花费大量时间进行了翔实的技术分析，并邀请权威第三方进行了严肃认真的技术比对[①](图 5-1)。

对于诉讼带来的影响，敏芯股份在招股说明书中表示：已初步取得的结果及外部证据证明发行人败诉风险很小；专利诉讼即使败诉，也不会因此对公司产生重大不利影响，理由在于，专利诉讼不涉及发行人主要资产或核心技术，对发行人的财务报表影响小，不会影响发行人持续经营能力[②]。而事实上，这些专利可能与敏芯股份的核心业务存在较大关联，一旦权属转移或者专利被判无效，对敏芯股份的发展必然产生重大的影响。

---

① 黄思瑜. 深陷歌尔专利诉讼风波，敏芯再次冲刺 IPO 说得明白吗？[EB/OL].（2020-05-31）[2021-12-12]. https://www.yicai.com/news/100650083.html.

② 苏州敏芯微电子技术股份有限公司首次公开发行股票并在科创板上市招股说明书[EB/OL].[2021-12-12]. http://pdf.dfcfw.com/pdf/Hz_AN 202008031396137736_1.pdf.

歌尔专利					敏芯专利				
专利号	专利名称	申请日	技术点	专利图	专利图	技术点	专利号	专利名称	申请日
CN200510011790.4	封装硅传声器的微型装置	2005/5/26	麦克风基板凹腔，增大背腔			麦克风基板设置凹陷，增大后室体积	CN201911016030.0	麦克风封装结构及其形成方法	2019/10/24
							CN201921795217.0	麦克风封装结构	
CN200720022587.1	硅电容麦克风	2007/5/26	基板凹腔，增大背腔			麦克风基板凹腔，增大HEMS传感器后室容积	CN201910870629.4	硅麦克风	2019/9/16
							CN201921532050.9	硅麦克风	
CN200720026416.6	硅电容麦克风	2007/8/10	麦克风封装设置双层外壳			麦克风封装设置双层外壳	CN201910851812.X	硅麦克风封装结构及其封装方法	2019/9/10
							CN201910855424.9	硅麦克风封装结构及其封装方法	
							CN201921498064.3	硅麦克风封装结构	
							CN201910851641.0	硅麦克风封装结构及其封装方法	
							CN201921497911.4	硅麦克风封装结构	
CN200720028114.2	硅电容传声器	2007/9/18	麦克风封装设计增大后腔			麦克风封装设计增大后室容积	CN201921919944.3	硅麦克风	2019/11/8
CN201320136650.X	MEMS麦克风	2013/3/25	线路板上下面设置屏蔽层			硅麦克风基板设置上下两层导电层，消除静电	CN201910818390.6	抗静电基板及采用该抗静电基板的硅麦克风	2019/8/30
							CN201921432707.4		
CN201520110876.1	一种MEMS传感器	2015/2/15	声孔金属防护网，防尘及电磁屏蔽			麦克风声孔位置设置导电防尘膜片	CN201921559485.2	硅麦克风封装结构及电子设备	2019/9/19

图 5-1 敏芯股份 2019 年申请麦克风专利与歌尔股份早期专利比对①

① 黄思瑜.深陷歌尔专利诉讼风波，敏芯再次冲刺IPO说得明白吗？［EB/OL］.(2020-05-31)［2021-12-12］. https://www.yicai.com/news/100650083.html.

法律篇

歌尔股份和敏芯股份系列纠纷案数量较多，由于案例篇幅限制，本节重点介绍3个案例。

2.1 歌尔股份诉敏芯股份专利申请权权属纠纷案[①]

案情简介：

2017年7月6日，唐某明与歌尔股份签订编号0465021的《劳动合同》，约定自即日起至2022年7月5日，唐某明任职歌尔股份管理技术类岗位工作。2018年6月13日，唐某明提交非作业员辞职申请报告申请离职，次日，双方办理了离职工作交接手续。根据唐某明签字确认的《工作交接单》及《非作业员离职交接表》记载，唐某明任职的工作部门为传感器与微系统（sensor & microsystem business unit，SMS）事业部，岗位为MEMS产品开发，交接的工作内容为产品验证、发货标签制作、物料采购和外来品分析，交接的文件资料为外来品分析PPT、物料采购信息表、发货标签模板。其中，在《非作业员离职交接表》中“是否执行竞业禁止”一栏，歌尔股份勾选为“否”。之后，唐某明进入敏芯公司负责硅麦克风的研发工作。

2019年4月12日，敏芯股份向国家知识产权局提出名称为“硅麦克风”的一项发明专利申请，申请号为201910293047.4，申请公布日为2019年8月23日，专利记载发明人为唐某明、梅某欣、张某三人。

歌尔股份于2020年3月2日向法院提起诉讼，认为唐某明在歌尔

---

① 中国裁判文书网.歌尔股份有限公司、苏州敏芯微电子技术股份有限公司专利申请权权属纠纷二审民事判决书（2020）最高法知民终1699号[EB/OL].（2021-04-23）[2021-12-12]. https://wenshu. court. gov. cn/website/wenshu/181107ANFZ0BXSK4/index. html? docId = XLrP06vRhcFSqWW1XFVZjtbAJX8DgSxi9CnU8Mq66iASlac+R+nXBJO3qNaLMqsJVd/PWzKq/eJu1qmLvdjHTCfHTO9Hz752ChVdVKEW56BXkwAwnUtyWFMDLyIfXumR.

股份的工作岗位为MEMS产品开发，任职期间作为歌尔股份MEMS麦克风产品M10项目的开发设计团队成员之一，在团队中主要从事样品制作、方案验证、产品测试等研发工作，接触、获取到了M10项目产品的技术资料和技术信息。因此，歌尔股份向法院提出请求：一，确认申请号201910293047.4的发明专利申请为唐某明的职务发明；二，确认申请号201910293047.4的发明专利申请的专利申请权归属于歌尔股份。歌尔股份提交了专利权利要求书、歌尔股份内部的部分往来电子邮件等证据。

被告唐某明则称，MEMS产品开发是歌尔股份SMS事业部下属麦克风部门研发部中的一个岗位名称，歌尔股份某款产品从研发设计到产品测试的所有工作人员都可能登记为该工作岗位。唐某明在歌尔股份任职期间的本职工作仅为麦克风的成品测试，具体工作内容为数据的测试、收集、汇总、上报，不涉及数据分析，更不会接触到硅麦克风的设计和研发，其工作内容与涉案专利所涉硅麦克风技术没有任何关联。

争议焦点：

涉案发明是否属于与唐某明在歌尔股份承担的本职工作或者歌尔股份分配的任务有关的发明创造。

案件分析：

职务发明的构成要件须满足如下条件：首先，发明人和单位之间存在一定的雇佣关系(劳动关系)；其次，该发明是发明人在执行本单位的任务中完成，或主要是利用本单位的物质技术条件完成的。

在本案中：首先，现有证据表明唐某明在歌尔股份的本职工作为辅助性的产品测试、验证等工作，无法证明唐某明直接从事过硅麦克风的设计研发；其次，涉案专利申请为提高硅麦克风性能的发明专利申请，主要涉及硅麦克风自身结构设计的改进，与唐某明在歌尔股份从事的产品测试、验证等工作并不相关。

但这可以引出一个新的问题，唐某明究竟在技术发明过程中起到了什么样的作用？即唐某明是一位技术专家，善于找到技术问题并提出新的解决方案；还是唐某明是一位“辅助型”人员？其在两家公司工作时的状况是否有所不同？唐某明作为敏芯股份的主要负责人，不仅参与了专利的撰写，还作为第一发明人进行了署名，这说明唐某明确实是一位技术专家。然而在老东家歌尔股份工作时，唐某明的确只负责了产品测试、验证等辅助性工作。歌尔股份并未提出有证明力的证据说明唐某明参与过核心技术的研发。由此可见，唐某明可能是在工作间歇，利用自己的聪明才智构思了一些发明细节，确实并未利用到歌尔股份的工作条件。唐某明在进入敏芯股份工作后，迅速将自己的构想转化为技术方案，并且申请了相关专利。这也可以进一步印证，唐某明确实没有利用歌尔股份的物质条件完成发明，“硅麦克风”的专利权属应当归属于敏芯股份。

判决结果：

一审判决结果：驳回歌尔股份的诉讼请求。

二审判决结果：驳回歌尔股份的上诉请求，维持原判。

2.2 歌尔股份与国家知识产权局行政诉讼案[①]

案情简介：

2019年7月29日，歌尔股份以敏芯股份及北京百度网讯科技有限公司（以下简称百度网讯）的产品侵害其实用新型专利为由，向法院提起诉讼。之后百度旗下北京小芦科技有限公司（以下简称小芦科技）向国家知识产权局提出申请，请求歌尔股份的专利号为ZL201521115976.X，名称为“麦克风电路板和MEMS麦克风”的实用新型专利无效。国家知识产权局经审查认定，该专利的专利权部分无效，并作出第43092号无效宣告请求审查决定。歌尔股份不服该决定，以国家知识产权局为被告，小芦科技为第三人，向北京知识产权法院提起诉讼，请求撤销该决定。

---

① 威科先行法律信息库. 歌尔股份有限公司与国家知识产权局其他一审行政判决书(2020)京73行初3542号判决书[EB/OL]. [2021-12-12]. https://law.wkinfo.com.cn/judgment-documents/detail/MjAzMzMwMTc1NjE%3D?searchId=8af63bff1013462d872c8042ddc5d405&index=1&q=%EF%BC%882020%EF%BC%89%E4%BA%AC73%E8%A1%8C%E5%88%9D3542%E5%8F%B7%E5%88%A4%E5%86%B3%E4%B9%A6&module=.

法院查明，专利号为201521115976.X、名称为“麦克风电路板和MEMS麦克风”的实用新型专利，申请日为2015年12月29日，授权公告日为2016年6月8日，专利权人为歌尔股份。该专利权利要求书如下。

1. 一种麦克风电路板，其特征包括：基板(1)，所述基板(1)中具有空腔(11)，所述空腔(11)包括3个矩形侧壁(111)、两个腰部侧壁(112)以及一个顶边侧壁(113)；金属层(2)，所述金属层(2)覆盖在所述基板(1)的上表面和/或下表面，所述金属层(2)延伸到所述空腔(11)的矩形侧壁(111)和顶边侧壁(113)上。

2. 根据权利要求1所述的麦克风电路板，其特征在于，所述金属层(2)上具有焊材部(21)。

3. 根据权利要求1所述的麦克风电路板，其特征在于，所述金属层(2)在所述基板(1)的上表面和/或下表上限定走线区(12)，所述走线区(12)中设置有引线过孔(13)。

4. 根据权利要求3所述的麦克风电路板，其特征在于，所述金属层(2)在所述基板(1)的上表面上限定两个走线区(12)，所述走线区(12)分别位于两个所述腰部侧壁(112)的外侧，两个所述走线区(12)由延伸到所述顶边侧壁(113)上的金属层(2)隔开。

5. 根据权利要求4所述的麦克风电路板，其特征在于，所述金属层(2)上具有两个焊材部(21)，所述焊材部(21)并排设置在两个所述走线区(12)之间。

6. 根据权利要求2或5所述的麦克风电路板，其特征在于，所述焊材部(21)暴露所述基板(1)。

7. 一种MEMS麦克风，其特征包括：上板、下板和权利要求1～6任意之一所述的麦克风电路板，所述麦克风电路板固定设置在所述下板上，所述上板固定设置在所述麦克风电路板上，所述空腔(11)与所述上板、下板形成容纳腔；MEMS芯片和ASIC芯片，所述MEMS芯片和ASIC芯片设置在所述容纳腔中。

针对该专利，小芦科技于2019年8月29日向国家知识产权局提出了无效宣告请求,其理由是权利要求 1～7 不具备《中华人民共和国专利法》第二十二条第三款规定的创造性,请求宣告该专利权利要求 1—7 全部无效,同时提交了证据 1(CN101026902B)随后,小芦科技于 2019 年 9 月 29 日提交了补充意见陈述书,同时提交了如下证据：证据 1(CN101026902B)、证据 2(CN205596342U)、证据 3(CN104837762A)、证据 4(CN202425043U)、证据 5(CN201234345Y)。

争议焦点：

新颖性的判断标准；无效申请过程中证明责任分配。

案件分析：

《专利法》第二十二条第二款规定:“新颖性,是指该发明或者实用新型不属于现有技术；也没有任何单位或者个人就同样的发明或者实用新型在申请日以前向国务院专利行政部门提出过申请,并记载在申请日以后公布的专利申请文件或者公告的专利文件中。”

本案中,证据 2 的申请日早于本专利的申请日,属于上述规定中的抵触申请,可以用于评价本专利的新颖性。首先,关于权利要求 1,在判断专利是否具备新颖性时,应审查本专利要求保护的技术内容与对比文件所公开的技术内容是否完全相同或者仅仅是简单的文字替换,以及是否可以从对比文件中直接地、毫无疑义地确定。证据 2 的说明书及附图中均未明确公开本专利中金属层覆盖在基板的上表面和/或下表面,并延伸到空腔的矩形侧壁和顶边侧壁上的技术特征,被告通过推定的方式认定证据 2 隐含公开了本专利的上述技术特征,并不是本领域普通技术人员可以直接获取的技术方案,因此不属于相同的技术方案。

审理法院认为,在判断专利是否具备新颖性时,应审查该专利要求保护的技术内容与对比文件所公开的技术内容是否完全相同或者仅仅是简单的文字替换,以及是否可以从对比文件中直接地、毫无疑义地确定。证据 2 的说明书及附图中均未明确公开该专利中金属层覆盖在基板的上表面和/或下表面,并延伸到空腔的矩形侧壁和顶边侧壁上的技术特征,被告通过推定的方式认定证据 2 隐含公开了该专利的上述技术特征，论证不当。

然而，对原告有利的一点是，按照民事诉讼举证责任分配的原则，在本案中，无效请求人小芦科技应对专利与现有设计或抵触申请构成实质相同的技术方案承担举证责任，并承担举证不利的后果。只是笼统说明涉案专利与已有专利具有实质相同的技术方案，并没有达到民事诉讼高度盖然性的证明标准。因此，不能因此判定原告技术方案的新颖性和创造性。审理法院认为，尽管证据2与该专利权利人相同，但在其专利文本中未经文字明确记载的情况下，仅通过类似的图示，即推定其可能属于相同的技术特征，不属于能够从对比文件中直接地、毫无疑义地确定的技术内容。

判决结果：

一，撤销国家知识产权局做出的第43092号无效宣告请求审查决定。

二，被告国家知识产权局重新作出审查决定。

2.3 歌尔股份"一种MEMS麦克风"专利的全部无效决定[①]

2021年7月1日，国家知识产权局公布了第50579号无效决定，宣告歌尔的一件实用新型专利"一种MEMS麦克风"（专利号ZL201420430405.4，以下简称涉案专利）全部无效。

涉案专利的主要技术特征如下。

一种MEMS麦克风，其特征包括：硅基底1，所述硅基底1中具有背孔11；位于所述硅基底1表面的绝缘层2，所述绝缘层2中具有第一通孔21；位于所述绝缘层2背离所述硅基底1一侧的振膜3，所述振膜3覆盖所述第一通孔21；位于所述振膜3背离所述绝缘层2一侧的隔离层4，所述隔离层4中具有与所述第一通孔21相对应的第二通孔41；位于所述隔离层4背离所述振膜3一侧的保护墙5，所述保护墙5完全覆盖所述隔离层4的侧面；位于所述保护墙5背离所述隔离层4

① 国家知识产权局.无效宣告请求审查决定书(第50579号)，2021.6.24.

一侧的背极 6,所述背极 6 中具有多个间隔排列的穿孔 61。

双方针对涉案专利的争夺焦点主要是权利要求 1 中的两个技术特征:隔离层 4 和保护墙 5,在图 5-2 中分别标注出。

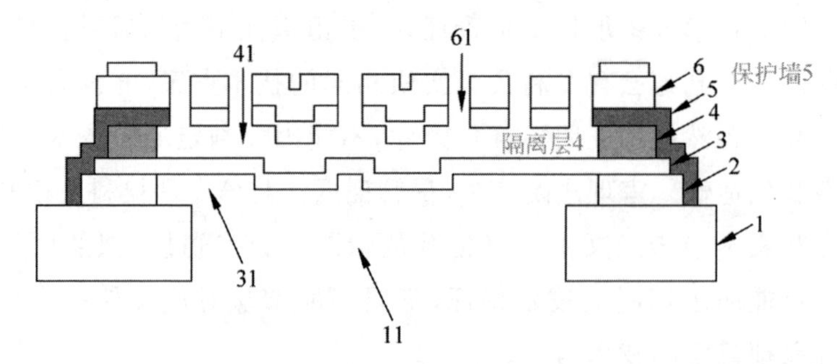

图 5-2 涉案专利图 2①

根据涉案专利描述及图 5-2,权利要求 1 的 MEMS 麦克风包括 6 部分结构:硅基底 1;绝缘层 2;振膜 3;隔离层 4;保护墙 5;背极 6。

根据说明书记载,其发明点在于:相较于现有技术添加了保护墙 5,其用于防止隔离层 4 的侧壁被蚀刻。也就是说,参照图 5-2,权利要求 1 中的 MEMS 麦克风所限定的组成结构中,结构 1～4 和 6 属于现有技术,并且为了保护结构 4(隔离层 4),而增加了结构 5(保护墙 5),也是此项发明的主要发明点。换言之,本发明的主要新颖性和创造性皆来源于结构 5。

敏芯股份针对涉案专利共提出两次无效请求。在第一次无效请求中,敏芯股份共提交了 4 项证据,分别是:证据 1-1,JP2006121465A 及其译文;证据 1-2,CN102740204A;证据 1-3;US20110108933A1 及其译文;证据 1-4,CN1274581C。在第二次无效请求中,敏芯股份共提交了 6 项证据:证据 2-1,W02013071952A1 及其译文;证据 2-2,CN102740204A;证据 2-3,JP2006121465A 及其译文;证据 2-4,Fabrication of single-chip polysilicon condenser structures for microphone applications 及其译文;证据 2-5,CN127458lC;证据 2-6,CN101253805A。

① 歌尔声学股份有限公司.一种 MEMS 麦克风:CN201420430405.4[P]. 2014-12-10.

在最终的无效决定中，起到关键作用的证据为证据1-1和证据2-3(JP2006121465A)，一篇来自三洋电机的专利（以下简称对比专利）。对比专利也公开了与涉案专利类似的6部分结构：硅基板52；蚀刻阻挡层50；振动电极16；增强膜60；绝缘层55，其覆盖增强膜60的侧面；固定电极14。对比专利图如图5-3所示。

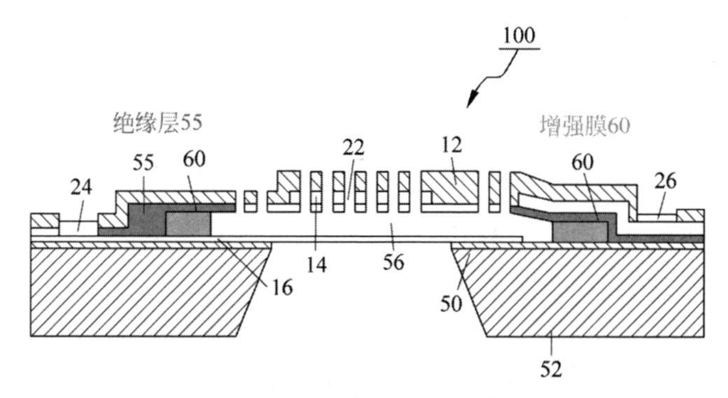

图5-3　对比专利图10①

敏芯股份和歌尔股份都认可的事实如下。

(1) 对比专利中的硅基板52相当于涉案专利的硅基底1。

(2) 蚀刻阻挡层50相当于涉案专利的绝缘层2。

(3) 振动电极16，相当于涉案专利的振膜3。

(4) 固定电极14相当于涉案专利的背极6。

敏芯股份的无效理由：对比专利中，增强膜60相当于涉案专利的隔离层4；而绝缘层55相当于涉案专利的保护墙5。因此涉案专利的结构5(保护墙5)特征已经被对比专利公开，因此涉案专利缺乏新颖性。

歌尔股份的反驳观点：由图5-2和图5-3可以看出，对比专利中的增强膜60不是一个圆圈，而是位于构成MEMS振动主体的圆形部分之外左右两侧的独立块，不能相当于涉案专利隔离层，绝缘层55也不能相当于涉案专利的保护墙，且对比专利要解决的技术问题、所公开

---

① SANYO electric co ltd, Sound sensor e. g. microphone has direction width of film covering insulation film, reinforcement film fixed to fixed electrode larger than film thickness of protective film covering fixed electrode: JP2006121465A[P]. 2006-3-11.

的技术特征及达到的技术效果均与涉案专利不同。

对此，合议组的观点为：由对比专利的图5-3可见，绝缘层55和增强膜60相邻成膜，覆盖增强膜60的侧面，相当于涉案专利中位于隔离层背离振膜一侧的保护墙，所述保护墙完全覆盖隔离层的侧面。

对比专利同样涉及MEMS麦克风领域，其所公开的产品结构与涉案专利权利要求1的产品结构完全相同，对比专利中的"增强膜、绝缘层"和涉案专利权利要求1中的"隔离层、保护墙"仅仅是表述上的不同，但这种不同并未给两者的结构带来任何实质性区别，且如对比专利的记载，增强膜位于振动电极和固定电极之间，且增强膜的材质与牺牲膜材质相同，可以是氧化硅膜，同样起到了隔离的作用，并且对比专利中的绝缘层55覆盖了增强膜60的侧面，客观上同样具备保护增强膜60的作用。

可见，涉案专利权利要求1与对比专利相比，各膜层的位置关系、功能均相同，能够获得相同的技术效果。

因此，涉案专利权利要求1相对于对比专利不具备《专利法》第二十二条第二款规定的新颖性。在此基础上，涉案专利权利要求2～7均不具有新颖性或创造性，涉案专利全部无效。

然而这份无效决定并非无可争议，读者们还可以从另一个角度看待无效决定的理由是否完全成立。

首先，涉案专利与对比专利所要解决的技术问题不同。对比专利所要解决的技术问题是"当固定电极因振动等而发生位移时，无法准确地测量电容变化，并且存在噪声被添加到所获得的声音信号中的问题"。而涉案专利所要解决的技术问题是在对隔离层进行刻蚀时，侧壁上的隔离层被掏空，侧面被刻蚀掉，隔离层进入异物导致的压伤问题。

其次，涉案专利与对比专利结构的作用不同。涉案专利保护墙5所起的作用主要是对隔离层4进行保护，防止结构破损导致麦克风失灵。证据1-1[0025]段记载了"用于将固定电极14固定到硅基板52的膜由增强膜60、绝缘层55和保护膜12的层压膜形成。增强膜60是与稍后形成气隙层100的牺牲膜同时形成的膜，并且由与牺牲膜相同的材料(如氧化硅膜)形成。绝缘层55使振动电极16和固定电极14绝缘,同时起到嵌入牺牲膜和增强膜60之间的作用。绝缘层55和保护膜12可以由氮化硅膜形成”[①]。因此,绝缘层55的作用是使振动电极16和固定电极14绝缘,因此绝缘层55的作用就是其表面含义“绝缘”,与保护并无关联。

从这个角度来看,对比专利和涉案专利的技术问题、技术手段都不相同,合议组的观点值得商榷。

商事篇

3.1　歌尔股份对敏芯股份的“专利狙击”类型

3.1.1　专利侵权诉讼

自2019年7月起,歌尔股份以敏芯股份及北京百度网讯科技有限公司的产品侵害其7项实用新型专利和2项发明专利为由,先后5次提起专利侵权诉讼,要求敏芯股份赔偿1.35亿元并停止侵权行为。截至2021年3月15日,歌尔股份上述专利中的4项实用新型专利被提起无效宣告请求,其中2项被国家知识产权局宣告全部无效,2项被宣告部分无效。针对这4份无效宣告审查决定,歌尔股份均已向北京知识产权法院提起行政诉讼。

歌尔股份提起敏芯股份专利侵权案件的时间,分别是敏芯股份进入拟上市企业辅导备案名单之后、敏芯股份向上交所递交科创板IPO申请之后,以及上市发行委员会审议敏芯股份的IPO申请之前[②]。这些时间节点均是敏芯股份在上交所科创板上市的时间点,直接影响敏

---

① 黄小莺.歌尔专利被全部无效,敏芯赢了?张一元详解歌尔“死掉的专利”为何能复活[EB/OL].(2021-07-09)[2021-12-12]. https://mp.weixin.qq.com/s/XZOBfm6yBbz9y7N16DKRng.

② 黄思瑜:深陷歌尔专利诉讼风波:敏芯再次冲刺IPO说得明白吗?[EB/OL].(2020-05-31)[2021-12-12]. https://www.yicai.com/news/100650083.html.

芯股份能否顺利上市。4次专利侵权诉讼的索赔额超出了敏芯股份2017—2019年的利润总和,其构成针对敏芯股份的重大事项。从专利无效的结果看,歌尔股份的专利权保护范围变小。尽管敏芯股份侵权的可能性也因之变小,但对其IPO进程带来较大的负面影响。截至案例撰写完成日,歌尔股份提起的敏芯股份专利侵权案的审理过程或结果只有两种,一种是以歌尔股份申请撤诉而结案,另一种则是还在审理过程中,并没有公开的胜诉或败诉的判决。由此可见,歌尔股份提取专利侵权诉讼的目的非常明确,是为了阻碍敏芯股份IPO,而非为了实质性赔偿。

面对歌尔股份的专利侵权诉讼,敏芯股份积极应诉。一方面,不断寻求第三方机构的帮助。比如:上海市锦天城(北京)律师事务所出具《××专利侵权案法律分析报告》,报告结论是"敏芯股份的产品实施的技术属于现有技术或未全面覆盖涉案专利权利要求的所有技术特征,因此敏芯股份的产品不构成侵权";上海硅知识产权交易中心有限公司出具的《司法鉴定意见书》。另外,敏芯股份通过公告或媒体宣传等方式不断向公众灌输:歌尔股份起诉的专利不涉及敏芯的核心技术和在研项目。另一方面,敏芯股份还采取了专利无效宣告的进攻策略。由于正处在IPO上市的关键时期,敏芯股份并没有亲自上场,而是由其他企业主体或个人向国家知识产权局提出涉案专利的无效申请。歌尔股份用于维权的10项专利中,4项已经有了无效决定,2项全部无效和2项部分无效。当前状况是2项为部分无效和6项当前有效。歌尔股份不得不抽出大量的精力应对敏芯股份发起的专利无效申请。

3.1.2 专利无效请求

自2019年11月起,敏芯股份的18项发明专利和1项实用新型专利被提出无效宣告请求。在招股说明书中,敏芯股份称已经聘请专业机构出具了专利的《检索报告》,《检索报告》认为上述专利权均具有新颖性、创造性及实用性。其中7项专利技术曾经或正应用于实际生产。在实际生产中应用的技术由多项专利技术、非专利技术、技术秘密构成,单独应用任何一项技术均无法实现设计目标。随着技术迭代的不断加快，部分专利权虽仍属于敏芯股份的核心技术，但敏芯股份已结合自有专利和技术秘密对核心专利作了较多创新和优化，优化后的技术为敏芯股份部分产品所使用。其余12项专利作为公司的技术储备，未应用于在售产品①。

在敏芯股份多项专利权被提起无效宣告请求的案件中，虽然《检索报告》认为上述专利均具有新颖性、创造性及实用性，但是该结论并非由国家知识产权局做出的无效决定的结论，仅能作为参考。根据敏芯股份在招股说明书中披露的内容，截至2019年12月31日，敏芯股份共拥有境内外发明专利38项、实用新型专利19项。从目前已经做出的无效决定来看，有的专利被宣告部分无效，必然会给其公司价值和经营带来一定影响。

3.1.3 专利权权属纠纷

自2019年11月起，歌尔股份及其关联公司向法院提起权属诉讼，主张敏芯股份所拥有1项发明专利权、4项发明专利申请权及1项实用新型专利申请权归属于歌尔股份或其关联公司。原告主张权属诉讼中被告的涉案人员为敏芯股份创始人，此前曾是歌尔股份的员工，其主导多项核心技术的研发，完成绝大部分敏芯股份专利的申请，主要领域与其在歌尔股份的工作任务有较大重合度。如果法院判决上述涉诉专利权最终归属于歌尔股份，对于涉案双方的专利数量来说是一个此消彼长的变化。若上述涉诉专利是敏芯股份目前核心产品所必须采用的技术，那么对其公司今后的生产和盈利能力也将产生巨大影响。

面对歌尔股份提起的专利权权属争议，敏芯股份采取了正面应对的方式。敏芯股份仅仅抓住歌尔股份证据的漏洞来做文章。客观来说，歌尔股份的证据链较为完整，可以证明梅某欣及唐某明在歌尔股份工作过，且接触过相应领域的研发工作，而两人先后在离职1年之内申请了相关专利。但其证据链中存在一个细微的漏洞，即无法证明两人在技术

---

① 王辉，杨克非，于文波，等. IPO进程中的专利狙击及企业应对：以歌尔股份vs敏芯股份案为例[J]. 中国市场监管研究，2021(4)：21-25.

研发过程中的参与程度。敏芯股份借此提出自己的观点，主张两人在歌尔股份工作期间，并没有接触技术开发的核心工作。因此两人在其后申请的专利并非利用原单位技术条件完成的发明创造。这个理由成功说服了法官，歌尔股份需要提交更多关于梅某欣和唐某明在原公司从事技术研发工作的证据，以达到高度盖然性的证明标准。歌尔股份并未留有足够的证据，因此经过最高院审理，歌尔股份最终以败诉收场。

3.2 “专利狙击战”下的企业发展

2021年7月1日，国家知识产权局公布了第50579号无效决定，宣告歌尔股份的实用新型专利“一种MEMS麦克风的专利”(ZL201420430405.4)专利权全部无效。

这一决定再次将人们的关注引向了在2020年4月歌尔股份针对敏芯股份提起的3个侵权诉讼案，(2020)鲁02民初63号、64号和65号。其中64号案件涉及的便是此次公布的无效专利。此前，3个案件中的63号、64号已经被判决完毕，因这两个案件均涉及纳米级芯片结构，需要专业的鉴定机构做出侵权鉴定，青岛中级人民法院分别委托第三方鉴定机构做出侵权鉴定报告，其中：关于63号案的鉴定结果表明，被控侵权产品和涉案专利保护范围不相关，不存在涉案专利的发明点的技术特征；关于64号案的鉴定结果表明，缺少涉案专利权利要求所记载的多个技术特征，不存在专利侵权。而关于65号案，青岛中级人民法院于2020年6月7日作出了敏芯股份的侵权判决。但由于在声孔结构是否侵权方面存在争议，敏芯股份上诉至最高院。

值得注意的是，虽然歌尔股份和敏芯股份专利战打得火热，但歌尔股份并未刻意扩大专利诉讼案件的影响。2020年8月，歌尔股份和敏芯股份分别公布了2020年半年度报告。歌尔股份在半年报中并未披露系列案件的任何进展，且在之后的公告中也未提起相关诉讼的进展。而敏芯股份则再次指出了“公司存在核心技术被竞争对手恶意诉讼的可能性”“歌尔股份及其子公司采用多种方式发起专利战”。

歌尔股份如此“低调”，是与其诉讼目的分不开的。在“专利狙击战”中，歌尔股份虽然是主动的一方，但其行为也存在着较大的风险，歌尔股份的专利被直接推向了社会公众。这无疑提高了专利被无效的可能性。此前，敏芯股份披露的歌尔股份ZL201521115976.X、ZL201520110844.1及ZL201020001125.3实用新型专利均已被无效或部分无效。

3.2.1 歌尔股份的发展——转型AR/VR设备

作为全球两大电声产品供应商之一，歌尔股份主营收入中超过20%的比例来自苹果公司。考虑到苹果公司产业链的高毛利，歌尔股份净利润对苹果公司的依赖度还会更高。因此苹果手机2018年出货量下滑，也进一步加重了歌尔股份的业绩压力。此外，苹果公司在2018年引入立讯精密工作股份有限公司作为新的声学器件供应商，也对歌尔股份的订单造成了较大影响。

实际上，早在2015年，全球智能手机的增速就开始放缓。为此，歌尔股份确定了以“智能音响、智能娱乐、智能穿戴、智能家居”为新发展方向，并开始实施“零件＋成品”的战略转型，将原本量产微型传感器、麦克风、扬声器与受话器等零部件的业务重心，转向TWS耳机、智能音箱、AR/VR设备与可穿戴手表手环等智能硬件业务。

2020年歌尔股份半年报数据显示：包含MEMS传感器、微型麦克风、微型扬声器/受话器在内的传统零组件业务实现销售收入106.2亿元，收入占比为30.22%；包含TWS耳机、智能音箱在内的声学整机销售收入为148.22亿元，同比增长117.58%，收入占比达到42.17%。同时，公司VR/AR头显设备、智能手表等硬件业务实现销售收入85.13亿元，收入占比为24.22%[①]。

与手机市场的低迷不同，全球可穿戴设备行业整体出货量在上半年保持了22.9%的同比增长。其中，无线耳机占比64%，同比增长高

---

① 歌尔股份. 歌尔股份2020年半年度财务报告[R/OL]. (2020-08-20)[2021-12-12]. http://file.finance.sina.com.cn/211.154.219.97:9494/MRGG/CNSESZ_STOCK/2020/2020-8/2020-08-21/6524135.PDF.

达49%。得益于智能穿戴业务的良好增长势头,歌尔股份仅声学整机业务一项就超过了精密零组件的总收入。可以说,在对敏芯股份的IPO狙击的同时,歌尔股份充分利用了这个时间差进行战略转型,拓宽公司的业务面,以期得到更好的发展。

值得关注的是,在2021年上半年中,伴随着VR产品出货量的快速增长,VR和AR相关硬件技术和软件内容的不断丰富,"元宇宙"等新兴概念也越来越引起全行业的广泛关注。根据知名咨询机构国际数据公司(International Date Corporation,IDC)的预测数据,在2021—2025年间,全球VR产品出货量有望达到约41.4%的年均增速,AR产品出货量有望达到约138%的年均增速。VR和AR产品的快速成长,有望为科技和消费电子产业链上的相关企业带来显著的业务机会。随着5G等先进通信技术、人工智能技术与精密零组件产品和智能硬件产品的进一步融合,全球科技和消费电子领域内有望出现新一轮的发展机遇,新的产品应用方向和应用场景层出不穷,也将为歌尔股份未来的持续发展创造广阔的空间①。

3.2.2 敏芯股份的发展——深耕MEMS、在被狙击的过程中艰难上市

在歌尔股份诉敏芯股份专利侵权的系列案件中:敏芯股份一方面主张降低侵权案件的索赔额,以降低侵权诉讼的实际影响;另一方面有针对性地对涉及侵权案件的专利权提出无效宣告请求,达到釜底抽薪的效果。在敏芯股份的19项专利权被提起无效宣告请求的案件中:敏芯股份一方面提供由专业机构出具的《检索报告》,说明上述专利权的稳定性;另一方面主张由于建立了完善的知识产权保护体系,其中涉及无效宣告请求的12项专利均为公司的技术储备,未应用于公司的在售产品中。敏芯股份针对专利权权属纠纷诉讼:一方面积极应对权

① 歌尔股份. 歌尔股份2021年半年度财务报告[R/OL]. (2021-08-26)[2021-12-12]. http://file.finance.sina.com.cn/211.154.219.97:9494/MRGG/CNSESZ_STOCK/2021/2021-8/2021-08-27/7491046.PDF.

属纠纷；另一方面要求提前公开其已提交的专利申请，加快了审理过程中专利申请的审查进度，提高了己方专利权的持有量。虽有波折，但敏芯股份最终在 2020 年 7 月 14 日敲响了深圳证券交易所的上市宝钟。

敏芯股份采取了和歌尔股份不同的发展路线，在持续开发生产 MEMS 麦克风等产品的基础上，继续在芯片、传感器领域深耕。敏芯股份坚持“量产一代，设计一代，预研一代”的研发策略，以下游市场需求为导向。一方面对公司现有产品进行升级，提升产品性能指标。公司对压力传感器产品线进行扩展与升级，开发完成了 0.85mm×0.85mm 高度计用压力传感器芯片、微差压传感器芯片和力传感器；同时对加速度传感器芯片进行升级，实现产品尺寸从 1.07mm×1.07mm 缩小到 1mm×1mm。另一方面强化新技术和新产品的研发，开拓新的应用领域。为应对 TWS 等耳机市场对尺寸较为敏感的需求，公司进行了新一代 MEMS 麦克风的研发，重点研发小尺寸芯片，目前已经实现 0.7mm×0.7mmMEMS 芯片的量产[①]。

在消费电子领域，2019 年敏芯股份的硅麦克风芯片出货量位列全球第三，仅次于英飞凌和楼氏集团，但其市场占有率尚处于较低水平(5.9%)，与英飞凌(43.5%)和楼氏集团(39.8%)相比仍具有较大增长空间。敏芯股份积极布局压力传感器新型消费领域，2020 年公司年报着重提到了“在微差压传感器的开发方面，公司在全球范围率先围绕电子烟领域开发了 4 类包括流量计和流量开关在内的芯片，对应应用在高、中、低端电子烟产品，可以实现对电子烟的全市场覆盖”。“公司的微差压传感器芯片已在电子烟高端品牌市场形成了小批量出货。公司在 2020 年已与全球电子烟头部厂商建立战略合作关系，预计上述 4 类芯片在 2021 年将逐渐实现大批量出货。”[②]惯性传感器是 MEMS

---

① 苏州敏芯微电子技术股份有限公司 2020 年半年度报告[R/OL]. (2020-08-27) [2021-12-12]. http://file.finance.sina.com.cn/211.154.219.97:9494/MRGG/CNSESH_STOCK/2020/2020-8/2020-08-27/6551389.PDF.

② 苏州敏芯微电子技术股份有限公司 2020 年年度报告[R/OL]. (2021-05-24) [2021-12-12]. http://file.finance.sina.com.cn/211.154.219.97:9494/MRGG/CNSESH_STOCK/2021/2021-5/2021-05-24/7269344.PDF.

各类产品中市场容量占比最高的市场，占比达到27.7%。但受制于晶圆端的配合和供给及产品良率，从年报来看，敏芯股份的惯性传感器还需要解决供应链和工艺平台的问题，才有可能有进一步的发展。

在汽车电子传感器领域，敏芯股份已经完成了1mm×1mm加速度传感器芯片的研发工作，并已开始陀螺仪的前道研发，未来将进一步开展车用惯导模组的研发。目前敏芯股份的大流量传感器芯片已获得客户认可，开始小批量出货，2022年可以实现大批量生产。公司还完成了热电堆芯片工艺平台的搭建，目前已开始小批量出货[①]。

案例启示

歌尔股份和敏芯股份都是全世界范围MEMS微型麦克风和扬声器的主要供应商，这种诉讼属于正常的商业竞争行为。

歌尔股份狙击敏芯股份IPO过程中，主要应用了3种方式：发明人职务侵权、专利侵权和专利无效请求，极大地拖延了敏芯股份IPO的进程。对于发明人职务侵权，相关人员在离职之后1年之内与上家单位业务相关的专利都应该属于上家单位，争论的焦点在于发明人是否利用原单位工作条件进行技术发明。对于专利侵权，首先应考虑的是确认被诉产品是否侵权。如果被告经分析后笃定自己没有侵权，则可以请求提起确认不侵权之诉，用以保障自己的权利。而无论是否存在侵权的风险，都可以对涉案专利的有效性进行研判，如果有充分的无效理由和证据，则可以提起专利无效申请，以保障自己现在及未来的权利。

① 苏州敏芯微电子技术股份有限公司2021年半年度报告[R/OL].(2021-08-20)[2021-12-12]. http://file.finance.sina.com.cn/211.154.219.97:9494/MRGG/CNSESH_STOCK/2021/2021-8/2021-08-20/7452355.PDF.

附录

附录1 敏芯股份上市时间线

2019年11月1日，敏芯股份申请科创板发行上市获得受理。

2020年2月1日，敏芯股份中止审核。

2020年3月13日，恢复敏芯股份发行上市审核。

2020年6月2日，上市委会议审议。

2020年6月8日，提交注册。

2020年7月14日，注册生效。

附录2 歌尔股份与敏芯股份专利纠纷时间线

专利侵权纠纷(10起)

2019年7月29日，歌尔股份在北京知识产权法院起诉敏芯股份和百度网讯侵犯其3项专利权，索赔1000万元。

2019年11月18日，歌尔股份在北京知识产权法院起诉敏芯股份和百度网讯侵犯其1项专利权，索赔3000万元。

2020年3月4日，歌尔股份及其子公司歌尔微电子股份有限公司(简称歌尔微电子)在北京知识产权法院起诉敏芯股份和百度网讯侵犯其2项专利权，索赔4500万元。

2020年4月17日，歌尔股份在青岛中级人民法院起诉敏芯股份和潍城区华阳电子科技中心(以下简称华阳电子)侵犯3项专利权，索赔5000万元。

2020年6月5日，歌尔微电子在青岛中级人民法院起诉敏芯股份和华阳电子侵犯1项专利权，索赔1000万元。

专利权属纠纷(8起)

2019年11月25日，北京歌尔泰克科技有限公司（以下简称歌尔泰克）在苏州中院起诉敏芯股份、梅某欣等，认为梅某欣的1项职务发明专利应属于歌尔泰克。

2019年12月25日，歌尔股份在苏州中级人民法院起诉敏芯股份、唐某明等，认为唐某明的4项职务发明专利应属于歌尔股份。

2020年3月19日、2020年4月27日、2020年5月27日，歌尔股份在苏州中院起诉敏芯股份、唐某明等，分别认为唐某明的1项职务发明专利应属于歌尔股份，此3项均为实用新型专利，并且与2019年2月25日诉讼所涉及的4项发明专利中的3项为相同的技术实用新型专利。

专利无效纠纷（19起）

2020年1月，歌尔股份和王云飞对敏芯股份的3项发明专利提起无效宣告。

2020年2月，王云飞对敏芯股份的2项发明专利提起无效宣告。

2020年4月，王云飞、陈昀和王莉对敏芯股份的10项发明专利提起无效宣告。

2020年5月，陈昀对敏芯股份的1项发明专利提起无效宣告。

2020年6月，褚国华对敏芯股份的2项发明专利和1项实用新型提起无效宣告请求。

案例 6

十年“常”战终得胜，百年争“荣”待自强：常荣与生方知识产权纠纷案

赵　博　高梓淞

引言

江苏常荣电器股份有限公司(以下简称“常荣公司”)于 2005 年成立于江苏省常州市，经过了 10 余年的发展，现在已经成为了一家占地 80 亩(1 亩＝10 000/15 平方米)，建筑面积 7.5 万平方米，专业从事电机控制领域研发、制造的高新技术企业。作为一家高新技术公司，公司全面配置了工程技术研究中心、企业技术中心、研究生工作站等研发部门，通过研发部门的长期投入与成果产出，现在的常荣公司，已经拥有 100 多项专利技术，并参与起草了部分产品相关的国家标准和行业标准。在此基础上，常荣公司的产品广泛应用于电机、家用电器、新能源、汽车等领域。截至 2021 年，常荣公司已为全球 80%以上制冷压缩机工厂提供保护器、控制器、电流传感器等全套技术

解决方案和优质的产品，成为了细分行业内的龙头企业，电器行业的传感保护、控制专家。

回首往昔，常荣公司的发展并非一路坦途，自成立之初起至2017年，常荣公司不断与日本株式会社生方制作所（以下简称“生方制作所”）、宁波生方横店电器有限公司（生方制作所在华全资子公司，以简称“生方公司”）陷入侵犯专利权和商业秘密的纠纷之中，公司的发展遇到了很大的困难和挑战。2007年，羽翼未丰的常荣公司，在杭州市中级人民法院受到起诉，生方制作所和生方公司作为制造业的同行，以“侵犯专利权，制造、销售侵权专利产品”的罪名起诉常荣。这次诉讼，法院判定对方公司胜诉，常荣败诉。此后，一场持续10年的“知识产权保卫战”由此拉开序幕……

故事篇

1.1 山东两回合交手，常荣公司扭转败局

1.1.1 第一回合，常荣公司再次被判侵权

2009年5月，常荣公司制造的HPA-530型号热保护器再次被生方公司盯上。生方公司认为这款产品侵害了自己产品的专利权（生方制作所是专利号为ZL94116451.9“密封电驱动压缩机的热保护器”发明专利的专利权人），于是向山东省淄博市中级人民法院（以下简称淄博中院）提起上诉，请求法院判令常荣公司停止制造、销售相关产品，并赔偿相应的经济损失。法院查明相关事实后，认为该案的争议焦点有两个。

争议焦点一：涉案产品是否为常荣公司制造、销售。

争议焦点二：涉案产品是否落入涉案专利权的保护范围。

➢“争议焦点一”——争议不大。首先，根据中国质量认证中心查

询结果，涉案压缩机热保护器均为"HPA"系列编号，这一编号并非行业通用或行业习惯编号，而是特定的企业内部编号，用来区分和标记自身制造产品。经过查证，使用这一编号的企业只有常荣公司与常州双良荣电子有限公司两家企业，而后者已经注销。其次，常荣公司也承认他们所生产的压缩机热保护器确实是使用"HPA"编号，涉案的两个产品确实是他们生产过的产品：一个与专利复审委员会第8号咨询意见书中其生产的HPA-630型结构相同，另一个与其生产的HPA-530型结构相同。最后，通过比对常荣公司网站上公布的产品照片（2007年），法院确定了常荣公司生产的产品与涉案产品结构亦相同。综上，法院认定涉案使用"HPA"编号的热保护器系常荣公司生产。

➢ "争议焦点二"——判定关键。生方公司在庭审时明确要求依据涉案专利的"权利要求1"来确定该项专利权的保护范围，"权利要求1"中详细介绍了涉案专利的技术特征和具体的结构信息。依据"权利要求1"记载的技术方案，应当将涉案专利权划分为6个技术特征。庭审中，常荣公司表示自己的产品与涉案专利的区别仅在支架结构，即"权利要求1"中所记载的技术特征4。因此，是否构成侵权的关键在于判定两者对应的技术特征是否构成相同或等同。

(1) 两者技术特征是否构成相同?

涉案专利"权利要求1"中记载的技术特征4：支架包括一个容纳热敏开关金属罩的第一腔，一个容纳终端引线器与终端连接器之间的固定部分的第二腔，以及一个容纳终端连接器的第三腔。

常荣公司涉案产品的支架技术特征可以描述为：支架包括一个容纳终端引线器与终端连接器之间的固定部分的腔，一个容纳终端连接器的腔，以及容纳金属罩的空间。

庭审时通过比对可见，常荣公司涉案产品的支架技术特征与涉案专利的支架技术特征不完全相同，因此不构成相同（表6-1）。

表 6-1 常荣公司涉案产品与生方公司涉案专利的支架特征技术比对

支架技术特征比对	涉案被控侵权热保护器（HPA-530）	涉案专利（ZL94116451.9）	异同
第一腔	有用于限定金属罩在热保护器中位置的上壁以及容纳金属罩的空间，而没有挡在金属罩一侧的侧壁	有一个容纳金属罩的第一腔	不同
第二腔	用来容纳终端引线器与终端连接器固定部分	用来容纳终端引线器与终端连接器固定部分	相同
第三腔	用来容纳终端连接器	用来容纳终端连接器	相同

（2）两者技术特征是否构成等同？

为了判断常荣公司的涉案产品和涉案专利两者支架的技术特征是否构成等同，法院对两者技术特征所采用的技术手段、所实现的功能和所达到的技术效果是否基本相同进行了分析判断（表 6-2）。

表 6-2 支架技术特征是否构成等同的比对情况

技术手段	涉案被控侵权热保护器的支架也是将支架与热敏开关相互配合，将热敏开关的接线端子全部置于支架内，且热敏开关的终端引线器与终端连接器的固定部分均与支架基本结合成一体，这与涉案专利采用的手段相同
实现功能	涉案被控侵权热保护器的热敏开关的接线端子全部置于支架内，终端引线器与终端连接器的固定部分均与支架结合成一体，具有使热保护器的机械强度增强及减小热敏开关与其周围的导电件或导电部分之间绝缘空间的功能，与涉案专利所实现的功能相同
技术效果	首先，在使热保护器的机械强度得到改善方面，涉案被控侵权热保护器的热敏开关与涉案专利具有相同的效果。 其次，在减小热敏开关与其周围的导电件或导电部分之间的绝缘空间方面，因涉案被控侵权热保护器的支架缺少挡在金属罩一侧的侧壁，使其与周围的导电件或导电部分之间的绝缘空间比涉案专利要稍大，但仍与涉案专利的技术效果基本相同

因此，法院认为常荣公司涉案产品与涉案专利的支架技术特征相比，属于采用相同的手段、实现相同的功能、达到基本相同的技术效果，并且对本领域普通技术人员而言，是不经过创造性劳动就能够实现的技术特征，应认定为等同的技术特征，判定：涉案被控侵权热保护器

(HPA-530)落入了涉案专利权的保护范围。依据有关法律规定,法院判决：常荣公司立即停止制造、销售涉案 HPA-530 型压缩机热保护器的行为,并于判决生效后 10 日内支付生方公司经济损失人民币 20 万元。

1.1.2　第二回合,常荣深究技术特征扭转败局

2012 年,常荣公司被淄博中院判决侵权后,向山东省高级人民法院(以下简称山东高院)提起上诉,请求撤销原审判决,依法改判或发回重审。山东高院认为案件当事人之间的争议焦点有 4 个：①原审法院是否程序违法；②原审判决是否适用法律错误；③涉案被控侵权热保护器是否为常荣公司所生产；④涉案被控侵权热保护器是否落入涉案专利权的保护范围,是否侵害了涉案专利权。二审法院在案件审理中驳回了常荣公司的前 3 项诉讼请求,核心问题最终还是落在了第 4 个争议焦点。

山东高院认为,要判断常荣公司涉案产品所采用的技术方案是否落入涉案专利权的保护范围,首先应当审查涉案专利权利要求所记载的全部技术特征,然后将常荣公司涉案产品的技术特征与之进行一一比对,进而判定两者的技术特征是否构成相同或等同。

(1) 两者技术特征是否构成相同

通过将两者技术特征进行比对可见,生方公司所有的涉案专利的支架包括一个容纳热敏开关金属罩的第一腔,一个容纳终端引线器与终端连接器之间的固定部分的第二腔,以及一个容纳终端连接器的第三腔。在涉案专利第一次无效审查程序的行政诉讼中,北京第一中级人民法院和北京高级人民法院做出的一、二审行政判决书中均认定"腔"为"器物的中空部分"。山东高院认为,分解常荣公司涉案产品的支架结构,可以看出,其有一个容纳终端引线器与终端连接器之间的固定部分的第二腔,以及一个容纳终端连接器的第三腔,但是没有一个容纳金属罩的"器物的中空部分",常荣公司涉案产品的热敏开关的金属罩被安置在支架之外,同时,涉案产品的支架结构缺少第一腔,且它支架结构的第二腔右侧也是开放的,这与生方公司的涉案专利中

"支架第二腔右侧是封闭的结构"的特征也不完全相同。因此,常荣公司涉案产品的支架技术特征与涉案专利的支架技术特征并不相同。

(2) 两者技术特征是否构成等同

根据2001年《最高人民法院关于审理专利纠纷案件适用法律问题的若干规定》第十七条第二款规定:"等同特征是指与所记载的技术特征以基本相同的手段,实现基本相同的功能,达到基本相同的效果,并且本领域的普通技术人员无需经过创造性劳动就能够联想到的特征。"

涉案专利的发明目的,概括来说,一是使保护器部分的机械强度得到改善,二是使绝缘空间得到减小的改进。涉案专利所采取的技术手段是将热敏开关与绝缘支架结合起来,将热敏开关的各个部分均安置在支架内,通过结合件与支架结合成一个整体,从而使压缩机产生的振动传导到支架上,支架则用电绝缘材料制成,热敏开关的各个部分均安置在支架内,从而实现发明目的,进而达到减小压缩机机壳尺寸的效果。

通过对比,涉案被控侵权热保护器的支架技术特征所采用的手段、实现的功能和所达到的效果与涉案专利的支架技术特征均不相同(表6-3),不构成等同。涉案被控侵权热保护器与涉案专利相比较,至少有1个技术特征既不相同也不等同,没有落入涉案专利权的保护范围,不构成侵权。

表6-3 技术特征4是否构成等同的比对情况

	涉案被控侵权热保护器	涉案专利	比对结果
技术手段	支架与热敏开关相结合,缺少第一腔且第二腔的右侧是开放的,故其热敏开关的金属罩被安置在支架之外的开放环境中,同时其安置在第二腔内的热敏开关的终端引线器与终端连接器之间的固定部分右侧亦未全部置于支架之内,其热敏开关并没有与支架全部结合成一体	安置在第二腔内的热敏开关的终端引线器与终端连接器之间的固定部分右侧全部置于支架之内,其热敏开关与支架全部结合成一体	不同

续表

	涉案被控侵权热保护器	涉 案 专 利	比对结果
实现功能	无法实现减小热敏开关与其周围的导电件及导电部分之间的绝缘空间及防振动的功能	可以实现减小热敏开关与其周围的导电件及导电部分之间的绝缘空间及防振动的功能	不同
技术效果	无法达到改善机械强度、减少压缩机机壳尺寸的技术效果	可以达到改善机械强度、减少压缩机机壳尺寸的技术效果	不同

山东高院作出二审判决：一审判决认定事实错误，判决结果不当，程序上存在瑕疵，撤销一审判决；驳回生方公司的诉讼请求；一审、二审案件受理费均由生方公司负担。两次判决中法院技术认定的区别见表 6-4。

表 6-4 两次判决中法院技术认定的区别

	淄博中院一审	山东高院二审
技术手段	将支架与热敏开关相互配合，将热敏开关的接线端子全部置于支架内，且热敏开关的终端引线器与终端连接器的固定部分均与支架基本结合成一体，与涉案专利采用的手段相同	将支架与热敏开关相互配合，将热敏开关的金属罩被安置在支架之外，且热敏开关的终端引线器与终端连接器的固定部分未与支架基本结合成一体，与涉案专利采用的手段不同
实现功能	热敏开关的接线端子全部置于支架内，终端引线器与终端连接器的固定部分均与支架结合成一体，具有使热保护器的机械强度增强及减小热敏开关与其周围的导电件或导电部分之间的绝缘空间的功能，与涉案专利可实现的功能相同	热敏开关的金属罩全部置于支架之外，终端引线器与终端连接器的固定部分未与支架结合成一体，没有使热保护器的机械强度增强及减小热敏开关与其周围的导电件或导电部分之间的绝缘空间的功能，与涉案专利可实现的功能不同
技术效果	根据上述功能，可以达到改善机械强度、减小压缩机机壳尺寸的技术效果，涉案专利的技术效果相同	根据上述功能，不能达到改善机械强度、减小压缩机机壳尺寸的技术效果，涉案专利的技术效果不同

常荣公司通过深究技术特征扭转了败局，为其后再战江苏奠定了坚实基础。

1.2 江苏再战两回合，10年拉锯告完结

1.2.1 常荣公司愤而起诉

常荣公司的麻烦还没有结束。2007年8月，生方公司向中华人民共和国国家工商行政管理总局（以下简称国家工商总局）投诉常荣公司等侵犯其公司商业秘密，常州市工商行政管理局派员对常荣公司进行了现场调查取证。2010年8月，生方公司向国家工商总局再次投诉常荣公司等侵犯其商业秘密，经过几次调查权力转交，由常州市工商行政管理局对常荣公司进行了现场调查，并于2010年10月对常荣公司的现场产品进行了抽样取证。

常荣公司认为，生方公司持续3年多的投诉行为严重干扰了其正常生产经营，使其在行业内的信誉受到严重损害，生方公司的行为不是为了维护其商业秘密的正当权利，而是以此为手段打压、干扰竞争对手。常荣公司不堪其扰，2013年12月，正式向常州高新技术产业开发区人民法院（以下简称常州高新区法院）提起上诉，请求法院确认常荣公司生产的HPA-530产品不侵犯生方公司的商业秘密。

1.2.2 是否侵犯商业秘密的认定

在案件审理过程中，原告、被告均提交了相关证据，法院应原告、被告申请也调取了相关证据，原告、被告发表了质证意见，法院对原告、被告提供的证据进行了认定，并就案件相关问题进行了查明。通过法院对案件相关问题的审理查明，两个关键问题尤为重要。

1. 常荣公司提起的“确认不侵犯知识产权诉讼”是否符合受理条件

常州高新区法院认为，确认不侵害知识产权诉讼是一项旨在制止权利人不正当地利用其知识产权，给他人利益造成损害或具有损害之虞的诉讼制度。一般认为，权利人向他人发出警告或有类似于警告的行为，又未在合理时间内启动司法解决纠纷程序，是确认不侵害商标

权诉讼的事实前提。该案中被告虽未向原告发出过明确的警告信函，但双方之间因商业秘密侵权问题发生过行政投诉，工商行政管理部门受理行政投诉在先但一直未做出行政裁决，可以认为双方之间存在因商业秘密的利害冲突，以及由此引起的利益不稳定状态。该案原告为避免其利益可能遭致的损害，向人民法院提起确认不侵犯知识产权之诉，符合确认不侵害知识产权诉讼的实质条件。

2. 常荣公司是否侵犯生方公司的商业秘密

首先是商业技术秘密保护范围的确定。常州高新区法院经过详细查证分析，认为该案应当以中科咨鉴字(2008)第 002 号《技术鉴定报告》所明确的技术秘密点范围确定商业技术秘密保护范围。5 个技术秘密点如下。

(1) 技术秘密点一，“动接点高度的调整工艺”。

(2) 技术秘密点二，“双金属片组件的深冲模具冲面的几何特征”。

(3) 技术秘密点三，“零部件之间距离的管理公差”。

(4) 技术秘密点四，“加热熔丝、双金属片和支架板的几何特征、材质，以及前述几何特征、材质与气体比例”。

(5) 技术秘密点五，“动接点和静接点的高度的组合”。

其次是要围绕以上 5 个技术秘密点进行比对认定。简单来说，在认定是否侵犯商业秘密时，主要就是找两个关键点，一是技术秘密点是否相同，二是相同的技术秘密点是否属于公知技术信息。法院对 5 个技术秘密点的认定如下。

(1) 关于技术秘密点一，“动接点高度的调整工艺”。根据沪科技咨询服务中心(2014)鉴字第 32 号《技术鉴定意见书》，常荣公司提供的与送鉴产品相符的技术图纸所记载的相关技术信息与生方公司主张的技术秘密点一并不相同，且双方对此未有异议，故可以确认常荣公司并不侵犯生方公司主张的技术秘密点一。

(2) 关于技术秘密点二，“双金属片组件的深冲模具冲面的几何特征”。根据沪科技咨询服务中心(2014)鉴字第 32 号《技术鉴定意见书》,技术秘密点二技术信息在2010年8月份之前及至2014年10月31日属于公知技术信息,故可以确认常荣公司并不侵犯生方公司主张的技术秘密点二。

(3) 关于技术秘密点三,“零部件之间距离的管理公差”。根据沪科技咨询服务中心(2014)鉴字第32号《技术鉴定意见书》,常荣公司提供的与送鉴产品相符的技术图纸所记载的相关技术信息与生方公司主张的技术秘密点三并不相同,故可以确认常荣公司并不侵犯生方公司主张的技术秘密点三。

(4) 关于技术秘密点四,“加热熔丝、双金属片和支架板的几何特征、材质,以及前述几何特征、材质与气体比例”。根据沪科技咨询服务中心(2014)鉴字第32号《技术鉴定意见书》,技术秘密点四技术信息在2010年8月份之前及至2014年10月31日属于公知技术信息,且常荣公司提供的与送鉴产品相符的技术图纸所记载的相关技术信息与生方公司主张的技术秘密点四并不相同,对此结论双方并无异议,故可以确认常荣公司并不侵犯生方公司主张的技术秘密点四。

(5) 关于技术秘密点五,“动接点和静接点的高度的组合”。根据沪科技咨询服务中心(2014)鉴字第32号《技术鉴定意见书》,常荣公司提供的与送鉴产品相符的技术图纸所记载的相关技术信息与生方公司主张的技术秘密点五并不相同,且双方对此未有异议,故可以确认常荣公司并不侵犯生方公司主张的技术秘密点五。

通过对5个技术秘密点的比对分析(表6-5),法院判决:确定常荣公司生产HPA-530空调压缩机内置热保护器产品的行为不侵犯生方公司商业秘密,常荣公司胜诉。

表6-5 5个技术秘密点比对认定情况

技术秘密点	比对认定情况
技术秘密点一	不相同
技术秘密点二	公知技术信息
技术秘密点三	不相同
技术秘密点四	公知技术信息、不相同
技术秘密点五	不相同

1.3 持续10年的“拉锯战”宣告结束

2015年11月，生方公司不服原审判决，向江苏省常州市中级人民法院提起上诉，要求撤销原审判决，依法改判常荣公司侵犯其商业秘密的事实。二审法院判定：生方公司的上诉理由均不能成立，不予采纳。原审判决查明事实清楚，适用法律正确，判决并无不当，维持原判。

2017年5月，江苏省高级人民法院做出民事裁定，驳回生方公司的再审申请。至此，持续10年的“拉锯战”正式宣告结束。

法律篇

新员工梓琦刚到常荣公司研发部工作，工作中经常向邻桌的老员工赵师傅学习请教，在听到同事们聊起这场持续了10年的专利纠纷后十分好奇，一脸困惑地问赵师傅：“2009年淄博中院一审时，法院是依据什么做出的判决呢？到底什么样的行为才算侵犯了他人的专利权呢？而且市场上相似的产品多如牛毛，为什么单单只说我们的产品落入了他们专利权的保护范围呢？”

赵师傅满眼喜爱地看着梓琦：“你这个小伙子求知欲还挺强，没两把刷子还真应付不了你，我水平也有限，今天刚好有空，我就给你讲讲案件中涉及的法律知识吧。”

2.1 侵犯专利权纠纷的法律依据

赵师傅点上一根烟，说道：“2009年在接到上诉以后，淄博中院便查明了几个事实。首先，生方制作所是专利号为ZL 94116451.9密封电驱动压缩机的热保护器，发明专利的专利权人，该专利现处于有效期内；其次，当时市场上只有常荣公司一家使用‘HPA’为热保护器编号，且公司当年在官网上公布的产品照片也与涉案产品的结构相同，基本可以确定涉案产品是常荣公司生产，依照《专利法》第十一条规定：'发明和实用新型专利权被授予后，任何单位或者个人未经专利权人许可，都不得实施其专利，即不得为生产经营目的的制造、使用、许诺销售、销售、进口其专利产品，或者使用其专利方法以及使用、许诺销售、销售、进口依照该专利方法直接获得的产品。'我们涉嫌生产生方公司的产品，所以才被他们告上了法庭。至于，市场上那么多相似的产品，为什么就盯上了我们？也许是因为我们销售成绩引起了对方的注意，也许是因为我们的研发方向引起了对方的警惕，总之，商场如战场，先发制人确实是一种商战策略。不过，依照2008年《专利法》第五十九条第一款规定：'发明或者实用新型专利权的保护范围以其权利要求的内容为准，说明书及附图可以用于解释权利要求的内容。'所以当时的争议焦点只剩下涉案被控侵权热保护器（HPA-530）是否落入涉案专利权（ZL94116451.9）的保护范围（见表6-6），这将成为我们是否被判侵权的最终标准。生方公司在庭审时明确要求按照其涉案专利的权利要求1记载的技术方案确定该项专利权的保护范围，划分出之前所述的6个技术特征。"

表6-6 淄博中院一审判决结果

淄博中院一审案件的争议焦点	判决结果
一，涉案被控侵权热保护器是否为常荣公司制造、销售	是
二，涉案被控侵权热保护器是否落入涉案专利权的保护范围	是

2.2 专利侵权技术认定标准

"那在山东高院为什么又改判了呢？是技术认定的标准发生了更改吗？法院在进行技术认定时具体是如何操作的呢？"梓琦紧追着问道。

赵师傅不慌不忙地继续说道："其实，依照2008年《最高人民法院关于审理侵犯专利权纠纷案件应用法律若干问题的解释》第七条的解释，人民法院判定被诉侵权技术方案是否落入专利权的保护范围，应当审查权利人主张的权利要求所记载的全部技术特征。被诉侵权技术方案包含与权利要求记载的全部技术特征相同或者等同的技术特征的，人民法院应当认定其落入专利权的保护范围；被诉侵权技术方案的技术特征与权利要求记载的全部技术特征相比，缺少权利要求记载的一个以上的技术特征，或者有一个以上技术特征不相同也不等同的，人民法院应当认定其没有落入专利权的保护范围。当时我们认为法院的判决并不公正，有权利向更高一级的人民法院起诉，我们讨论后决定抓住几个关键点说事，其中最重要的就是涉案被控侵权热保护器的技术特征与涉案专利权利要求1记载的技术特征既不相同也不等同，未落入涉案专利权的保护范围。然后再进一步，我给你解释一下什么叫等同特征，依照2008年《最高人民法院关于审理专利纠纷案件适用法律问题的若干规定》第十七条规定，等同特征是指与所记载的技术特征以基本相同的手段，实现基本相同的功能，达到基本相同的效果，并且本领域的普通技术人员无需经过创造性劳动就能够联想到的特征。

山东高院认为，想要确定我们产品的技术特征与涉案专利的技术特征是否构成相同或等同，应当将我们产品的技术特征与对方专利权的技术特征进行一一比对。在淄博中院一审及山东高院二审中，双方当事人对于两者除支架结构外的其他技术特征均相同并无异议，主要争议点就在于两者的支架技术特征是否构成相同或等同。也就是说，两者之间存在着不同的技术特征就是扭转局面的关键。

因此，法院判定我们制造的HPA-530型热保护器的技术特征与涉案专利的技术特征既不构成相同也不构成等同，没有落入涉案专利权的保护范围，一审（淄博中院）判决认定事实错误，判决结果不当，程序上存在瑕疵，应予纠正。”

2.3　商业秘密侵权的法律依据

梓琦豁然开朗，心中的疑惑逐渐解开，说道：“这次的胜诉，为我们后来的反击奠定了很好的基础。所以为了反击生方公司对我们的指控，避免更不利于我们公司的情况出现，我们同样先发制人，主动向法院起诉，请求常州中院确定我们生产的HPA-530产品不侵犯生方公司的商业秘密。这我算是明白了。但这次的官司为什么又放置在常州中院打了呢？知识产权侵权案件的管辖权问题该如何界定呢？”

赵师傅又点上了一根烟，示意着，这是下一场纠纷了，“其实在此之前，双方也都提及过管辖权异议，我们双方都希望把官司带回自己身边打，这其中的具体原因嘛，一会儿再和你讨论。我先给你介绍一下管辖权相关的法律吧。依照《最高人民法院关于审理专利纠纷案件适用法律问题的若干规定》的第五条规定，因侵犯专利权行为提起的诉讼，由侵权行为地或者被告住所地人民法院管辖。侵权行为地包括：被诉侵犯发明、实用新型专利权的产品的制造、使用、许诺销售、销售、进口等行为的实施地；专利方法使用行为的实施地，依照该专利方法直接获得的产品的使用、许诺销售、销售、进口等行为的实施地；上述侵权行为的侵权结果发生地。我们常荣公司地处江苏省常州市，属于侵权行为实施地，生方公司位于浙江省宁波市，属于专利方法使用行为的实施地，在这两个地方的人民法院均享有管辖权。”

“那什么算商业秘密呢？又是什么样的行为会被认定为侵犯商业秘密呢？”梓琦又问道，赵师傅慢慢回答：“商业秘密是一个企业非常重要的知识产权，有时候甚至是一个企业生存的命脉。在这场官司中，所称的商业秘密，是指不为公众所知悉、能为权利人带来经济利益、具有实用性并经权利人采取保密措施的技术信息和经营信息。生方公司认为我们采用不正当手段获取了他们的商业秘密并投入到商业化生产中，对他们的知识产权造成了损害。”

“哦，哦，我懂了！商业秘密就是指大家都不知道的技术或者信息。但是，这个界定范围好模糊呀！有没有具体一点的规定或者界限呢？究竟什么样的信息才是‘不为公众所知悉’的呢？”梓琦好奇地问道。

赵师傅严谨、认真地说道：“其实，明确规定一个信息是否真的不为公众所知悉，有点难，目前也没有统一的定义。但是可以用排除法，将它认定为不构成不为公众所知悉。比如：该信息为其所属技术或者经济领域的人的一般常识或者行业惯例；或者该信息仅涉及产品的尺寸、结构、材料、部件的简单组合等内容，进入市场后相关公众通过观察产品即可直接获得；或者该信息已经在公开出版物或者公开的报告会、展览或其他媒体上公开披露；或者该信息可以从其他公开渠道获得，甚至有时候无需付出任何代价。在排除了显而易见的‘错误答案’后，我们基本就可以确定该信息是否真的不为公众所知悉了。”

“最终，在对生方公司此前主张的 5 点商业秘密进行侵权认定后，常州高新区法院判决确定常荣公司在 2009 年 4 月至 2011 年 7 月间生产的 HPA-530 空调压缩机内置热保护器产品的行为不侵犯被告生方公司商业秘密。”赵师傅脸上露出了胜利的微笑。

商事篇

“这场风波终于结束了！我觉得在经历了这一系列事件以后，我们公司对于知识产权的保护意识一定更上一层楼了!”梓琦自豪地说道。赵师傅也一脸欣慰地说：“确实如此呀，在打过这几场重要的战役以后，公司的管理制度更加完善了，在面对知识产权纠纷问题时也有了更系统的应对方案。”

3.1　企业陷入专利侵权纠纷时的应对措施

梓琦又投来了求知的目光，问道：“赵师傅，那企业该如何经济有效地保护好自己的专利权呢？在发现有人侵犯了我们的专利权以后，该采取何种手段和措施维权并降低损失呢？既然生方公司使用专利权来打压我们，那么专利权能否变成市场竞争中的一把武器呢？在下次我们被指控侵权时，该如何制定系统的应对方案呢?”

3.1.1　知识产权侵权保护

赵师傅说道：“问得好呀！及时发现专利侵权行为，并进行及时有效的维权，是企业知识产权得以可持续发展的保障。在发现企业的专利权遭到侵犯以后，可以选择以下制止侵权的途径。比如，可以请求行政机关查处。之前在本案中，生方公司就曾先后两次向国家工商总局投诉我们侵犯其商业秘密，这种对自己利益的敏感，还是很值得我们公司学习的。但同时，我们也要知道，对于这类案件的诉讼是非常耗费精力的，应该保护自己的权益，但过度维权也会耗费公司内在的'精力'。生方公司对我们的诉讼，其中就不免有过度维权之嫌，而我们的最终胜利，也正提醒了所有参与者，凡事都要有一个度。

2010年，这件案子被国家工商总局转交江苏工商行政管理局、浙江省工商行政管理局经济检查局调查，随后又被转交常州市工商行政管理局调查，调查权的层层下放其实也提醒着我们，此类诉讼案件占用了大量公共资源的现实。我们被投诉涉嫌侵犯商业秘密行为，继而主动请求法院介入，在某种程度上提前结束了这场纠纷。毕竟诉讼是处理知识产权侵权最为激烈的方式，也是对侵权人最有威慑力的手段。由知识产权侵权而引发的诉讼主要有两种：一种是民事诉讼，由权利人提起；另一种是刑事诉讼，由公安机关立案侦查，并由检察机关提起公诉。本案中我们涉及的诉讼都属于民事诉讼，由各自的权利人主体提出，最终得到的也是民事判决。

"通过诉讼，我们最终锁定胜局，也让这场10年纠纷最终停止了。"

3.1.2 知识产权诉讼攻击

赵师傅接着补充说道："不过，这场10年纷争，也不能不说是经验满满。在发现市场上有人侵犯了我们自己的专利权时，不要慌张，要做到心中有数，仔细考虑好以下几点。"

"首先，要明确提起侵权诉讼的目标。在发动知识产权侵权诉讼之前，企业应当明确自己提起诉讼的目的是什么？比如，是增加市场份额，还是争取许可使用费？还需要评估自己的这些目标能否通过知识产权侵权诉讼得以实现。有时，企业是为了获得可观的侵权赔偿才提起侵权诉讼。有时，企业是为了驱逐不正当竞争，在这种情况下，企业并不在意能否拿到赔偿，关键是要借机打压竞争对手，消除无序的仿冒竞争。还有可能，企业是为了争夺市场份额，有的企业发动知识产权侵权诉讼，是为了将竞争对手挤出市场，独占天下，从而在市场上形成稳定的垄断地位。还有可能，企业是为了损害被告形象，知识产权纠纷现已成为媒体报道的重点，被告可能因此深受其害，不仅有损长期树立的商业形象，而且可能动摇客户的信心。还有一种心理战术，比如，震慑侵权人，侵权诉讼是一个强烈的信号，可以给已有的或潜在的侵权人施加压力，有效减少自己的维权成本。知识产权诉讼的商业目的非常复杂，除上述一些商业目的外，知识产权权利人还可能根据具体的个别化的商业考虑，发动知识产权侵权诉讼。如果是作为原告的一方，企业应当考虑金钱和时间的预算，应当对诉讼的成本与收益进行理性分析，不可盲目行动。企业必须自问：诉讼目标到底是什么？诉讼策略是否与其目标一致？采取这些诉讼手段必须支付哪些额外的成本？它可以产生什么样的利益？在我们这场10年纠纷中，生方公司向我们提起诉讼的目标可能有获得侵权赔偿、驱逐不正当竞争、争夺市场份额、消耗被告资源、损害被告形象、震慑侵权人；我们提起诉讼的目标有获得侵权赔偿、驱逐不正当竞争、震慑侵权人。

“其次，要尽快收集侵权证据。在发现侵权活动时，收集固定证据的方式有很多。通常，在知识产权诉讼中，证据的收集主要有证据保全公证、利用行政查处搜集证据、请求法院保全或调取证据等渠道。还记得吗？之前生方公司就曾采取过‘利用行政查处搜集证据’的渠道，他们利用工商部门的行政权力，使工商部门对我们的产品进行了现场调查和抽样取证，尽管我们觉得有所不当，但他们确实通过这种手段掌握了我们的一手证据。

最后，应确定诉讼的管辖法院。按照法律的规定，权利人提起诉讼，既可以选择被告住所地人民法院，也可以选择侵权行为地人民法院，而侵权行为地又包括侵权行为实施地和侵权结果发生地。不要以为在哪里打官司效果都一样，选择一个有利的诉讼地点，也是诉讼成功的一个重要因素。一要考虑地点的便利性，如果企业把远在千里之外的被告拉到本地或自己方便的地方诉讼，不仅出庭方便、文书传递方便,而且可以节省很多外地诉讼的差旅费用支出。二要考虑法院因素,法院的倾向、审判水平、办事效率及其法官的素质对诉讼的发展和结果都很重要。"

3.1.3 知识产权诉讼防御

梓琦补充说道:"在这次风波之后,我看了一些相关书籍,也有了全新的启发,我认为下次我国企业如果再遇到这种被诉侵权的案件,应该制定以下应对方案。首先,应检查程序上能否提出异议。例如,能否提出主体资格异议?或者能否提出管辖权异议?这样不仅能够为企业之后的辩护争取更多的时间,也可能会给企业带来有利的抗辩。其次,应努力寻找知识产权侵权抗辩的理由。比如,专利权已经失效的抗辩,或者未落入保护范围的抗辩。如果运用全面覆盖原则比较原告专利(发明专利与实用新型专利)与被告涉嫌侵权物(产品或方法),发现涉嫌侵权物缺少原告专利权利要求中所记载的技术特征,或者涉嫌侵权物的技术特征与原告专利的技术特征相比,有一项或者一项以上的技术特征存在本质区别(排除等同原则的适用);或者通过比对分析,发现被告侵权产品的外观与原告外观设计专利(以表示在专利申请文件中的图片或者照片中该产品的外观设计为准)不相同或不近似,那么根据《专利法》的规定,被告的产品未落入原告专利权的保护范围,可以据此主张不侵权。"

赵师傅补充道:"山东高院之所以改判,就是因为常荣公司抓住了这个'未落入保护范围的抗辩',双方围绕是否落入保护范围进行了激烈的辩论,最后常荣公司胜诉。"

梓琦继续说道:"最后,应想办法反击对方的侵权指控。当企业被别人告上法庭时,在传统上都会使外界产生负面的联想,因为一般人都对被告有着一种先入为主的负面印象。当年生方公司在指控我们侵权时,我们的商誉因此受到了不小的影响。所以,我们不能总是一直坐在被告的位置上,为了及时止损,恢复声誉,我们需要反攻,发起针对生方的挑衅,反击对方的知识产权侵权指控,目的除了扭转被动的局面外，也是打压对方咄咄逼人的气势，甚至迫使其坐到谈判桌前，促成双方的和解谈判。当时，我们常荣公司就采取了请求确认不侵犯知识产权的措施。

“在最高人民法院颁布的《民事案件案由规定》(法发〔2008〕11号)中，确认不侵犯专利权纠纷、确认不侵犯注册商标专用权纠纷、确认不侵犯著作权纠纷已经作为独立的民事案由列入其中。在现实世界中，有些权利人四处散发知识产权侵权的警告函，威慑竞争对手及其客户，但并不打算与之走上法庭，或者通过其他途径辨明知识产权侵权的是非、协商解决争议的办法。如此一来，受到侵权警告但又无辜的企业却背上了侵权的黑锅，并且无处争辩是非，陷入被动的境地，不仅商业信誉严重受损，而且大量客户因担心侵权问题纷纷流失。为了变被动为主动，受到侵权警告的企业提起诉讼，请求确认不侵犯知识产权诉讼，便成为脱离侵权这个泥潭的重要法宝。当年生方公司滥用行政程序，恶意打压作为竞争对手的我们，于2007年向工商部门举报我们侵犯其商业秘密，于是常州市工商局等部门联合行动，执法队伍包围了我们的各个区域，使我们的生产陷于停顿。生方公司在工商局行动后，向我司的客户散布‘常荣公司因为侵犯商业秘密已被工商局查处’的信息。2010年，生方公司再次要求工商局查处我司，并进行技术鉴定。同年9月，常州市工商局等再次采取联合行动，扣押了我司流水线上的产品。当常州市工商局决定进入商业秘密技术鉴定程序时，生方公司却莫名其妙地拒绝进入鉴定程序。生方公司的上述恶劣行为，严重干扰了我司的正常生产经营，同时使我司在行业内的商誉受到严重损害。生方公司的行为不是为了维护其商业秘密的正当权利，而是以此为手段打压、干扰竞争对手。为防止生方公司将公权力沦为其恶意打压竞争对手的工具，故我司诉至法院，请求法院确认常荣公司生产的HPA-530产品不侵犯生方公司的商业秘密。”

3.2 商业秘密保护体系的构建

梓琦又补充说道：“我认为商业秘密是企业的无形资产，用好、管好商业秘密对企业的生存发展十分重要。在江苏省的两次审判中，虽然我们并没有侵犯生方公司的商业秘密，但是也给了我们足够的启示，对于企业商业秘密的保护应当做好哪些工作呢？”

赵师傅意味深长地说：“作为知识产权三大支柱的著作权、专利权和商标专用权，无一例外地以清楚明白的方式告诉世人它们的存在。商业秘密则从另一种角度提示着人们，即使是秘密，即使存在的方式不为人知，但是它依然成为知识产权领域不可缺少的重要组成部分。与传统知识产权的三大支柱相比，商业秘密的经济目的更强。将其称作秘密实际就是表达对泄密可能造成经济价值的丧失的潜在担心。

“首先，要明确企业商业秘密的内涵、范围及分类。对商业秘密的内涵要有明确的解释，对于哪些属于商业秘密要做出明确的界定，对商业秘密要有严格的分类标准，什么样的商业秘密属于绝密，什么样的商业秘密属于一般的秘密等，都要有明确的分类。另外，企业必须对其认为属于商业秘密的资讯采取一定的保密措施。在某些案件中，有无保密措施甚至成为诉讼胜败的关键。

“其次，要严格规定保密人员的责任。对负有保守商业秘密的人员的责任要有严格的规定，要求保密人员承担保密义务，在工作期间同企业签订保密合同，约定不得在同行的其他企业兼职，不得自行使用掌握的商业秘密为自己从事生产经营活动，在离退休和调离之后仍然履行有关保密义务等。此外，还可以制定商业秘密管理规定，让参加攻关项目的职工书写保守商业秘密保证书或者签订类似的协议书，凡是离职的员工必须将一切持有的文件及存储商业秘密的介质予以销毁或返还给公司等。这样既可以使人员合理流动，又可以对员工起到约束作用，同时在员工违反约定、泄露企业商业秘密时，协议就成为法院确认违法行为人违法行为的证据。

“再次，要严格执行接触商业秘密人员资格的审查制度。对接触商业秘密人员要进行资格的审查，一方面要健全资格审查的手续，另一方面要对相关人员的品行、履历、言行举止等进行细致的考察。作为商业秘密的保密人员，必须要有优秀的品德和守口如瓶的责任意识。

“最后，要建立严密的安全防卫制度。建立严密的安全防卫制度是企业保护商业秘密的基本措施之一。一是加强入门管理，即从进入企业大门开始对来访者进行监督，具体措施包括来访者的证件识别，入门后不得自由走动，来访者进入公司要由被访者带入，接待部门设监视系统等；二是加强内部监控，企业对其内部的重要区域，要采取现代先进技术进行严格监控，进一步限定进入者的资格。”

3.3　尾声

回首 10 年，知识产权纠纷对常荣公司产品的营销与推广影响很大，让常荣公司这样的民营企业在发展中分出了不少精力去应对此类困境。为了解决中小企业知识产权维权难、主张难的问题，国家对知识产权的重视从内容到机制，从制度建设到制度运行，都有了更完善的发展。法律、制度层面的进一步完善有助于知识产权案件中中小企业发展权益的保护，让中小企业在能够受惠于知识产权保护政策法律的同时，不陷入无谓的纠纷和耗泄的官司纠缠。

2017 年，长达 10 年的“常荣”拉锯战落下帷幕。2018 年，中共中央办公厅、国务院办公厅《关于加强知识产权审判领域改革创新若干问题的意见》，着力破解制约知识产权审判发展的体制机制障碍。2019 年，中共中央办公厅、国务院办公厅发布《关于强化知识产权保护的意见》，以前所未有的力度推动我国知识产权保护能力和保护水平的全面提升，力争到 2022 年，侵权易发多发现象得到有效遏制，权利人维权“举证难、周期长、成本高、赔偿低”的局面明显改观。2020 年，《专利纠纷行政调解办案指南》对多年来专利纠纷行政调解工作的有益经验与做法进行了系统梳理和总结，结合案例进行了详细讲解，并附录调解专利纠纷案件文书、参考文本，便于办案人员使用。2021 年，国家知识产权局联合公安部出台《关于加强协作配合强化知识产权保护的意见》，进一步深化知识产权管理部门与公安机关协作配合，加快构建知识产权行政保护与刑事司法有机衔接、优势互补的运行机制。国家知识产权局随后出台《重大专利侵权纠纷行政裁决办法》，自 2021 年 6 月

1日起，国家知识产权局正式受理重大专利侵权纠纷行政裁决案件。

与此同时，对于商业秘密保护的加强和完善也在稳步推进。2021年10月，国务院印发的《“十四五”国家知识产权保护和运用规划》中，商业秘密保护工程被设立为“十四五”期间的15个专项工程之一，指出要推动行业组织加强商业秘密保护自律，指导市场主体制定并严格执行全面的商业秘密管理制度，强化市场主体，特别是中小企业商业秘密保护意识。2021年12月，中国专利保护协会组织召开《企业商业秘密管理规范》专家讨论会，指导企业建立并完善商业秘密管理体系，实现业务全流程商业秘密管理，降低经营风险，实现知识产权保护、管理能力的提升，助力我国整体营商环境的改善。

经过10年的抗战，常荣公司在这场战役中逐渐成长起来，丰满了自己的羽翼。自2017年风波结束以后，常荣公司日益重视对于知识产权的保护，充分发挥知识产权对产品创新的保护作用。也许，这场纠纷，赢的不只是官司和常荣公司的未来，更标志着我国知识产权和商业秘密保护法律制度沿革的长路漫漫，未来可期……

案例启示

本案例是与专利权保护与商业秘密侵权相关的判例，常荣公司和生方公司均是生产压缩机保护器的电器企业。10年间，双方针对是否侵犯专利权和商业秘密多次发生纠纷并互相提起诉讼。本案例通过设置“故事篇”“法律篇”和“商事篇”向读者讲述了发生在山东和江苏两地案件的具体过程，为读者提炼并讲解了相关法律知识点，并就企业知识产权（专利权、商业秘密）保护相关策略进行了介绍和讨论，希望能够通过完整的案例叙述，使读者了解掌握知识产权侵权诉讼和企业知识产权管理的相关要点，增强读者的知识产权保护意识。

附录

附图 6-1　常荣公司 HPA-530 型热保护器

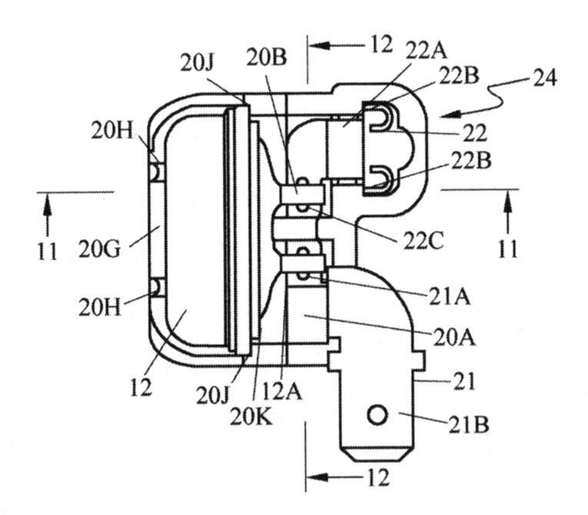

附图 6-2　生方公司密封电驱动压缩机的热保护器

案例 7

到底“听”谁的：华为与专利复审委员会的创造性之争

马荣康　于凯旋　孙秋蒙

引言

“我爱你，爱着你，就像老鼠爱大米……你喜欢这首歌曲吗？你想下载这首歌曲作为你的彩铃吗？快快拿起手机订购吧！”

自 2003 年彩铃业务进入中国后，用户反响极其强烈，彩铃广告充斥着电视荧屏，市场需求一度非常火爆。为了满足用户的个性化需求，需要不断改造和升级通信技术以支持彩铃业务的发展，于是各大通信公司竞相申请彩铃技术专利，试图从中分一杯羹。华为技术有限公司（以下简称华为公司）作为通信行业中的佼佼者，当仁不让地申请了不少彩铃相关专利并及时进行专利布局。但是，华为公司在 2008 年 7 月提交的名为“一种彩铃选择方法、系统及相关装置”（CN200810132469.5）的专利授权之路格外曲折。华为公司与专利复审委员会关于该专利是否具有创造性争执不下，最终华为公司一纸诉状将专利复审委员会告上了法庭。那么，法院做出了怎样的判决？在华为公司提出专利申请→复审→诉讼→复审的漫长时光里，通信技术日新月异，彩铃技术也从“听”升级到“看”，华为公司又是如何应对的呢？

故事篇

2001年5月，在韩国手机用户已经接近饱和的状态下，为了获得更多的利益，韩国SK电信的一个设备销售合作伙伴向其提出了开发彩铃业务的议案。起初，该议案因为技术问题和用户习惯受到了质疑，但恰好由于技术更新迭代问题得到解决，SK电信决定成为第一个“吃螃蟹的人”。在克服重重困难之后，2002年3月25日9时整，世界上第一项彩铃业务正式开通。出人意料的是，彩铃业务一经发布，市场反应相当不错，在免费试用期不到一个月的时间内用户就已突破30万名。正式定价之后，2002年9月，累计用户竟然达到了300万名之多[①]！

看到这片“蓝海”，2003年5月17日，中国移动首次在国内发布彩铃业务，在此之后，中国电信、中国联通也开通了此项业务。这项业务在我国同样十分火爆：申请开通此项业务的用户数量爆发式增长，甚至有用户为了抢注彩铃而熬夜至凌晨，以至于移动公司不得不采取措施限制每天的申请量。

根据以往经验，华为公司敏锐地意识到，彩铃业务的不断发展必然需要技术的支持，如果把这项技术申请专利不仅能有效防御竞争对手的进攻，还能削弱对方基础技术的商业价值。商场如同战场，专利是企业的武器，专利布局如同双方交战之前的排兵布阵，布局得当可笑

① 李正豪.彩铃.再造“金矿”[J].通信世界，2008(48)：45.

战沙场，反之则损失惨重，狼狈退场。在战场摸爬滚打20多年的老将华为公司深谙其中道理，在谋划一番后，华为公司便开始了专利布局战略行动。因此，2003年和2004年，华为公司分别率先申请了8项和24项关于彩铃的专利[①]。

面对如此火爆的局面，华为公司在2005年6月粗略地算了一笔账：目前约有320万名彩铃用户，按25%的渗透率计算，华为公司每月可从中获得120万元收入[②]。这实在是太让人心动了！

但是，2004—2005年这段时间，彩铃业务虽然仍然处于高速发展阶段，但已暗潮涌动。其间，彩铃业务开始出现大出大进的问题，用户入网量大，退网量也大。通过分析发现，用户退订彩铃主要存在以下三方面原因[③]：首先，新鲜度逐渐下降。彩铃业务是一种被叫用户申请、主叫用户欣赏的业务，被叫用户本身无法感受到彩铃带来的好处，所以，新鲜感过后退订是自然而然的事情。其次，彩铃业务不属于必需业务，用户对业务的忠诚感较低。与短信等必需业务相比，彩铃属于锦上添花的业务，用户好奇心强及追求时尚的心理期一过，用户退订也是预料之中的事情。最后，更换彩铃的成本较高。更换彩铃需要重新定制，换铃手段的单一、复杂，也影响用户换铃的积极性，从而影响到用户对彩铃业务的信心，产生了大量退订的情况。虽然正是因为痴迷某首歌曲才将其设为彩铃，可谁能顶得住这首歌天天轰炸耳朵呢？何况有的用户一天要打多个电话！“毁掉一首好歌的最佳方法就是把它设为起床铃声”，彩铃同样如此。因此，用户对彩铃技术提出了更高的要求：如果能随时选择不同的等候音就更好了！

为了实现这一技术效果，2008年7月11日，华为公司向国家知识产权局提交了“一种彩铃选择方法、系统及相关装置(CN200810132469.5)”

---

① 大为专利数据搜索引擎[EB/OL]．[2021-11-29]．http://www.innojoy.com/search/tablesearch.html.

② 华为运营商解决方案部．移动彩铃业务营销思路与实践[EB/OL]．(2018-03-10)[2021-11-29]．https://max.book118.com/html/2018/0309/156521318.shtm.

③ 楼揽月．彩铃业务发展探讨[J]．电信工程技术与标准化，2006(12)：75-77.

的专利申请，但这项技术的专利授权之路却格外曲折漫长。

2012年6月5日，国家知识产权局审查部门经实质审查后认为，该发明不符合《专利法》第二十二条第三款关于创造性的规定，因此驳回了该专利申请。

面对这一结果，华为公司表示不服，于是在2012年9月19日向专利复审委员会提出复审请求且没有修改申请文件。专利复审委员会于2012年12月26日接受复审请求，将该专利移交至原审查部门，然而原审查部门重新审查后依然认为该发明不具备创造性，坚持原驳回决定。于是专利复审委员会于2015年2月28日作出第83552号复审决定，维持国家知识产权局审查部门于2012年6月5日作出的驳回决定。

两次申请均被驳回的华为公司仍然不甘心，一纸诉状将专利复审委员会告上了法庭。北京知识产权法院在识别双方争议的焦点后，最终作出判决，判决撤销第83552号复审请求审查决定，同时责令专利复审委员会就该复审请求重新作出审查决定。

第83552号复审决定书被撤销后，专利复审委员会重新成立合议组对该案进行审查。在审查中，合议组发现该发明确实是具备创造性的，于是在2018年7月20日作出158140号决定，撤销对该专利申请作出的驳回决定，由国家知识产权局原审查部门继续进行审批程序。经过半年的审批程序，2019年2月12日，华为公司的这项专利申请最终获得了授权。

从2008年华为公司提出专利申请到2019年获得授权，这段漫长的时间里，彩铃技术也由“听”升级为“看”。在华为公司该项专利获得授权的前1年，即2018年3月28日，中国移动的视频彩铃业务正式上线。尤其是近年来借着5G技术的东风，加之视频彩铃用途广泛，其商业潜力不可限量。在5G技术和视频彩铃蓬勃发展的今天，华为公司又该何去何从？

法律篇

2.1 出师不利，屡次被驳

为了让彩铃更出“彩”，华为公司研发的“一种彩铃选择方法、系统及相关装置”旨在为主叫方提供选择彩铃类型的机会，在不同的音乐声中等待对方接听。于是，华为公司在 2008 年 7 月 11 日提交了该发明的权利要求书，企图抢占先机，弥补技术空白。本以为该技术方案能顺利通过国家知识产权局的审查，然而经过 4 年的漫长等待，结果却让华为公司大失所望。

经实质审查后，国家知识产权局于 2012 年 6 月 5 日驳回了该专利申请，其理由是：该技术方案不符合《专利法》关于创造性的规定。国家知识产权局在作出驳回决定时引用了对比文件 1(CN1905465A，“一种实现无话路迂回多媒体彩铃业务的方法及系统”)，该专利文件公开日为 2007 年 1 月 31 日。

面对这一结果，华为公司表示不服，于 2012 年 9 月 19 日向专利复审委员会提出复审请求，且没有对专利申请文件进行修改。经形式审查合格后，专利复审委员会于 2012 年 12 月 26 日接受复审请求，转送原审查部门。然而，原审查部门审查后仍然坚持原驳回决定。随后，专利复审委员会成立合议组对本案进行审理。

华为公司的这项技术到底具备创造性吗？合议组又将作出怎样的判断？

2.2 反复受挫，道阻且长

合议组经审查之后，也认为该技术方案不具备《专利法》关于创造性的规定，于是在 2014 年 5 月 6 日发出复审通知书，告知华为公司复审决定将维持原驳回决定。

在收到驳回消息后之后，华为公司根据复审通知书给出的意见撰写了意见陈述书，重点突出了该技术的创新点，并对权利要求书进行了修改。华为公司认为以下两点说明了该技术方案具备创造性：第一，对比文件1中，主叫方的呼叫请求中不能携带主叫需要的彩铃类型信息，而本技术方案能够弥补上述不足；第二，在本技术方案中，主叫方需要的彩铃类型还包括被叫方的信息，这项“特权”是无法在运营商处订购到的。合议组经再次审查后认为，对比文件1给出了采用部分区别特征来解决其技术问题的技术启示，于是在2014年9月29日第二次向华为公司发出复审通知书，指出修改后的权利要求书仍然不具备创造性。

经历了知识产权局审查部门两次驳回、合议组两次驳回后，华为公司仍不甘心，在2014年11月14日向专利复审委员会提交了意见陈述书，对该技术方案的创造性进行了补充说明：第一，对比文件1的技术方案中主叫方更换彩铃时需重新订购，且操作麻烦，而本技术对此进行了改进，即主叫方可以随时决定哪首歌曲作为自己的等候音，且节约信令；第二，现有彩铃技术尚不能实现本方案中的“主叫方需要的被叫方信息”。

出人意料的是，合议组坚持认为华为公司所谓的“创造性”理由不成立。原因如下：第一，在通信领域，将主叫方需要的彩铃类型包含在呼叫请求中实现主叫方即时定制彩铃，是该专利申请的申请日之前本领域技术人员可以预期的技术效果，并不需要付出创造性劳动；第二，在通信领域，实现主叫方在呼叫接通之前获得被叫用户信息，是本领域技术人员容易想到的，同样不需要付出创造性劳动。

2015年2月28日，专利复审委员会作出第83552号复审决定，维持国家知识产权局2012年6月5日作出的驳回决定。那么华为公司的这项技术确实不具备创造性吗？华为公司是就此止步还是与专利复审委员会死磕到底呢？

2.3 对簿公堂，终见分晓①

屡屡碰壁的华为公司仍然不甘心，向北京知识产权法院提起行政诉讼。

2.3.1 各执一词，针锋相对

公堂之上，专利复审委员会先是概括了该技术方案的权利要求与对比文件1的区别特征：①呼叫请求包含主叫方需要的彩铃类型以及根据主叫方需要的彩铃类型发送彩铃信息；②主叫方需要的彩铃类型包括被叫方信息。基于上述区别特征，可以确定该技术方案实际要解决的技术问题是如何使主叫方便地选择彩铃并获得被叫方信息。华为公司对上述区别特征的概括无异议。

随后，专利复审委员会陈述观点：第一，在呼叫请求中包括定制信息，可以方便地、即时地对定制内容进行选择，这是本领域技术人员容易想到的，故区别特征①是本领域中的惯用技术手段；第二，主叫方在呼叫接通之前获得被叫用户信息是彩铃服务器对呼叫请求进行区别化处理的结果，故区别特征②也是通信领域的惯用技术手段。综上所述，与对比文件1和本领域惯用技术手段的结合相比，该技术方案不具备创造性。

然而原告华为公司诉称：第一，根据《专利审查指南》，公知常识包含相关领域的惯用技术手段和普通技术知识，且公知常识性证据仅限于教科书、技术手册、技术词典3种形式。专利复审委员会没有证明该专利和对比文件1二者的区别特征是通信领域惯用技术手段的公知常识性的证据，也并未充分说明理由。第二，第三代合作伙伴计划(3rd Generation Partnership Project，3GPP)是全球无线通信标准领域主要的标准组织之一，对于技术说明书和技术报告等都在其服务器中存档且在其官方网站公开，上述文档发布后，任何人均可在其官方网站无

① 知识产权司法保护网.北京知识产权法院行政判决书(2015)京知行初字第3495号[EB/OL].(2016-10-18)[2021-11-29]. http://chinaiprlaw.cn/index.php? id=4448.

限制地查阅并下载，其记载的技术方案即完成了《专利法》意义上的公开，可以认为 3GPP 标准文档中记载的技术方案均属于现有技术。由于 3GPP 标准文档尚未记载上述区别特征，因此区别特征①和②并不是通信领域惯用技术手段。

但是专利复审委员会仍然坚持驳回该专利申请，并在庭审结束之后提交了如下两份发明专利申请公开说明书作为参考，以说明本专利申请中的“呼叫请求包含主叫方需要的彩铃类型以及根据主叫方需要的彩铃类型发送彩铃信息”属于通信领域惯用技术手段：

(1) CN1852364A，公开日为 2006 年 10 月 25 日。其权利要求书中记载道：“主叫终端通过网络设备呼叫被叫终端，并在呼叫请求中携带用于表明由主叫终端播放个性化信息的业务标识。”

(2) CN101188809A，公开日为 2008 年 5 月 28 日。其权利要求书中记载道：“一种多媒体彩铃的实现方法，应用于下一代网络，其特征为‘在呼叫信令中添加媒体资源标识，通过呼叫信令将媒体资源标识推送到被叫终端’。”

2.4　明察秋毫，排患解纷

在审查发明是否具备创造性时，判断要求保护的发明对本领域的技术人员来说是否显而易见，通常可按照以下 3 个步骤进行：首先，要确定最接近的现有技术，即现有技术中与要求保护的发明最密切相关的一个技术方案；其次，分析要求保护的发明与最接近的现有技术相比有哪些区别特征，进而根据该区别特征所能达到的技术效果确定发明实际解决的技术问题；最后，从最接近的现有技术和发明实际解决的技术问题出发，判断现有技术整体上是否存在某种技术启示。鉴于华为公司对于将对比文件 1 作为最接近的现有技术，该专利申请权利要求与对比文件 1 的区别技术特征及该专利申请权利要求实际要解决的技术问题均不持异议，故法院认为该专利申请创造性的争议焦点在于现有技术是否存在相应技术启示。综合当事人诉辩主张，法院认为，争议焦点的解决需要从以下两个方面进行阐述。

第一，该专利申请涉及的通信领域技术更新速度很快，很可能未等到一项技术被教科书、技术手册、技术词典收录就已被通信领域的技术人员广泛接受并应用进而成为本领域的公知常识。在认定区别特征①和②是否属于本领域惯用技术手段时，强制要求专利复审委员会举出教科书、技术手册、技术词典等公知常识性证据过于苛刻，但专利复审委员会应当结合当时通信领域技术发展水平及该领域技术人员对上述技术特征的接受和应用程度充分说明理由。

第二，对于专利复审委员会在庭审后提交的两份专利文献，其形式上不属于《专利法》意义上的公知常识性证据，仅凭两份专利文献不足以说明区别特征①和②在该专利申请的申请日前已经是通信领域的惯用技术手段。

综上所述，北京知识产权法院认为，虽然3GPP标准文档并不符合《专利法》意义上公知常识性证据的条件，不足以证明区别特征①和②并非本领域惯用技术手段，但在华为公司已经提出异议的情况下，专利复审委员会既未举出公知常识性证据，也未进行充分说理，直接认定区别特征①和②均为本领域惯用技术手段，属于认定事实错误。

2016年7月19日，北京知识产权法院作出(2015)京知行初字第3495号判决，撤销第83552号复审请求审查决定，同时责令专利复审委员会就该复审请求重新作出审查决定。

2.5 尘埃落定，九转功成

第83552号复审决定被撤销后，专利复审委员会重新成立合议组对华为公司的该项发明进行审查，合议组经审查后，认识到对比文件1记载的技术方案不能在呼叫请求消息中包括主叫方需要的彩铃类型，也无法在彩铃中包含被叫方信息，因此对比文件1并未提供相应技术启示，目前也没有证据表明上述区别特征属于本领域的公知常识。

同时，基于上述区别特征，该技术方案产生了有益的技术效果：通过在呼叫请求中包含主叫方需要的彩铃类型，主叫方可以随时选择想彩铃，这可以提高用户的通话体验。因此，该技术方案符合《专利法》关于创造性的规定。最终合议组撤销驳回决定，于 2019 年 2 月 12 日授予其专利权。

那么，专利复审委员会为何在法院判决前后做出了截然相反的判断呢？

首先，专利文献形式上不属于《专利法》意义上的公知常识性证据，仅凭两份专利文献不足以说明区别特征①和②在该专利申请的申请日之前已经是通信领域的惯用技术手段，因此，专利复审委员会应当根据当时通信领域技术发展水平以及技术人员对上述技术特征的接受和应用程度来充分说明理由。因此，北京知识产权法院认为，在华为公司已经提出异议的情况下，专利复审委员会既未举出公知常识性证据，也未进行充分说理，直接在被诉决定中认定区别特征①、②均为本领域惯用技术手段，属于认定事实错误。

其次，专利复审委员会在进行创造性评价时，未遵循整体原则。审查员在专利审查时要遵循整体原则[①]，但在进入“三步法”的第三步之后，常常会忽视从整体上把握方案 A 与方案 B 之间的差别[②]。在本案中，专利复审委员会过于专注区别特征，忽视了发明的整体效果。该发明要实现的技术效果是通过主叫方发送需要的彩铃类型，彩铃服务器为主叫方提供相应的彩铃信息，提高用户体验。而对比文件 1 要实现的技术效果是降低多媒体彩铃业务对网络侧设备的要求，且设备投资小、成本低。可见，二者要实现的技术效果，一个是彩铃个性化定制，另一个是降低彩铃业务对网络侧设备的要求。因此两方案的整体效果不同，该发明具备创造性。

最后，专利复审委员会在进行创造性评价时，未注意技术问题的提出具有创造性。专利复审委员会的最终答复意见为：①将主叫方需

① 黄国群. 我国专利创造性判定中的整体性评审与模型构造研究[J]. 上海财经大学学报，2015，17(03)：105-113.

② 左萌，李琰. 浅析发明创造性审查中的争议点[J]. 电视技术，2013，37(S2)：357-360+365.

要的彩铃类型包含在呼叫请求中，使得主叫方可以实现对彩铃的即时定制，从而方便、即时地选择彩铃，并节约信令开销，是本领域技术人员容易想到的，不需要本领域技术人员付出创造性的劳动；②设置主叫方通过在呼叫接通之前可以获得的业务服务，例如，定制和播放彩铃，获得被叫用户信息，是本领域技术人员容易想到的，不需要本领域技术人员付出创造性的劳动。从以上答复可知，专利复审委员会认为该发明解决的技术问题是已知的现有技术，而实际上该发明技术问题的提出具备非显而易见性。在该专利申请以前，通信领域技术人员并没有关心和考虑该专利申请所记载的技术问题，即"通过主叫方发送主叫方需要的彩铃类型，彩铃服务器为主叫方提供相应的彩铃信息"。在大多数发明的创设过程中，其技术问题是不明确的，而发现这一技术问题的过程本身即具备非显而易见性①。如果发现该技术问题本身是需要创造性劳动的，那么即便解决的方法是现有技术的简单变形，也不能否定该发明方案的创造性，因此该发明具备创造性。

商事篇

3.1 专利布局，跑马圈地

就在华为公司与专利复审委员会对于这项彩铃技术是否具备创造性而争执不下甚至对簿公堂时，通信领域发生了天翻地覆的变化：随着智能手机、微信和QQ等社交软件的兴起，彩铃技术也逐步从传统的"听"向"看"升级。2016年中国移动在语音彩铃的基础上开始酝酿视频彩铃的试点，经过两年的不懈努力，2018年3月28日，一群憨态可掬的大熊猫出现在用户的手机屏幕上，这标志着中国移动的视频彩铃业务正式上线。伴随着5G浪潮的来袭，视频彩铃借着这股东风更

① 戴风友，梅洪玉. 专利创造性判定之研究[J]. 专利代理，2020(02)：29-32.

是欣欣向荣：截至 2021 年 10 月，视频彩铃用户已突破 4 亿名，月播放量 185 亿次[①]。

但视频彩铃应用领域绝不仅仅局限于通信领域，其跨行业的利他属性还有助于数字经济的发展。例如，戏曲节目《最美中国戏》、电影《我和我的父辈》借助视频彩铃引领主流文化传播，西湖、茶卡盐湖、长白山、九寨沟等旅游胜地的视频彩铃也将助力旅游业和区域经济的发展。视频彩铃还可用在工厂及相关基础设施巡检等场景中，通过向相关负责人上报机器或设备故障信息，使问题得到及时解决。因为承载信息丰富，视频彩铃还可作为商品线上体验与销售的平台。在未来，若现场生产园区视频平台、物流企业平台等与视频彩铃互通，可以溯源生产过程是否绿色环保、物流路径是否安全及时……

视频彩铃大潮之下，华为公司当初费尽周折才获得授权的彩铃专利“一种彩铃选择方法、系统及相关装置”难道终究是“竹篮打水一场空”吗？其实不然，这一专利仅仅是华为整个专利布局中的一颗棋子而已。

专利布局是指企业为了保护自身的创新成果，甚至希望通过专利实现技术垄断或改变自身在行业中的地位，对专利进行有机组合从而构建专利保护网的行为。企业常用的专利布局模式有如下几种。[②]

(1) 路障式布局：将实现某一技术目标所必需的技术方案全部申请专利。这种专利布局模式的维护成本低，但竞争者却可以通过回避设计绕过己方设置的障碍。

(2) 城墙式布局：为了抵御竞争者进入自己的技术领地，企业将实现某一技术目标的所有规避方案全部申请专利，以防止竞争者进行规避设计和寻找替代方案。

(3) 地毯式布局：将实现某一技术目标的所有技术解决方案全部

---

① 腾讯新闻. 视频彩铃：三大运营商和七大终端厂家为何纷纷发力？[EB/OL]. (2021-10-25)[2021-11-29]. https://new.qq.com/omn/20211025/20211025A03XC800.html.

② MBA 智库. 百科. 专利布局[EB/OL]. [2021-11-29]. https://wiki.mbalib.com/wiki/专利布局。

申请专利，构建围绕某一技术的专利保护网，阻止竞争者进入。

（4）丛林式布局：当竞争者掌握着基础性专利时，企业可以针对该专利申请大量外围专利以包围对方的基础专利；当己方掌握着基础专利时，企业在该专利周围抢先布置丛林专利以保护自己的基础专利。

实际上，专利布局并无固定的规则，企业应该根据所处的行业和自身的专利状况，综合各种因素合理规划，将基本专利布局模式进行各种组合，从而形成密不透风的专利保护网。良好的专利保护网不仅能保护技术成果不受侵犯，还能成为攻击竞争者的有力武器。

早在2004年，华为公司就提出了“一种实现视频彩铃业务的系统及方法（CN200410011697.9）”的专利申请。2018年中国移动视频彩铃面世不久，华为又相继申请了6项视频彩铃专利，企图提前在通信领域“跑马圈地”。从彩铃的“我选他听”到“我选我听”，再从“听”到“看”，显然华为公司围绕彩铃技术所申请的专利是组合运用了专利布局模式。

然而，专利布局作用的有效发挥离不开专利权的及时获取。尽管在语音彩铃最火爆时，华为公司就提交了更能满足用户个性化需求的“一种彩铃选择方法、系统及相关装置”专利申请，但当其在2019年2月获得授权时，专利的剩余有效期仅剩8年多[①]，专利审查周期过长严重阻碍了该专利创造性价值的发挥。在技术日新月异的通信领域，为了避免重蹈覆辙同时获得先发优势，如何缩短专利审查周期是包括华为公司在内的所有通信领域企业所面临的重要问题。

3.2 缩短周期，多管齐下

为了使专利价值得到及时发挥，专利审查周期当然是越短越好。然而“理想很丰满，现实很骨感”，因为从专利提交之日起会经过一段较长时间的审查，通常实用新型专利是5～8个月，外观设计专利是4～7

① 大为专利数据搜索引擎[EB/OL]. [2021-11-29]. http://www.innojoy.com/search/tablesearch.html.

个月，而发明专利的审查周期普遍较长，为 2～3 年[①]。据调查，2019 年上半年，我国发明专利的平均审查周期为 22.7 个月，高价值专利的平均审查周期为 20.5 个月。国家知识产权局也意识到了问题所在，2019 年 4 月 25 日，国家知识产权局局长申长雨在国家知识产权局开放日的活动致辞中提到：“2020 年，商标审查周期将压缩到 4 个月以内，达到经济合作与发展组织国家最快水平；未来 4 年，发明专利平均审查周期将压减到 16 个月左右，其中高价值专利审查周期将压减到 11 个月左右，这也将达到目前国际上最快水平。”为了快速获得专利权尽早发挥专利价值，华为公司未来可通过多种途径缩短专利审查周期。

3.2.1　专利预审制度

专利预审是指知识产权保护中心对提交申请的专利业务预先审查，审查员会对符合条件的专利进行审查。比如，审查文件是否符合要求，进行评估授权前景等。专利申请人在得到肯定答复的预审结果之后，再正式向知识产权局递交正式的专利申请，这个专利就将进入快速审查通道之中，从而缩短专利审查时间。

由于专利预审是加速审查程序中的特殊程序，因此所适用的专利申请客体也必然具有特殊性，这种申请客体的特殊性主要表现在两个方面：第一，限定了特殊的技术领域，主要集中在新一代信息技术、高端制造、生物医药、新材料、环保技术等 20 多个高端产业；第二，具有地域性，以申请人的所在地域不同，所能适用专利预审程序的具体技术领域也不同。另外，为了使审查周期的缩短达到极致，其程序设置也是极为特殊，主要表现在大幅度缩短了审查程序中各种期限的长度，而且这种缩短不但约束知识产权保护中心和国家知识产权局，还约束申请人一方。通过专利预审，在所有流程没有异常的情况下，发明专利授权周期缩短至 3～6 个月；实用新型专利授权周期缩短至 2 个月左右；外观设计专利授权周期缩短至 1 个月左右[②]。

---

① 乐知网[EB/OL]. [2021-11-29]. http://www.lzpat.com/zlsq/6533.htm.

② 北京四海龙知识产权[EB/OL]. [2021-11-29]. http://www.bjsihailong.com/.

目前，已有企业通过专利预审制度成功缩短了专利授权周期，德邦快递便是其中的典型代表[①]。2021年10月8日，作为在中国（济南）知识产权保护中心备案的企业，德邦快递通过快速预审通道申请的"一种激光切割头保护镜状态检测装置及检测方法"发明专利仅用了34个工作日便获得了授权。与以往发明专利常规审查程序所需的时限相比，授权周期缩减超90%，创造了目前全国发明专利审查周期最短纪录。

3.2.2 专利优先审查

2017年6月27日，国家知识产权局局务会审议通过了《专利优先审查管理办法》（以下简称《办法》）。根据《办法》，有下列情形之一的专利申请或专利复审案件，可以请求优先审查：

（1）涉及节能环保、新一代信息技术、生物、高端装备制造、新能源、新材料、新能源汽车和智能制造等国家重点发展产业。

（2）涉及各省级和设区的市级人民政府重点鼓励的产业。

（3）涉及互联网、大数据、云计算等领域且技术或者产品更新速度快。

（4）专利申请人或者复审请求人已经做好实施准备或者已经开始实施，或者有证据证明他人正在实施其发明创造。

（5）就相同主题首次在中国提出专利申请又向其他国家或地区提出申请的该中国首次申请。

（6）其他对国家利益或者公共利益具有重大意义的需要优先审查。

专利优先审查对于缩短专利审查周期效果明显。《办法》规定，国家知识产权局同意进行优先审查的，应当自同意之日起，在以下期限内结案：

（1）发明专利申请在四十五日内发出第一次审查意见通知书，并在一年内结案。

---

① 邦德获最快专利发明授权[J]. 锻压装备与制造技术，2021，56(05)：6.

（2）实用新型和外观设计专利申请在两个月内结案。

（3）专利复审案件在七个月内结案。

（4）发明和实用新型专利无效宣告案件在五个月内结案，外观设计专利无效宣告案件在四个月内结案。

如今，作为天生为5G而生的视频彩铃已与互联网深度融合，与抖音、腾讯视频、优酷视频、芒果TV、哔哩哔哩等100多家互联网头部平台达成合作，且通信领域技术更新速度快，满足《办法》规定中可申请优先审查的第三种情形，因此华为公司未来可通过专利优先审查缩短审查周期，从而抢占视频彩铃技术先发优势。

3.3.3 专利审查高速路

若华为想在国外申请彩铃专利，还可以通过专利审查高速路（Patent Prosecution Highway，PPH）。专利审查高速路是指若首次提交的专利申请中至少一项或多项权利要求被确定为可授权时，申请人可以向专利局对后续申请提出加快审查请求。

PPH具有加快审批、节省费用和授权率高的优势。从PPH请求到结案周期大约为12个月，授权率明显高于正常途径[①]，在目前已经启动的各国PPH试点项目中，除在韩国知识产权局提出PPH请求须缴纳请求费外，在其他各局提出PPH请求均无须缴纳PPH请求费。由于PPH大大减少了通知书发放次数，因此申请人可以减少答复的次数及产生的外方等费用。[②] 截至2021年1月1日，开通PPH业务的国家及地区共计55个，包括日本、韩国、德国、英国、美国和加拿大等。[③]

未来华为公司若想在国外申请视频彩铃专利，可首先确认目标国家或地区是否开通了PPH业务，如果该国家或地区属于PPH全球合

---

① 维正集团. 可以缩短专利申请授权时间的措施[EB/OL].（2020-07-13）[2021-11-29]. https://zhuanlan.zhihu.com/p/159134308.

② IPRdaily. 专利审查高速路（PPH）介绍（一）[EB/OL].（2017-03-15）[2021-11-29]. https://zhuanlan.zhihu.com/p/25775926.

③ unimoral. 专利审查高速路（PPH）[EB/OL].（2021-09-03）[2021-11-29]. https://zhuanlan.zhihu.com/p/406378422.

作网络成员之一，可根据目标国家或地区知识产权局的规定准备相关材料并提出PPH请求，从而达到缩短专利审查周期的目的。

除此之外，审查意见的答复也会影响授权周期，如果在收到审查意见通知书后没有及时答复，授权周期就会延长。举例来说，假设一件发明专利收到两次审查意见，那么第一次有15天加4个月的答复期限，第二次有15天加2个月的答复期限，如果两次都是在期限的最后一天才提交答复，那么光是答复审查意见就会耗费大半年的时间[①]。所以对于企业来说，找到专业的专利代理机构至关重要。

综上所述，企业要想利用专利武器克敌制胜，不仅要具有前瞻性的眼光，预测行业技术走向，尽早投入技术研发，还要压缩专利审查周期。在优胜劣汰的通信领域，各企业互竞雄长，唯有多管齐下才是万全之策。

案例启示

该案例围绕华为公司在2008年申请并最终于2019获得授权的一件彩铃专利，从故事篇、法律篇和商业篇对专利的创造性相关问题进行了讨论，对专利申请中公知常识性证据的举证、创造性的判定具有重要参考，也对企业进行专利布局和缩短专利审查周期具有一定启发。

1. 公知常识认定的注意事项

华为公司与专利复审委员会关于彩铃专利创造性的争议焦点在于现有技术是否存在相应的技术启示。最终，北京知识产权法院认为专利复审委员会判定该技术方案是惯用技术手段属于认定事实错误。首先，公知常识性证据仅限于教科书、技术手册、技术词典3种形式，专利文献在形式上不属于《专利法》意义上的公知常识性证据，仅凭两份专利文献不足以说明区别特征①、②在该专利申请的申请日前已经是

---

① 知乎.申请项专利需多长时间能被授权？[EB/OL].[2021-11-29].https://www.zhihu.com/question/265030802/answer/289389099.

通信领域的惯用技术手段。其次，该专利申请所涉及的通信领域技术更新速度极快，很有可能出现这样一种情况：一项技术还未等到教科书、技术手册、技术词典收录就已被该领域的技术人员广泛接受进而成为公知常识。但即便如此，专利复审委员会也应当根据当时通信领域技术发展水平及技术人员对上述技术特征的接受和应用程度来充分说明理由。因此，专利复审委员会提交的专利文献不属于公知常识性证据，也未进行充分说理，直接在被诉决定中认定区别特征①、②均为本领域惯用技术手段属于认定事实错误。因此，不能认为现有技术给出了技术启示，对于通信领域的技术人员来说，此项发明相对于现有技术并非显而易见，即具有突出的实质性特点。

2. 专利创造性审查的注意事项

审查员在进行创造性判定时，常常会出现以下错误。首先，审查员在专利审查时要遵循整体原则，但进入“三步法”的第三步后常常会忽视从整体上把握方案A与方案B之间的差别。其次，忽视技术问题的提出具备创造性。在大多数发明的创设过程中，其技术问题是不明确的，而发现这一技术问题的过程本身即具备非显而易见性。如果发现该技术问题本身是需要创造性劳动的，那么即便解决的方法是现有技术的简单变形，也不能否定该发明的创造性。因此，专利复审委员会败诉后重新审查时发现，之前审查时过于关注技术的区别特征，忽视了二者要实现的技术效果是不同的，该发明要实现为主叫方提供选择彩铃类型的机会，提高用户体验，而对比文件1则要降低实现多媒体彩铃业务对网络侧设备的要求，设备投资小、成本低。同时，专利审查员还忽视了该技术问题的提出具备创造性。在该发明申请以前，无人关注为主叫方提供彩铃类型选择的技术实现问题，但现实中彩铃业务无法实现个性化定制导致了用户忠诚度低。因此该技术问题的提出本身是具备创造性的。

3. 企业专利布局的启发

该案例还给企业的专利布局提供了一定启发，企业可通过专利布局来提升专利价值。在该案例中,华为公司紧跟技术发展趋势对彩铃技术进行专利布局,从语音彩铃到视频彩铃时代均可以最大化发挥专利的价值。目前,专利布局主要有路障式布局、城墙式布局、地毯式布局和丛林式布局,企业可根据行业发展现状和专利具体情况选择布局方式。例如,在行业发展初期,企业可以采用地毯式布局,将实现某一技术目标的所有技术解决方案全部申请专利,构建围绕某一技术的专利保护网。使竞争者在进行专利布局时无法绕过企业掌握的基础专利,同时还可以削弱竞争者的专利价值。专利布局基本原则是根据整个市场的专利状况、自身的专利状况,包括财力、人力及相关因素的综合考虑进行合理的规划。各种基本的专利布局之间可以进行各种组合或变形,从而形成一个专利保护网。优秀的专利保护网应该有两个功能,一是防护自身的专利或非专利技术不受侵犯,二是能够成为攻击竞争者的根据。这个"网"做得越好,发挥的作用就越大。

4. 企业缩短专利审查周期的途径

在该案例中,华为的彩铃专利从申请到最终获得授权花费了 11 年时间,此时该专利已经错过了彩铃业务发展的高峰期。虽然该专利赶上了视频彩铃的发展,但并非所有专利都能赶上第二次发展机遇,因此,缩短专利审查周期刻不容缓。企业可以通过缩短专利审查周期来提升专利价值。目前我国缩短专利审查周期的渠道主要有 3 种:专利预审、专利优先审查、专利审查高速路。企业可根据业务发展选择合适的渠道。具体而言,在知识产权保护中心辖区内的单位和企业可以采用专利预审渠道缩短专利审查周期;不符合专利预审渠道的专利,涉及各省级和市级人民政府重点鼓励的产业时,可采用专利优先审查渠道缩短专利审查周期。若想在国外缩短专利审查周期,可以通过专利审查高速路渠道。根据受理局具体选择常规 PPH 途径或是 PCT-PPH 途径,然后根据受理局要求选择合适时机提交 PPH 请求,加快对专利的审查。

附录

附录 1　案例中争议专利说明书摘要及技术图示①

文件	发明专利申请公布说明书摘要	技术图示
对比文件1	**“一种彩铃选择方法、系统及相关装置”** 本发明实施例公开了一种彩铃选择方法、系统及相关装置；以方法实施例的实现为例：接收主叫方发起的呼叫请求，所述呼叫请求包含主叫方需要的彩铃类型；向彩铃服务器发送所述主叫方需要的彩铃类型；获取彩铃服务器根据所述主叫方需要的彩铃类型发送的彩铃信息；发送所述彩铃信息给主叫方。本发明实施例具有如下技术效果：通过主叫方发送主叫方需要的彩铃类型，彩铃服务器为主叫方提供相应的彩铃信息，实现为主叫方提供选择主叫方需要彩铃类型的机会，提高了用户体验	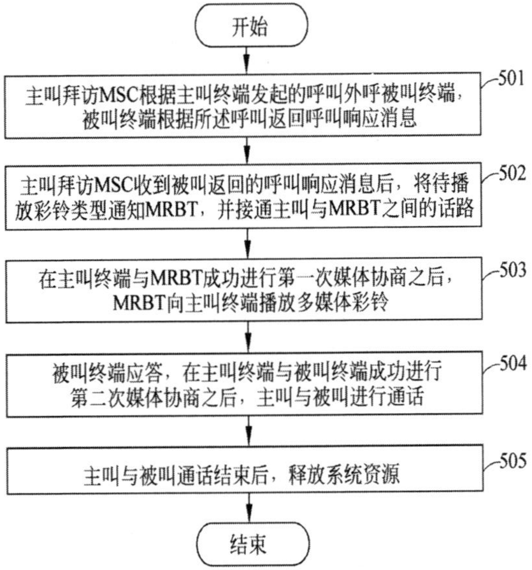 开始 501 主叫拜访MSC根据主叫终端发起的呼叫外呼被叫终端，被叫终端根据所述呼叫返回呼叫响应消息 502 主叫拜访MSC收到被叫返回的呼叫响应消息后，将待播放彩铃类型通知MRBT，并接通主叫与MRBT之间的话路 503 在主叫终端与MRBT成功进行第一次媒体协商之后，MRBT向主叫终端播放多媒体彩铃 504 被叫终端应答，在主叫终端与被叫终端成功进行第二次媒体协商之后，主叫与被叫进行通话 505 主叫与被叫通话结束后，释放系统资源 结束

① 大为专利数据搜索引擎[EB/OL]. [2021-11-29]. http://www. innojoy. com/search/tablesearch. html.

续表

文件	发明专利申请公布说明书摘要	技术图示
焦点技术方案	**“一种实现无话路迂回多媒体彩铃业务的方法及系统”** 本发明公开了一种实现无话路迂回多媒体彩铃业务的方法,该方法包括以下步骤：主叫拜访 MSC 根据主叫终端发起的呼叫/外呼被叫终端,被叫终端根据所述呼叫/返回呼叫响应消息；主叫拜访 MSC 收到被叫终端返回的呼叫响应消息后,将待播放的彩铃类型通知 MRBT,并接通主叫终端和 MRBT 之间的话路；在主叫终端与 MRBT 成功进行第一次媒体协商之后,MRBT 向主叫终端播放多媒体彩铃。本发明还同时公开了一种实现无话路迂回多媒体彩铃业务的系统。应用本发明能够使网络侧设备采用与话音彩铃完全一致的话路控制方式提供多媒体彩铃业务,降低实现多媒体彩铃业务对网络侧设备的要求,设备投资小、成本低	301 接收呼叫请求 302 发送主叫方需要的彩铃类型 303 获取彩铃信息 304 发送给主叫方

附录 2 专利申请、审查流程

依据《专利法》,发明专利申请的审批程序包括受理、初审、公布、实审及授权 5 个阶段。实用新型专利或者外观设计专利的申请在审批中不进行早期公布和实质审查,只有受理、初审和授权 3 个阶段。其中发明专利的申请、复审流程如附图 7-1。

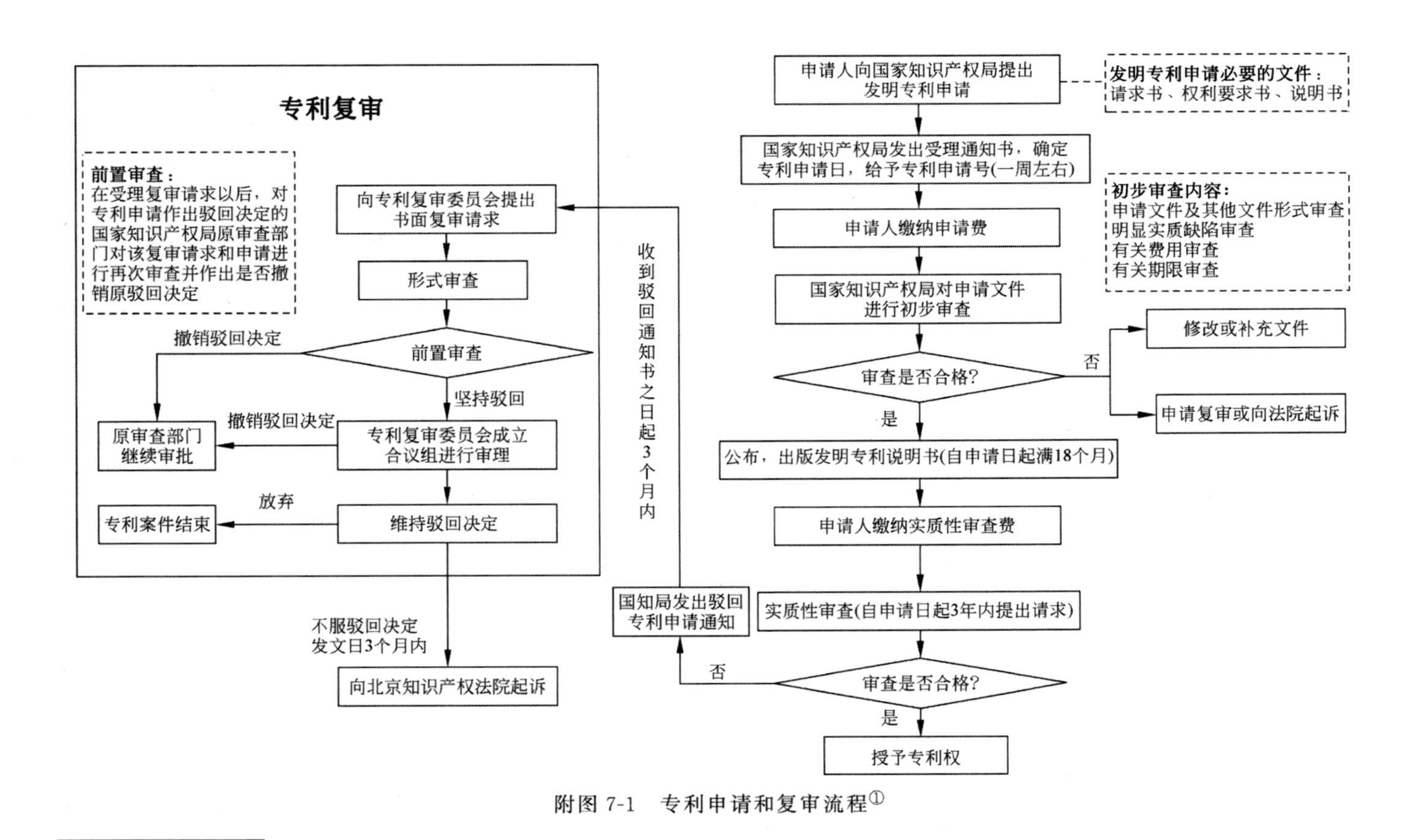

附图 7-1　专利申请和复审流程①

① 根据国家知识产局专利申请程序和专利复审流程图整理。

附录 3

附表 7-1 专利预审和专利优先审查①

	专利预审	专利优先审查
主管部门	各地方知识产权保护中心	各省知识产权局
适用对象	本地专利申请重点扶植产业	各省重点扶植产业
简介	(1) 企业先去知识产权保护中心备案； (2) 知识产权保护中心预审； (3) 通过预审后向国家知识产权局正式提交专利申请	发明专利必须公开并进入实质审查阶段
加快结果	发明专利：3～6 个月	发明专利：6～12 个月
	实用新型专利：2 个月左右	实用新型专利：1～2 个月
	外观设计专利：1 个月左右	外观设计专利：几天

① 根据专利预审制度和《专利优先审查管理办法(2017)》整理。

案例8

中集大“吉”、胜狮难“胜”：德国“漏水器”专利的中国故事

王　茜　孙玉涛

引言

2022年2月，山东省青岛市中级人民法院的一纸民事裁定书，让上海中集冷藏箱有限公司（以下简称中集公司）和上海胜狮冷冻货柜有限公司（以下简称胜狮公司）之间的专利纠纷暂时告一段落。实际上，两者之间的恩恩怨怨已经持续了10多年。

2003年8月12日，德国瓦工堡埃尔策两合公司（以下简称德国瓦工堡公司），在上海第二中级人民法院，对胜狮公司提起侵权诉讼[（2003）沪二中民五知初字第169号]。中集公司作为德国瓦工堡公司“用于货物集装箱的自动排水装置”专利技术（简称“漏水器”专利，专利申请号CN97122647.4，专利号ZL97122647.4）在中国的独占许可方，面对竞争对手胜狮公司的侵权行为，选择由德国瓦工

堡公司代为“出征”,对胜狮公司提起专利侵权诉讼,自己则站在幕后予以支持[①]。在已被诉讼方掌握侵权证据的不利开局情况下,胜狮公司能否“逆转乾坤”,从这次专利诉讼中全身而退呢?中集公司会一直藏在幕后吗?德国“漏水器”专利的中国故事拉开了知识产权诉讼的大幕。

故事篇

1.1 世界集装箱制造中心转移,中集公司积极寻求技术专利保护

20世纪70年代,日本是全球集装箱制造中心,之后韩国、中国台湾逐渐取代日本,成为集装箱领域新的制造中心。20世纪90年代,中国内地集装箱行业进入发展快车道,以中集集团为代表的集装箱制造企业异军突起。凭借自身的低成本制造优势和对行业发展的准确预期,中集集团在干货集装箱领域“独占鳌头”。然而,经过长时间的发展,集装箱行业已经进入成熟期,需求放缓、成本骤增、业内竞争激烈、利润空间被严重挤压等种种不利情况成为行业发展的真实写照。

在这一行业竞争背景之下,中集集团于1995年筹建了中集公司(即本案原告),选择向集装箱的中高端领域——冷藏箱进军,以求获得更大的利润空间。作为一家国际型企业,中集集团的集装箱业务遍及世界,全球化经营养成了其遵循国际规则的风格及技术专利保护的意识。因此,在进军冷藏箱市场之初,中集集团经过大量技术分析认为,

① 专利申请人向国家知识产权局提出专利申请,国家知识产权局给予专利申请受理通知书,并给予专利的编号为专利申请号,形式为:CN+申请号。专利申请人获得专利授权后,国家知识产权局颁发的专利证书上的编号为专利号,形式为:ZL+申请号。授权专利不仅有专利号,还会有CN开头的申请号,反之申请专利并不一定获得授权,有可能只有CN开头的申请号,而没有ZL开头的专利号。

GRAAFF不锈钢质冷藏箱和“三明治发泡”技术会成为行业未来的主流范式，于是决定每年以近100万美元的专利许可费从德国瓦工堡公司引进技术，并获得相关专利独占许可使用权。其中，中集公司在2003年作为独占许可使用人，从德国瓦工堡公司引进了“漏水器”专利用以解决集装箱内仓的漏水问题，正是后续中集公司与胜狮公司诉讼的关键。

除了“漏水器”专利外，中集公司还通过专利引进方式从德国瓦工堡公司获得了许多核心专利。然而，中集公司深信“拿来的技术”并不能成为一家企业的核心竞争力，也不足以支撑企业长远发展，要想与国外厂商正面较量就必须要具备自主创新能力。为此，中集公司在从外部引入专利资源的同时，不断对这些技术进行消化、吸收和改进。通过长期大量的研发资金的投入和人员的不懈努力，中集公司逐渐提升了自己的创新能力并掌握了冷藏箱的核心技术。技术实力的提升不仅使得中集公司生产的冷藏箱产品品质大大提高，而且带来了明显的成本优势，促使中集公司逐渐成长为冷藏箱行业的“领头兵”。

2005年5月，德国瓦工堡公司最终做出将冷藏箱专利“一揽子”全部转让给中集公司的决定。本次转让中集公司获得了77项冷藏箱专利，掌控了冷藏箱的全部技术体系。利用专利引进，中集公司不仅获得了行业核心技术，缩短了研发周期，还逐渐建立了自己的核心技术体系，在不锈钢质冷藏集装箱的制造和设计方面占据了知识产权的制高点。

1.2　胜狮公司侵权“漏水器”专利，知识产权大战序幕拉开

正当中集公司依靠专利技术赢得丰厚回报之际，行业内其他厂商纷纷以中集公司为标杆，实施技术跟随战略。竞争对手在技术上的抄袭与模仿导致中集公司的产品竞争力下降，市场份额逐渐被蚕食。尽管中集公司仍然占据行业龙头地位，但竞争对手的快速发展，给其带来了不小压力(见表8-1)。

表 8-1 我国集装箱六大生产集团市场份额及增速(2003 年)①

集团名称	数量/只	同比增长	市场占有率	金额/万美元	同比增长	市场占有率
中集集团	1 014 792	60.18%	57.23%	173 248	55.13%	44.95%
胜狮集团	302 374	66.43%	17.05%	65 511	82.03%	17.00%
新华昌集团	82 067	182.36%	4.63%	14 942	240.21%	3.88%
进道集团	80 432	55.88%	4.54%	19 548	78.80	5.07%
扬州通运集团	78 818	93.82%	4.45%	21 653	156.67	5.62%
青岛马士华	19 145	53.32%	1.08%	29 278	48.73%	7.60%

在中集公司推出新产品不久，其技术团队在不经意间进行实地勘察时，发现中集公司所掌握的多项冷藏集装箱制造专利技术(包括“漏水器”专利技术，该项技术被中集公司以独占许可的方式获得)被多个竞争对手侵犯使用，而胜狮公司就是其中之一。为此，中集公司要求专利权人德国瓦工堡公司就相关企业的专利侵权行为进行调查。

随后，一向以谨慎著称的专利权人德国瓦工堡公司经过多方调查取证和向专业律师咨询，确认了胜狮在内的多家制造商侵犯了自己包括上述涉案专利在内的多项专利技术，并开始与涉嫌专利侵权的企业一一交涉。经过沟通协商，青岛马士基集团和扬州通利冷藏集装箱有限公司等厂商很快承认了侵权行为，并且就此对德国瓦工堡公司进行经济补偿，最终获得了漏水器及其他专利的合法使用权。

在尝试与胜狮公司进行接触，想要讨论专利侵权事宜时，胜狮公司却以工作繁忙为借口将德国瓦工堡公司谈判代表拒之门外。胜狮公司相关负责人表示，侵权案涉及的冷藏集装箱“漏水器”专利技术相当于汽车上的门把手，可用可不用，要求公司为如此简单的一项技术付费不合情理。在多次协商未果的情况下，2003 年 8 月 12 日，德国瓦工堡公司出于对自己专利技术的保护，对胜狮公司展开侵权诉讼[(2003)沪二中民五知初字第 169 号]。

然而，被诉侵权后，胜狮公司并没有选择“坐以待毙”，而是以一套

① 王丽瑛. 敢立潮头勇争先：解读 2003 年中国集装箱出口[J]. 世界机电经贸信息，2004(7)：54-55.

漂亮的“组合拳”迅速予以回击。针对德国瓦工堡公司的诉讼，首先，胜狮公司向国家知识产权局专利复审委员提出“漏水器”专利无效宣告请求，企图从根源入手，通过让“漏水器”专利失去法律保护效力，结束诉讼。其次，胜狮公司在香港高等法院以商业威胁为由，向德国瓦工堡公司索赔588万美元赔偿；同时，以无新颖性为由要求法院撤销德国瓦工堡公司于1998年在香港申请授权的“漏水器”专利(专利申请号HK98111970)。再次，胜狮公司还向德国法院申请禁令，以禁止德国瓦工堡公司向他们的客户发警告信。

胜狮公司反击速度之快和手段多样化程度远远超出了德国瓦工堡公司和中集公司的预料，这也逼迫中集公司不得不从幕后走至台前，与胜狮公司展开直接对战，至此双方知识产权大战就此展开。

1.3 中集公司入局专利大战，胜狮公司多招连发

2004年11月，中集公司就“漏水器”专利在上海市第二中级人民法院对胜狮提起侵权起诉(2004沪二中民五知初字第254号)，要求其停止侵权行为、赔礼道歉以及索赔50万美元经济补偿，自此两大中国厂商在集装箱领域展开正面较量。对于提起诉讼，中集集团负责人表示，“我们并非想利用专利的所有权和使用权遏制对手、抢夺市场。维护我们的知识产权，是想建立尊重技术进步、尊重技术人员的创造这一理念，让集装箱行业不至于陷入抄袭模仿的恶性竞争。”

对于中集公司的入局，胜狮公司并未退缩，反而表现出了抗争到底的精神。2004年7月28日，专利复审委员会作出第6301号无效宣告请求审查决定，宣告“漏水器”专利(专利申请号CN97122647.4)权利要求1～6无效，在权利要求7～10的基础之上维持专利有效性。胜狮公司对该宣判结果表示不服，于2004年11月3日向北京第一中级法院(以下简称北京一中院)提起行政诉讼。之后，北京一中院判决维持专利复审委员会作出的行政决定[(2004)一中行初字第956号行政判决书]，基于该决定胜狮公司又向北京市高级人民法院(以下简称北京高院)上诉。2005年12月20日，北京高院作出判决[(2005)高行终

字386号行政判决书]，撤销北京一中院的判决和专利复审委员会的审查决定，认为“漏水器”专利权利要求7～10项具有创造性的理由不充分，证据不足，应予以纠正，责令专利复审委员会3个月内重新作出审查决定。通过再次审查，2006年3月，专利复审委员会再次宣告漏水器专利权部分有效(第8187号)，随着胜狮公司再次向北京一中院提起诉讼，接近3年的“漏水器”专利战进入了新一轮的轮回。2006年12月，北京一中院又一次维持了专利复审委员会的行政决定[(2006)一中行政初字第967号]。本以为胜狮公司会就此作罢，然而其却选择再次上诉至北京高院。

胜狮公司深谙进攻是最好的防守，在双方交战的过程中，胜狮公司不仅作为被诉方积极应诉，同时还反客为主对中集公司发起进攻，企图实现以战促和的目的。在“漏水器”专利战事正酣之际，2004年1月20日，胜狮公司拿出自己的“撒手锏”，以壁板连接结构专利(以下简称“壁板”专利，专利申请号CN96104636.8)独占许可人地位，在上海第二中级法院对中集公司提起侵权诉讼，要求停止侵犯“壁板”专利，并赔偿损失300万元。在起诉后，胜狮公司与中集公司主动协商和解，条件是中集公司承认胜狮公司不侵犯其专利。

1.4 胜狮公司失去壁板专利，五年官司最终和解

中集公司作为“壁板”专利被诉侵权的一方，深谙胜狮公司此举实则是想要赢得更多“谈判筹码”。遵循被诉与反诉的游戏规则，中集公司同样也对胜狮公司“壁板”专利提出了无效宣告请求，并在不到10天的时间里向法院提供了证明胜狮公司专利无效的5份技术报告作为证据。为了准备上述证据，中集公司技术人员通宵达旦地研究案例、分析图样和专利，相关资料摞起来有近1米高①。

2004年11月，专利复审委员会作出第6637号决定，宣告胜狮公司集装箱的“壁板”专利为公知技术，专利权利全部无效。收到这一判

① 刘仁．烽火连三年，硝烟何时散？[N]．中国知识产权报，2006-09-27(007).

决，胜狮公司立即提起上诉。2006年6月，北京高院作出终审判决[(2004)沪二中民五知初字第23号]，维持专利复审委员会宣告“壁板”专利全部无效，以及裁定胜狮公司撤诉的决定。按照我国《专利法》的规定，被宣告无效的专利自始无效。至此，这场胜狮公司的反击之役以其撤回起诉、“壁板”专利权失效而告终。

随着专利复审委员会宣告“壁板”专利失效，胜狮公司失去了最后一个扭转局势的筹码，这也使得较量5年之久的两家企业有机会坐下来重新考虑和解的问题。经法院调解，2009年3月25日胜狮公司终于承认了自己的侵权行为，认为自己在未征得中集公司和德国瓦工堡公司同意的情况下使用“漏水器”专利不妥，致歉并赔偿80万元经济损失(诉讼历程见图8-1)。

作为这次德国“漏水器”专利诉讼的发起方，中集公司尽管赢得了最终胜利，但诉讼耗费时间之久、过程之艰辛远远超过其最初设想。胜诉后当被问及与胜狮公司的专利诉讼案时，中集集团相关负责人对于案件本身不愿多提，只是表示对于双方长时间的拉锯颇为意外，但也正因如此，中集公司更加意识到知识产权保护的重要性。

正如中集集团副总裁吴发沛所说：“企业现在早已不是靠劳动力密集和资金密集来攻城拔寨了，技术、知识产权、人才已成为支撑其做大做强的关键因素。”实际上，在竞争激烈的行业内，企业间的知识产权大战已愈演愈烈。

1.5　诉讼局中局，中集胜狮专利大战接连不断

就在两家公司还处于“漏水器”专利纠纷激烈对抗之际，双方又结下了“新梁子”。2008年9月，中集集团发现胜狮子公司青岛太平货柜有限公司(以下简称青岛太平货柜公司)侵犯北美箱APC运输平台专利及北美箱角件专利技术(专利申请号分别为CN200710063587.0、CN200510102233.3)，经协商谈判未果，于2010年8月将其诉至法院。在经过青岛中级人民法院、国家专利复审委员会、北京一中院、山东高级人民法院等环节，2012年12月，山东高院最终判决胜狮公司停止侵

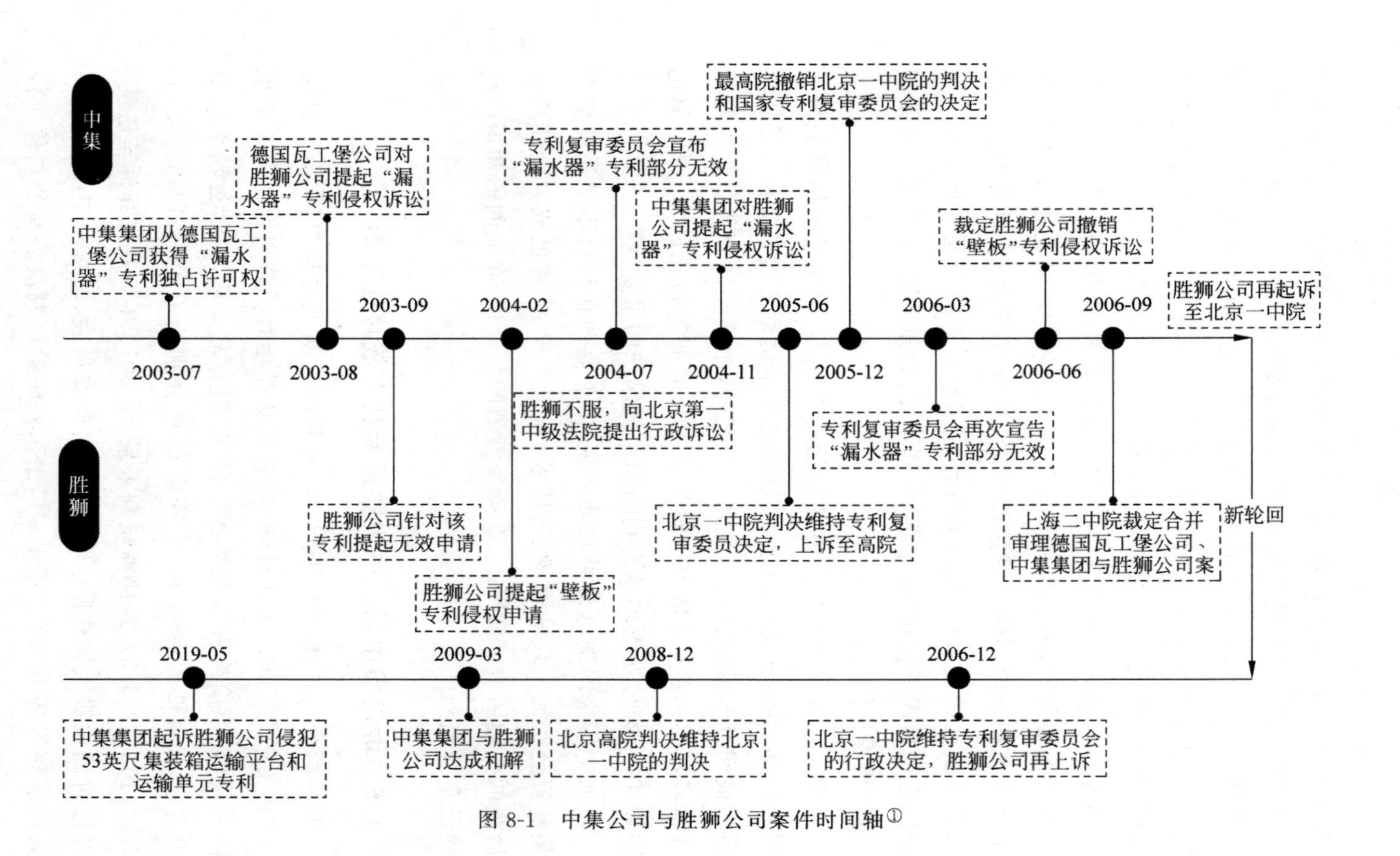

图 8-1　中集公司与胜狮公司案件时间轴①

① 作者根据中集集团与胜狮集团相关资料整理绘制。

权并赔偿中集公司经济损失。这场官司同样因胜狮子公司青岛太平货柜公司的上诉而再起波澜，最终经过多方考证，2015 年 5 月 7 日最高院作出(2014)民提字第 40 号民事判决，驳回了青岛太平货柜公司起诉申请，至此专利侵权纠纷案才得以终结。

实际上，这场官司持续了近 7 年，耗时比之前的“漏水器”专利诉讼大战还要久。并且在这期间，中集集团再次发现胜狮公司存在侵权问题，遂于 2012 年 7 月向法院提起诉前禁令及证据保全申请，并获得法院的支持。尽管中集集团最初在一审中获得了胜利，但在青岛太平货柜公司提起上诉后，二审法院山东高院针对中集集团专利和青岛太平货柜公司涉案产品间的差异进行了对比分析，最终驳回中集集团的全部诉讼请求。此次判决增强了青岛太平货柜公司的反击信心，其反客为主，将中集集团诉至法庭，要求后者因证据保全而产生的损害进行赔偿。2016 年 5 月 24 日，青岛市中院作出一审判决，驳回原告青岛太平货柜公司的诉讼请求，2017 年，山东高院再次驳回青岛太平货柜公司的上诉，维持原判。

时隔 2 年，2019 年 5 月，两家公司烽火再起。在胜狮公司发布公告，将旗下启东胜狮能源装备有限公司、青岛太平货柜有限公司、启东太平港务有限公司、宁波太平货柜有限公司及胜狮货柜管理(上海)有限公司 5 家全资子公司，作价 38 亿元人民币卖给中远海运金融控股有限公司后的第二天，中集集团起诉青岛太平货柜有限公司、胜狮公司侵害其发明专利(专利号：ZL200710063587.0)纠纷案获青岛中院受理。2022 年 2 月，山东省青岛中院发布民事裁定书，中集集团撤回起诉，持续了 2 年多的新战火告一段落。

从冷藏箱到北美箱，中集集团与胜狮公司两大集装箱巨头经历了 10 多年专利商战①。

---

① Lemontea. 索赔 1 亿！集装箱行业龙头老大中集集团再掀专利战[EB/OL]. (2019-05-09) [2022-09-29]. https://www.sohu.com/a/312820985_213376.

法律篇

2.1 "漏水器"专利是否符合专利新颖性和创造性要求、权利保护范围是否清楚

发明专利获取应具备以下实质条件

我国2000年《专利法》第二十二条规定,授予专利权的发明和实用新型,应当具备新颖性、创造性和实用性。

(1) 新颖性。新颖性是指该发明或者实用新型不属于现有技术;也没有任何单位或者个人就同样的发明或者实用新型在申请日以前向国务院专利行政部门提出过申请,并记载在申请日以后公布的专利申请文件或者公告的专利文件中。(《专利法》第二十二条第二款)

(2) 创造性。创新性是指与现有技术相比,该发明具有突出的实质性特点和显著的进步,该实用新型具有实质性特点和进步。(《专利法》第二十二条第三款)

(3) 实用性。实用性是指该发明或者实用新型能够制造或者使用,并且能够产生积极效果。

胜狮公司在专利侵权诉讼期间曾向专利复审委员会针对涉案专利提起无效申请,该专利于1997年11月26日申请,于2001年10月3日获得授权公告。胜狮认为该专利不满足发明专利的新颖性和创造性要求,根据《专利法》第二十二条第二、三款和《专利法实施细则》第三十条对于发明专利的规定,该专利应被视为无效专利。具体而言,在无效宣告过程中,胜狮公司首先对于专利权利要求1~6的创造性提出了质疑。根据请求人胜狮公司提交的证据,专利复审委员会认为权利要求1不符合专利法第二十二条第三款规定的创造性,理由如下。

专利复审委员会判定专利权利要求 1～6 无效理由

证据 1-5 公开了一种用于货运集装箱的自动排水装置，并具体公开了一些技术特征，涉案专利与证据 1-5 公开的技术方案相比，所要解决的技术问题是如何防止集装箱外部的水通过排水装置倒灌进入集装箱内。证据 1-1 已公开了涉案专利与证据 1-5 的区别技术特征，且此区别特征在证据 1-1 中所起的防止反灌的作用与其在涉案专利中为解决防止海水进入集装箱内仓所起的作用相同。在现有技术中给出了将此区别技术特征应用到证据 1-5 以解决其存在的技术问题的启示，权利要求 1 请求保护的技术方案未带来意料不到的技术效果。

其次，胜狮公司还指出权利要求 7～10 同样不能满足创造性要求。然而，专利复审委员会却认为所有证据皆未公开权利要求 7～10 的技术特征，胜狮公司等请求人也没能提供证据证明其属于公知技术，故涉案专利权利要求 7～10 请求保护的技术方案并非显而易见的，相对于现有技术有突出的实质性特点和显著的进步，符合《专利法》第二十二条第三款规定的创造性。

胜狮公司认为专利权利要求 7～10 不具有创造性的理由

证据 1-3 的附图 4 和附图 2 中的标记 36 及说明书第 7 栏第 17 行处都描述了位于外壳顶端的凸缘，它可以紧固在要进行排水的区域或者部件的外面。同时，利用凸缘进行装置的固定，也是本领域普通技术人员的常识。证据 1-2 中也使用了这种凸缘结构固定方式。将具有凸缘结构的固定装置的外壳，通过这种结构将所述的排水装置密封不具有创造性。

最终，专利复审委员会于 2004 年 7 月 28 日作出第 6301 号决定，宣告“漏水器”专利权利要求 1～6 无效，但权利要求 7～10 部分有效。请求人胜狮公司对第 6301 号决定不服，于 2004 年 11 月 3 日向北京一中院提起行政诉讼，其诉称专利权利要求 7～10 保护范围不清楚，且不具有创造性，北京一中院经审理于2005年6月20日作出了第956号判决，维持了第6301号决定。

之后，胜狮再次向北京高院提起上诉，认为一审法院及专利复审委员会对“漏水器”专利权利要求7～10的创造性的事实认定和法律适用存在错误。2005年12月20日二审法院认为专利复审委员会关于涉案专利权利要求1～6不具有创造性及权利要求7～10权利保护范围的认定事实清楚、证据充分，符合专利权利要求保护范围表述的规定。但专利复审委员会没有按照发明创新的标准评价证据1-5对于行业技术人员的启示，也没结合法兰连接等公知常识来证明该技术是否需要创造性劳动，认定涉案专利权利要求7～10具备创造性理由不充分，证据不足。故判决撤销第956号判决和第6301号决定，要求专利复审委员会对先前产生的两次无效请求进行重新审理。

> 《专利法》第二十六条第四款：权利要求书应当以说明书为依据，说明要求专利保护的范围。
>
> 《专利法实施细则》第二十条第一款：权利要求书应当说明发明或者实用新型的技术特征，清楚、简要地表述请求保护的范围。授权专利的权利要求书不清楚、不简明或者缺少解决其技术问题的必要技术特征，可以依法请求专利无效。

2006年2月8日，涉案专利的权利人——德国瓦工堡公司提交了意见陈述书，其认为二审法院判决书撤销第6301号决定的理由仅涉及权利要求7～10有关创造性的评述，权利要求7是将权利要求1限定的自动排水装置使用在多层制造方式冷微集装箱上的附加技术方案，证据1-5并没有公开涉案专利权利要求7所限定的“多层制造方式设计而成的集装箱底部”和一个杯状的凹座内，该凹座固定在集装箱的外板上。“这些技术特征，权利要求8～10所进一步限定的附加技术特征也未公开于证据1-5中”，在这种情况下，“法兰连接”是否属于公知常识与权利要求7～10是否具有创造性没有任何关联。

之后，胜狮公司以从市场上购得的地漏和家用水槽中的漏水器实物作为证据，用于证明上述实物所示的结构已被广泛用于日常生活中，属于公知常识。与此同时，胜狮公司还采用证据组合方式来说明涉案专利技术是显而易见的，并不具备创造性。经过再次审理，专利复审委员会认为先前审理已经证明关于涉案专利权利要求 1～6 不具有创造性的认定事实清楚、证据充分，符合法律规定，决定对于该部分不再进行讨论。基于权利要求 7～10 创新性的争议，根据双方提交的证据，专利复审委员会认为权利要求 7～10 对于现有技术具有突出的实质性特点和显著的进步，符合《专利法》第二十二条第三款规定的创造性，遂最终判定“漏水器”专利有效[①]。

2.2　胜狮公司产品是否落入专利保护的范围，实施专利的行为是否构成侵权

根据我国 2000 年《专利法》第十一条第一款规定：“发明和实用新型专利权被授予后，除本法另有规定的以外，任何单位或者个人未经专利权人许可，都不得实施其专利，即不得为生产经营目的制造、使用、许诺销售、销售、进口其专利产品，或者使用其专利方法以及使用、许诺销售、销售、进口依照该专利方法直接获得的产品。[②]”当确定对方存在侵权行为时，专利权人和相关利益干系人有权向法院提起诉讼来保护自己的权利。本案原告——中集公司于 2003 年 7 月 21 日与德国瓦工堡公司就“漏水器”专利(专利号 ZL97122647.4)签订《专利实施许可协议》，成为该专利在中国境内的独占许可人。中集公司发现胜狮公司即本案被告未经许可便擅自使用该项技术为生产经营目的制造、销售侵权产品，遂提起诉讼。

为了保留胜狮公司侵权证据，中集公司针对涉嫌侵权的 20 个冷藏集装箱向法院提起财产保全申请并获得法院准许。此后，法院委托科技部知识产权事务中心就被控侵权产品进行技术鉴定，于 2005 年 12

---

① 国家知识产权局. 第 6301 号、8187 号专利无效宣告决定书。

② 华律网. 构成专利侵权的要件有哪些[EB/OL]. (2022-01-04)[2022-09-29]. https://www.66law.cn/laws/66701.aspx.

月6日得到鉴定结论为：被控侵权产品相关技术特征与涉案专利的所有技术特征相同或等同。

> 《最高人民法院关于审理专利纠纷案件适用法律问题的若干规定》第十七条第一款规定：专利法第五十九条第一款所称的“发明或者实用新型专利权的保护范围以其权利要求的内容为准，说明书及附图可以用于解释权利要求的内容”，是指专利权的保护范围应以权利要求记载的全部技术特征所确定的范围为准，也包括与该技术特征相等同的特征所确定的范围。

根据《最高人民法院关于审理专利纠纷案件适用法律问题的若干规定》，胜狮公司产品采取的技术落入“漏水器”专利保护范围，存在侵权问题。据此，中集公司请求判令：一，被告立即停止制造、销售专利产品的侵权行为，并收回和销毁所有的侵权产品；二，被告赔偿原告中集公司经济损失50万美元；三，被告就其侵权行为在国内外专业媒体上向原告中集公司赔礼道歉；四，被告承担本案诉讼费用及原告中集公司因调查、制止被告侵权行为所支付的合理费用。

然而，在此次专利侵权诉讼案中，胜狮公司曾就下述几个方面论证自己侵权行为并不成立。

首先，就实施行为的客体是否落入专利权保护的范围进行分析。在本案中，被告胜狮公司认为：两原告在本案中主张的“漏水器”专利（专利号ZL97122647.4），经专利复审委员会审查决定和北京一中院及北京高院相继判决，其权利要求1～6因不具有创造性而已经被宣告其专利权部分无效，仅在权利要求7～10的基础上维持专利权有效。除被告曾从案外人处购进的“GRAAFF型漏水器”外，被告在自己公司制造的集装箱上使用的各种排水装置都没有落入涉案专利的权利保护范围，根本没有侵犯原告的专利权。

其次，指出自己尽管未经专利权人的许可实施了专利，但符合非侵权行为认定的情形。按照专利权的独占性质，未经专利权人的许可，实施其专利的，应属于侵犯专利权的行为。但出现下面几种情形的，不能被视为侵权。本案被告胜狮公司提出自己在2000年前后曾经从案外人处购进过400套“GRAAFF型漏水器”并且安装在自己公司制造的集装箱上，但当时被告不知原告方“漏水器”专利（专利号ZL97122647.4）专利权的存在，也不知案外人生产制造该批“GRAAFF型漏水器”使用了原告的涉案专利并且未经原告方许可；在接到原告方律师函后，被告即不再使用“GRAAFF型漏水器”，而改用其他的不涉及原告方涉案专利的排水装置，属于非主观上行为过失和不知道自己从其他人获得产品是未经专利权人许可而制造并售出的专利产品，按照我国法律规定并没有侵权对方专利[①]。

《专利法》第六十三条规定，有下列情形之一的，不视为侵犯专利权：

（一）专利权人制造、进口或者经专利权人许可而制造、进口的专利产品或者依照专利方法直接获得的产品售出后，使用、许诺销售或者销售该产品的。

（二）在专利申请日前已经制造相同产品、使用相同方法或者已经作好制造、使用的必要准备，并且仅在原有范围内继续制造、使用的。

（三）临时通过中国领陆、领水、领空的外国运输工具，依照其所属国同中国签订的协议或者共同参加的国际条约，或者依照互惠原则，为运输工具自身需要而在其装置和设备中使用有关专利的。

（四）专为科学研究和实验而使用有关专利的。

为生产经营目的使用或者销售不知道是未经专利权人许可而制造并售出的专利产品或者依照专利方法直接获得的产品，能证明其产品合法来源的，不承担赔偿责任。

---

① 威科先行法律信息库.上海市第二中级人民法院民事调解书（2003）沪二中民五（知）初字第169号[EB/OL].（2008-12-15）[2022-09-29]. https://law. wkinfo. com. cn/judgment-documents/detail/MjAyMTQyMDUxMjI%3D? searchId=a6e087de61e348e497f2605940f822d7&index=1&q=%EF%BC%882003%EF%BC%89%E6%B2%AA%E4%BA%8C%E4%B8%AD%E6%B0%91%E4%BA%94%EF%BC%88%E7%9F%A5%EF%BC%89%E5%88%9D%E5%AD%97%E7%AC%AC169%E5%8F%B7&module=.

商事篇

3.1　专利外部引进和利用战略

专利是企业的一项重要知识产权和战略资源，具有为产品保驾护航、维护竞争优势等多种作用。然而，在创新日益复杂、顾客需求日新月异的背景之下，企业已经无法依靠自身资源开发出所有的技术。加之，企业的自主研发活动往往还存在投入成本高、风险大、成效慢等突出问题，这就使得从外引进专利技术为自己所用成为企业提升创新能力、应对市场竞争的有效途径，专利的外部引进和利用成为企业战略的一项重要内容。专利引进和利用战略主要分为专利使用权购买战略、合理利用和回输专利战略、充分利用失效专利战略、专利收买战略、专利交叉许可战略几种类型（见表 8-2）。不同类型的专利引进和利用策略所付出的成本存在较大差异，为企业产生的收益也有所不同，对此企业通常会根据自己的实际情况做出选择。

表 8-2　专利引进和利用战略类型和特征

分　类	含　义	特　点
专利使用权购买战略	利用专利许可贸易形式购买专利产品或者专利技术，以获得相关专利的使用权	有助于迅速、顺利地生产出新产品，费用相对小，在开发过程中掌握技术内核
合理利用和回输专利战略	在不违法的前提下，在他人专利技术基础上，进行改进、创新，从而开发出与模仿对象有明显区别，更有竞争力的技术或产品	技术开发风险小，创新成功率高
充分利用失效专利战略	失效专利不受《专利法》保护，企业可以无偿利用失效专利，或对专利进行认真分析、创新，从而形成新专利	不会造成专利侵权行为，风险小、效率高，对于中小企业创新具有较强的实用性

续表

分　类	含　义	特　点
专利收买战略	企业不通过自己研发、申请的方式获得专利权，而是把与某产品有关的专利全部买下，以此成为新的专利权人	可以实现技术与市场独占，获得垄断利润
专利交叉许可战略	相互许可对方使用自己专利技术	可以降低外部技术获取费用，达到互惠互利、共同发展的目的

本案例的主人公之一——中集公司是一家跨国企业，丰富的国际市场经营经验使得其深谙专利对于市场进入的重要意义，所以在决定进入一个新领域时，会事先研究需要哪些专利技术，在已有的“专利地图”中，能否用自己的专利技术绕过去。如果发现自己无法绕过该专利技术，就与拥有专利权的企业沟通谈判以取得许可。基于此，中集公司在决定发展冷藏箱业务之初，便对行业所需的核心技术进行了分析，发现国外厂商——德国瓦工堡公司掌握大量的核心技术，要想生产冷藏箱产品无论如何也无法绕过这项技术，最终中集公司通过向对方支付高额许可费的方式获得了包含涉案专利在内的多项冷藏箱关键专利技术。

根据相关资料显示，作为当时制造集装箱的两个主要厂商，中集公司、现代集团在发展冷藏箱业务之初，都决定从外部引入先进技术为市场进入做准备，并且两家公司不约而同地将“漏水器”专利权人德国瓦工堡公司作为技术的供应商。与现代集团单纯引进生产线设备和制造工艺的策略不同，中集公司采取的是引进整个产品技术平台策略，即通过支付给对方大量的专利许可费将与某产品有关的专利全部买下，从而成为新的专利权人。尽管采取这一策略需要付出高昂的成本，但对于专利引进方而言，专利权人身份的获得可以使其有机会决定其他企业是否能够采取该项专利权利技术，有利于实现市场和技术的双重垄断。正因为中集公司采取了专利打包方式的专利引进策略，成为该项专利的权利人，才使其在这次知识产权诉讼大战中有资格向竞争对手发起专利侵权进攻，保护自己的市场竞争优势。

3.2 发现知识产权被侵犯时维护权益的方式

当企业发现知识产权侵权问题时，可以通过行政保护和司法保护两种方式维护自己的权益。相比较而言，司法保护更具强制力，但是却存在处理过程复杂、持续周期长等突出问题，需要更多的时间和资源投入其中。原因在于，当企业选择通过司法途径保护自己的权利时，被控侵权企业一般会通过提起专利无效的申请进行应对。根据我国相关法律规定，只有到专利无效程序完成，得到国家知识产权局审判结果之后，诉讼才可以继续。同时，对无效审查决定不服的，还可以向法院提起诉讼，如果还不满意，可再向高院提起二次上诉（见图 8-2）。因此，在我国当前“专利行政与司法二元制”制度背景下，一场专利诉讼通常会持续数年才得到解决。企业在发现侵权问题后，首先应该考虑利用行政保护的方式保护自己的利益，或通过私下和解方式解决，如果无法通过私下和解等行政手段解决，再考虑利用法律武器进行维权，即进入司法保护程序。

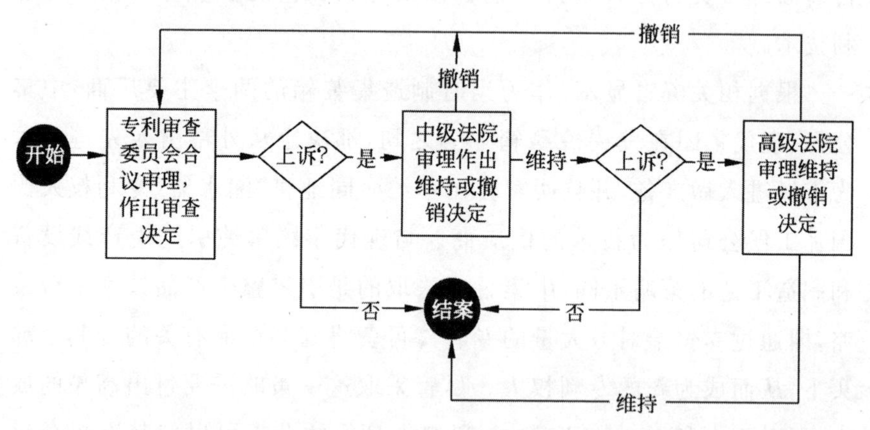

图 8-2 专利无效宣告诉讼行政程序

在本案例中，作为“漏水器”专利在中国的独占许可方，中集公司在发现胜狮公司、青岛马士基、扬州通利等竞争对手的侵权行为时，并未直接发起诉讼，而是先与这些企业进行协商沟通来解决冲突，最终与大部分企业达成和解协议。由于胜狮公司并不接受中集公司的和解请求，中集公司无法通过行政保护手段处理双方的争端，为此其不得不采取更具强制力的司法保护手段来保护自己的权益，要求胜狮公司停止侵权行为。

从中集公司与胜狮公司的案例也可以看出，直接发起诉讼并非企业所能采取的最佳维权方案。作为诉讼提起方，中集公司不仅须提交能够证明对方侵权的证据，还要针对对方的抗辩行为提交新的补充证据、安排企业人员定期参加庭审，以上种种为企业带来了大量的诉讼成本。与此同时，胜狮公司在专利诉讼过程提起了数次专利无效申请和上诉，使得此次诉讼战线被严重拉长，耗费 5 年之久才得以完结。为此，当企业发现自己的专利被其他企业使用时，应当首先考虑通过私下和解等方式解决，实在无法达成和解再考虑利用法律武器进行维权。

此次中集公司的维权行动对于企业强化专利申请规范性、提升专利质量亦有所启示。根据前文所诉，在诉讼过程中胜狮公司就“漏水器”专利提起了无效宣告申请，如果“漏水器”专利存在申请书撰写不规范、权利要求保护范围表述不清晰、专利技术不具有创造性等问题，极有可能无法经过多次审查考验而丧失有效性，进而导致诉讼结束。

3.3 企业发动专利侵权诉讼的目的及收益

通常企业发动专利侵权诉讼的目的有以下几个方面：依靠诉讼达到警示的目的；通过诉讼扩大产品市场占有率，制造行业进入壁垒；胜诉可以要求对方企业支付高额的损害赔偿金，借助诉讼赚取高额利润收益；利用诉讼换取与对方的合作机会。结合案例资料来看，中集公司请求判令的第一条就是要求被告立即停止制造、销售专利产品的侵权行为，并收回和销毁所有的侵权产品，所以其提起诉讼的主要原因是保护新产品的市场份额，这与其发展冷藏箱业务的决策高度相关。

从前文可知，中集公司作为行业领先者，最初便将冷藏箱业务作为发展的重点领域，并率先推出了相关产品。在其新产品面市不久，竞争对手胜狮公司便很快推出了对标产品。由于两家产品高度相似，在产品同质化程度高的背景下，价格便成为影响消费者购买意愿的重要因素。胜狮公司生产的新产品由于不需要分担高额专利许可费，并且也没有前期大量的研发投入，在价格上能够做出更多让步，价格的优势使得其产品更容易受到消费者青睐，对中集公司产品的市场竞争力产生严重威胁。中集公司作为"漏水器"专利的权利人，发起专利诉讼的目的是限制胜狮公司产品在市场上流通，保护自己新产品的市场份额。

中集公司对胜狮公司的诉讼爆发还与行业竞争格局密切关联。自20世纪90年代开始，中集公司市场占有率稳定在40%以上，雄踞行业第一。经过20多年的发展，本案被诉企业胜狮公司市场占有率也达到20%左右，是仅次于中集公司的全球第二大集装箱厂商，上海寰宇物流装备有限公司、青岛新华昌集装箱有限公司则分别占据15%和10%左右的市场份额[①]。因此，集装箱行业的竞争主要发生在中集公司、胜狮公司等几个头部企业之间。胜狮公司在企业发展过程中一直对中集公司采取竞争跟随策略。集装箱行业相关人员透露："中集公司集装箱细分领域的发展前后路径大致为干货箱、冷藏箱、罐箱、折叠箱、防护箱，胜狮公司基本是在其后逐步跟进。"为此，在中集公司决定进军冷藏箱领域不久，胜狮集团便也专门成立了胜狮公司负责冷藏箱相关业务，两家公司的竞争由干货箱领域逐渐拓展至冷藏箱领域，利益冲突更加激烈。胜狮公司作为中集公司的首要竞争对手，其步步紧逼增加了中集公司的竞争压力，在此情况下中集公司发起专利诉讼能够引发采购方对被诉企业胜狮公司供货能力及供货及时性的担忧，实现打击竞争对手的目的，双方紧张的竞争关系也是促使中集公司发起专利诉讼的原因之一。

---

① 金邦国际物流. 胜狮货柜与中远海运集团达成造箱资产转让协议[EB/OL]. (2019-05-07)[2022-09-29]. http://www.jblogistics.com/3711.html.

除了上述原因，中集公司发起专利诉讼的背后还有可能是为了对外展示自己的知识产权保护能力及决心，降低其他竞争对手可能存在的潜在侵权风险。当时我国知识产权保护制度还未完善，集装箱行业侵权现象丛生，这导致技术领先企业常常因其他公司的技术模仿抄袭而损失严重。中集公司副总裁吴发沛说他坚持要将这个诉讼进行到底，因为：“我们最终的目的并不是获得多少数额的赔偿，而是为整个行业（的良性发展）来打，我们希望这个行业能够持续、稳定、健康地发展。”基于这一发言，可以看出中集公司发起专利诉讼也是希望能够向外塑造自己坚决维护知识产权的形象，从而打消行业内其他企业侵犯自己专利技术的动机。

3.4 被诉侵权企业的和解策略

和解是解决知识产权争端的重要方式，被诉企业在明确对方诉讼目的和诉求的基础之上，结合自身的抗辩能力做出是否和解、何时和解、如何和解的决定。通常而言，企业在被诉侵权之初即与对方达成和解，和解成本往往较高。相反，如果被诉企业具备一定抗辩能力、能够与原告进行长期斡旋，其和解产生的诉讼成本和负面影响将大大降低。为此，一些企业在被诉侵权时，其一般不会轻易接受对方的和解策略，而是会采取一定的对抗活动来拉长双方的诉讼战线，其目的是降低经济损失，为后期和解创造更多有利条件。

结合背景资料，“漏水器”专利技术是冷藏箱的核心技术，冷藏箱行业内厂商的产品不可避免地会用到这项技术。中集公司作为该项专利技术的中国内地独家许可方，并未将该项专利许可给胜狮公司使用，但胜狮公司却生产出了与中集公司类似的冷藏箱产品，所以胜狮公司很大可能实施了侵犯中集公司专利权的行为。对于胜狮公司而言，与中集公司和解是解决此次专利纠纷最好的方式。然而，诉讼初期双方的敌对态势往往较为激烈，胜狮公司与中集公司和解可能需要付出较高成本，因此并非最佳的和解时机。相反，如果胜狮公司具有一定的抗辩能力，能够拉长双方的诉讼周期，将有利于赢得更多和对方谈判的砝码,降低后期和解的成本。

基于此,在中集公司提起专利诉讼后,胜狮公司没有立即与对方商讨和解事宜,而是以一套漂亮的“组合拳”回应对方的诉讼。例如,先后在我国北京、香港、上海以及德国等地主动挑起4起外围诉讼,以及利用自己的“壁板”专利进行反诉等抗辩手段。胜狮公司的积极迎战使得双方诉讼周期被严重拉长,2008年,双方终于在法院的主持下,达成了《民事调解书》。自此,一场持续5年,在集装箱行业纷纷扬扬的冷藏箱专利侵权纠纷,终于画上了一个阶段性句号。经过长期的纠缠,中集公司早已筋疲力尽,只想尽早结束双方的诉讼。根据最终的和解条件,胜狮公司需要向原告德国瓦工堡公司和中集公司赔偿80万元,而该数额远低于中集公司最初请求的赔偿金额。可以看出,胜狮公司在诉讼过程中采取的种种抗辩举措为其后续和解创造了更多的空间,使得其所付出的成本大大降低。

案例启示

中集公司与胜狮公司的这场专利诉讼大战,本质上反映出了知识产权在现代企业竞争中的重要意义。在知识经济时代竞争日趋白热化的背景下,企业只有具备知识产权意识、拥有自主知识产权,才能越做越强。面向长远发展,企业需要重视核心技术的培育,形成自主知识产权,摒弃简单依靠劳动力成本优势和资源环境成本优势扩张的经营理念,只有这样,才能巩固市场地位、掌握行业话语权,获得向产业链高价值环节跃迁的机会。与此同时,企业需要尊重其他企业的知识成果,做到合理、合法使用,避免产生不必要的知识产权纠纷和侵权的负面效应。

本案原告——中集公司,作为集装箱制造行业的领军者,在发现竞争对手的侵权行为后,利用诉讼手段对自己的知识产权进行了有效保护。这一诉讼案能够对与中集公司相似的行业领先企业产生以下几点启示。第一，企业开展新的技术研发和创新往往需要大量的前期投入，然而创新成果很可能被同行企业搭便车，为此将导致企业产生无法估量的损失。因此，企业应充分利用专利申请、签订商业秘密保护等正式手段保护自己的技术。第二，当发现其他企业的侵权行为时，被侵权的企业要首先尝试跟对方谈判，这样可以避免陷入长期纠纷，降低自己的维权费用。如果双方不具备和解的条件，根据自己的诉讼目的评估诉讼可能产生的成本及风险，进而做出是否诉讼及如何诉讼的决策，从而确保诉讼目的的实现，并且获得借助诉讼进一步扩大自身行业影响力、提高融资能力等效应。

本案被告——胜狮公司，虽然在本案中的“角色”并不光彩，但其积极应诉的行为，特别是在已知侵权的情境下，利用多种方式企图化解诉讼危机、促进和解的做法，对于被专利诉讼所扰的企业，特别是跨国经营企业而言，具有一定的借鉴意义。具体包括：当企业被诉侵权时，不应立即答应对方提出的条件，当务之急是核实自己是否真的侵权；当确定自己确实存在侵权时，通过寻找抗辩事由、诉讼程序上的漏洞以及利用社会舆论和行业协会等第三方力量来解决专利侵权纠纷。此外，当企业受到同行企业的专利侵权诉讼时，由于彼此间存在激烈的竞争关系，因此对于被诉企业而言，前期达成和解的难度和成本较高，在这一情境下，被诉企业向对方展现出自己积极应对的态度和能力，能够为双方和解创造更大的弹性空间。

此外，通过这场专利纠纷，企业需要认识到加强知识产权管理工作的必要性。企业可以在内部设立专门的知识产权管理部门，以此制定适合于自身长远发展的知识产权战略，负责开展技术转让、技术许可等交易活动，以及定期进行知识产权的鉴定、申请、登记、注册、评估、维护等日常工作，从而使自己的核心技术得到及时、有效的保护，并通过推动技术向外转化来为其持续创新提供源源不断的动力。

案例 9

“小 i” VS “Siri”：曲折的专利纠纷战

洪　勇　李　帅　卢九名

引言

2021 年 9 月 15 日凌晨 1 点，美国苹果公司在线上举行了秋季新品发布会，iPhone 13 正式亮相。9 月 17 日 20 点，iPhone 13 首批产品在短短 3 分钟内销售一空，苹果公司官网崩溃，连夜补货冲上微博热搜[①]。谁曾想，就在 iPhone 13 正式发布前一周，上海市高级人民法院接受了“小 i 机器人”方上海智臻智能网络科技股份有限公司（以下简称智臻网络）提出的禁令申请——要求苹果公司停售 iPhone。一时间，苹果公司 Siri 因涉及专利侵权又被舆论推上了风口浪尖。然而这已经不是第一次苹果公司因为

---

① 新浪财经．热搜第一！苹果官网崩了！iPhone13 被秒光，粉色款遭抢空……连夜补货！加量不加价真香？[EB/OL]．（2021-09-18）[2022-09-19]．http://finance.sina.com.cn/gsnews/2021-09-18/doc-iktzscyx4920609.shtml.

Siri 在中国遭遇禁售危机，这场专利拉锯战其实从 2012 年就早已开始。从 2012 年到 2020 年，长达 8 年的专利诉讼纠纷经历了“五判三审两反转”，最终以苹果公司通过诉诸专利无效回避侵权官司的策略失败告一段落，一时间“中国 AI 创业企业打败国际巨头”的消息不断涌现。然而这只是阶段性的胜利，苹果公司 Siri 是否侵权仍未有定论。就在 2021 年 8 月，智臻网络向上海市高级人民法院提起诉讼，正式要求苹果公司停止专利侵权，并赔偿 100 亿元[①]，此举创造了国内高科技企业向国外科技巨头索赔专利费的最高纪录，这场迄今为止国内标的额最大的专利阻击战仍在持续进行中。

与苹果公司鏖战十余载，甚至一度将其逼入绝境的“小 i 机器人”到底何许人也？是傍名牌炒作，还是肚子里有真货？“小 i 机器人”到底是如何撼动苹果“Siri”这只“大象”的？这一切曾引起无数旁观者的热议。

故事篇

1.1 小 i 机器人

2001 年，学计算机出身的袁辉放弃了在微软公司的工作，与还在中国科学院读博士的朱频频一起开始自主创业。在非典疫情肆虐的 2003 年，QQ 和 MSN 两大即时通信软件开始流行。“大家都不能出门，只能关在家里聊天，短信又很花钱，”[②]袁辉回忆起当时的场景，“当加班到深夜的程序员们想找人聊天时，却常常找不到人。”因此他萌生了一个念头，决心创造出一个聊天机器人，这个机器人就叫作“小 i”。

---

① 搜狐网. 索赔 100 亿元！国内小 i 机器人起诉苹果公司 Siri 专利侵权！[EB/OL]. (2020-08-14) [2022-09-19]. https://www.sohu.com/a/411969843_120185950.

② 许诺. Siri 专利侵权？状告苹果八年后，小 i 机器人的维权官司迎曙光[EB/OL]. (2020-07-23) [2022-09-19]. http://www.bjnews.com.cn/finance/2020/07/23/751803.html.

袁辉是上海赢思软件技术有限公司董事长兼首席执行官(chief executive officer,CEO),也是上海智臻智能网络科技公司的法定代表人。在小i机器人问世的同年,上海赢思软件技术有限公司提交了一份名为"一种聊天机器人系统"的专利申请(中国发明专利号ZL200410053749.9),这项专利在2009年7月22日获准授权,随后被转让给上海智臻智能网络科技公司。2015年10月,上海智臻智能网络科技公司因公司性质发生改变,因此"小i机器人"的权利人变更为智臻网络。"小i机器人"是智臻网络的第一项专利,也是智臻网络提供的产品及服务的商标名称和品牌名称。

然而,在"小i机器人"诞生后,却一度因其技术过于超前,被投资者无情抛弃,小i机器人险些夭折于襁褓之中。当袁辉去硅谷、东京等地谈判时,他们的谈判对象却怎么都无法置信"小i机器人"的存在,甚至不相信"小i机器人"在中国有超过1亿名用户。在20年前外国人的心中,对中国的刻板印象仍旧存在,中国不可能有自己的技术创新,投资人甚至嘲讽中国是所谓的"C2C"模式,即copy to china。袁辉说:"当时,也是一屋子的董事。我恳求他们再次伸出援手,他们非常坚决说'No! No!'。"谈及这些经历,袁辉感慨良多,"我是一个创业者,我别无选择,我只能继续往前走。"[①]多年以来,小i机器人一直靠风险投资才勉强维持生存。从2006年起,小i开始探索其他商业路径,2009年全面转型到公司(B2B)业务上。也许是上天终会眷顾奋斗之人,转机发生在2010年。2010年,中国移动通信集团江苏有限公司在页面上采用了小i的客服机器人,当年底就看到了智能机器人带来的巨大的收益。2011年,中国移动下文,其30个省级单位未来将采用机器人加人工的服务模式来提供标准服务。订单像雪花一样铺下来,小i机器人终于在中国智能语音服务机器人市场中站稳了脚跟。

袁辉说:"2000年,比尔·盖茨(Bill Cates)在微软公司全球大会

---

① 群硕系统.小i机器人:科技理想主义的未来大世界[EB/OL].(2014-09-26)[2022-09-20].https://www.yicai.com/news/4023696.html.

上说，整个微软公司的科技将如何在未来 5～10 年影响全人类。我听得热血沸腾，觉得中国未来也要有这样一个东西。所以，当我离开微软公司时只想做一件事情，那就是机器人。只是没想到，这一做全世界最伟大战略公司的想法，却让我九死一生。”①不过，经历了“九死一生”的袁辉，如今已把小 i 机器人带到了世界的最前列，不仅让国际业界震惊，更参与和主导了用户界面和人机交互(SC35)、智能电视、领域语义库等多项国家和国际级标准的制定，并承担上海市科学技术委员会、上海市经济和信息化委员会、上海市发展和改革委员会、中华人民共和国工业和信息化部等多项攻关任务。

1.2 苹果 Siri

苹果公司是美国一家高科技公司，由史蒂夫·乔布斯(Steve Jobs)等人于 1976 年 4 月 1 日创立。2010 年，乔布斯在病床上逛苹果商店时无意中发现了诞生于 2007 年的 Siri 这一应用，他认为“Siri 不是普通的搜索工具，而是未来人工智能(artificial intelligence，AI)的缩影，是一项变革性技术，能够变革和整合苹果公司的方方面面”②，乔布斯力排众议，2010 年，苹果公司终于以 2 亿美元与 Siri 喜结良缘③，Siri 的团队出现在了苹果公司，加入了苹果公司的“大家庭”。

Siri 最初是以文字聊天服务为主，随后通过与全球最大的语音识别厂商纽昂司通信公司(Nuance Communications，inc.)合作，实现了语音识别功能。2011 年 12 月 6 日，苹果公司首次在其发布的 iPhone 4S 手机上重磅推出 Siri，即智能个人助理服务，其后又在 iPhone 5、

---

① 群硕系统. 小 i 机器人：科技理想主义的未来大世界[EB/OL].(2014-09-26)[2022-09-20]. https://www.yicai.com/news/4023696.html.

② DANIELLE N. Mad Men of Mobile: Leading Entrepreneurs and Innovators Share Their Stories, from SIRI to SHAZAM[EB/OL].(2015-09-12)[2022-09-20]. https://www.jiqizhixin.com/articles/2015-09-12-2.

③ 百度百科. Siri[EB/OL].[2022-09-20]. https://baike.baidu.com/item/siri/32248.

iPad mini、iTouch 4 等产品中陆续搭载 Siri[①]。

事实证明，乔布斯的选择并没有错。随着苹果 iPhone 4S 的发布，苹果公司所引领的浪潮席卷全球，正式宣告智能手机的时代已经来临。iPhone 重新定义了手机，iPhone 4S 重新定义了 iPhone，如果说前三代 iPhone 的推出意味着 iPhone 诠释的参与者角色的成功，那么第四代 iPhone 角色的定位就属于行业的颠覆者。iPhone 4S 让更多的人知道了苹果公司这家伟大的科技公司，也助力苹果公司更快地享誉全球。无数人给了这一代 iPhone 太多的赞誉，没有办法一一重复，用一句话来总结就是："iPhone 4S，再一次改变世界。"

1.3 "小 i" VS "Siri" 的交战历程

1.3.1 首轮交锋战

据了解，"小 i 机器人"可以智能地完成与客户聊天、天气查询、地图查询、机票查询等多种功能，而从 iPhone 4S 开始搭载的 Siri 也是一种智能应用，苹果公司网站对 Siri 的功能做了介绍，称"它能理解你的意思，能够知道使用哪些程序和你谈论，它通过网络为您找到答案"[②]。

2012 年 1 月，苹果公司开始在中国市场大规模销售拥有 Siri 功能的 iPhone 4S 手机。iPhone 4S 发售仅 3 天，智臻网络就发现 Siri 也是一款智能网络机器人产品，具有与小 i 机器人相似的功能。于是在 2012 年 4 月 28 日，智臻网络委托代理人购买了 2 台 iPhone 4S 手机并送入国家知识产权局专利检索咨询中心进行技术评估。经过详细的技术评估和比对，国家知识产权局专利检索咨询中心认定"小 i 机器人"专利有效，且 Siri 的技术方案落入了"小 i 机器人"专利的保护范围，构成专利侵权。在希望能够协调解决此纠纷无果后，2012 年 6 月 21 日，智臻网络向上海市第一中级人民法院（以下简称上海一中院）提

---

① 张雨函，杜孟瑶，马梦婷. 人机语音互动调查：以 Siri 使用调查为例[J]. 信息记录材料，2019，20(06)：199-200.

② 苹果官网. 在您的所有 Apple 设备上使用 Siri [EB/OL]. [2022-09-20]. https://support.apple.com/zh-cn/HT204389.

起诉讼，控告苹果公司和苹果电脑贸易（上海）有限公司（以下简称“苹果贸易公司”）的智能语音助手Siri专利侵权，要求其立即停止制造、销售、使用所有装载Siri功能的iPod、iPhone及iPad产品。

谈及对苹果公司的侵权诉讼，袁辉直言“告苹果，也感谢苹果”。正是苹果公司Siri的推出，让智能语音机器人服务走进千家万户，“10年来我们一直孤单地在海边捡着贝壳，10年后苹果公司推来了这场海啸。”[①]正是因为Siri的推出才使得世界了解了智能语音机器人服务，虽然开始推出的Siri为用户所诟病，但苹果公司依旧加大投入Siri并使其在产品中站住了脚，创造了智能机器人走进并改变人们生活的不可逆的潮流。

在智臻网络提起专利侵权诉讼之后，苹果公司积极应诉。2012年11月，苹果公司转变诉讼策略，向专利复审委员会提出申请，请求宣告小i机器人涉案专利无效，将本案争议焦点转向“小i机器人”专利是否有效。

从苹果公司的Siri到微软公司的小冰，从百度的小度到小米的小爱，这些数不胜数的能够聊天、查询信息并与人们互动的智能语音助手已经深入到生活的方方面面。那么，在如此多的聊天机器人产品中，小i机器人为何独独选中了苹果公司的Siri进行侵权诉讼呢？

“实际上很简单，因为在2011年，他们是在我们之后第二家发布这样一套系统的公司，而且苹果公司是在全世界都很有影响力的公司，所以他们一发布我们就看到了。”袁辉在面对新京报贝克财经记者采访时这样回答。[②]

因涉及美国苹果公司，需通过外交方式送达法律文书，案件直到2013年才正式提上审理日程。上海一中院在2013年7月至2014年10月期间4次开庭，此后由于苹果公司在北京第一中级人民法院（以下简称北京一中院）的行政诉讼，上海中院裁定中止审理正在进行中

① 刘建. 守得云开月明专访小i机器人董事长袁辉[EB/OL].（2012-11-06）[2022-09-20]. https://soft.zol.com.cn/332/3322666.html.

② 许诺. Siri专利侵权？状告苹果八年后，小i机器人的维权官司迎曙光[EB/OL].（2020-07-23）[2022-09-19]. http://www.bjnews.com.cn/finance/2020/07/23/751803.html.

的智臻网络与苹果公司之间的专利侵权纠纷。

苹果公司 Siri 是否侵权尚未有定论，智臻网络又深陷“小 i 机器人”专利是否有效的诉讼漩涡之中。

1.3.2 交锋主战场

作为诉讼“老手”的苹果公司，势必不会对智臻网络提出的专利侵权诉讼坐视不管。智臻网络向苹果公司提起专利侵权的诉讼，一时间众说纷纭，更有甚者将矛头直指智臻网络，认为这是一起“专利流氓”的“碰瓷”案件。然而，真如大众所料吗？从苹果公司聘请了知识产权领域泰斗级人物陶鑫良作为其代理律师就能看出，这起案件对苹果公司的影响重大，甚至可能触及其核心利益。果不其然，2012 年 11 月 19 日，苹果公司针对“小 i 机器人”专利向专利复审委员会提出了专利无效的请求。在专利侵权诉讼中，被诉方提起专利无效申请是常见的专利防御战略，苹果公司的专利无效申请，也正式为这场专利“拉锯战”拉开了帷幕。苹果公司缘何认为“小 i 机器人”专利应被宣告无效？追根溯源，问题出在“小 i 机器人”的专利说明书上。

苹果公司认为“小 i 机器人”的专利说明书存在重大瑕疵，应当被宣告专利无效。苹果公司称，“小 i 机器人”的专利说明书公开不充分，权力要求的保护范围不清楚，权利要求中缺乏解决关键技术问题的必要特征，且权利要求得不到说明书的支持。苹果公司还提供了两份在先专利，认为“小 i 机器人”的技术要点已被公开，不具备新颖性和创造性。

事实真是如此吗？

1.3.3 三审两反转

对于苹果公司的主张，专利复审委员会并未采纳，2013 年 9 月 3 日，专利复审委员会作出第 21307 号无效宣告请求审查决定，维持“小 i 机器人”专利有效。对于专利复审委员会给出的审查决定，苹果公司并不认同，遂于 2013 年 11 月 25 日向北京一中院提起行政诉讼，请求撤销专利复审委员会的专利有效决定。然而，经历长达近 8 个月的审判，北京一中院作出了维持专利复审委员会决定的判决，驳回了苹果公司的诉讼请求。苹果公司于 2014 年 7 月 22 日再次向北京市高级人民法院（以下简称北京高院）提起行政上诉，请求撤销北京一中院作出的一审判决，请求撤销专利复审委员会的专利有效决定。

2014 年 9 月 26 日，袁辉在接受人民网的专访时表达了自己的观点："在我看来，苹果公司这种一而再、再而三的诉讼方式，是非常藐视我们国家尊严的。"袁辉说，"我们为什么可以跟苹果公司打这个官司？我们的专利在 2004 年就已申请，苹果公司是 2010 年收购了 Siri 这样一家公司。Siri 技术方案落在侵权范围，我们的专利在中国是完全有效的。从另外一个角度来说，我们是不是有这个技术，这是一个很重要的问题。"[①]袁辉和他的团队对二审结果充满信心，然而现实却又给了他当头一棒。谁也没有想到，2015 年 4 月 21 日北京高院作出的最终判决支持了苹果公司的诉求，宣告撤销一审判决和专利复审委员会做出的专利有效决定，苹果公司最终扳回一局。

由于我国实行两审终审制，北京高院的判决通常就是终审判决。判决生效后，专利复审委员会须按照北京高院的判决，重新审查专利的效力。这几乎决定了"小 i 机器人"专利将肯定被宣告无效，也意味着苹果公司可能获得最终的胜利。2016 年 4 月 12 日，上海一中院依据"先行裁驳，驳回起诉"的原则，因北京高院已经宣布重新审查"小 i 机器人"专利的效力，智臻网络的专利侵权诉讼事由视为不存在，所以裁定驳回智臻网络的起诉。

业内人士认为，苹果公司和智臻网络之所以会在这起案件上苦战这么久，是因为双方都很难承担得起该专利案的"后果"：一旦苹果公司落败，将因侵权遭遇禁售或者支付一大笔罚金；智臻网络也将面临苹果公司的反击，一旦落败，不仅收不到罚金和专利费，还将承担专利无效的后果。

---

① 群硕系统. 小 i 机器人：科技理想主义的未来大世界[EB/OL]. (2014-09-26) [2022-09-20]. https://www.yicai.com/news/4023696.html.

2015年5月16日,智臻网络正式向最高院提请再审。再审作为审判监督程序是司法救济的重要途径之一,智臻网络抓住了这最后"一根稻草"。终于,2020年6月29日,最高院作出终审判决,判决撤销北京高院作出的二审判决,承认了"小i机器人"的专利有效,智臻网络顺利逆风翻盘,"小i机器人"在经历了三审两反转后置之死地而后生,最终撼动了苹果公司这只"大象",为横跨近10载的专利大战画上了一个圆满的句点(见图9-1)。

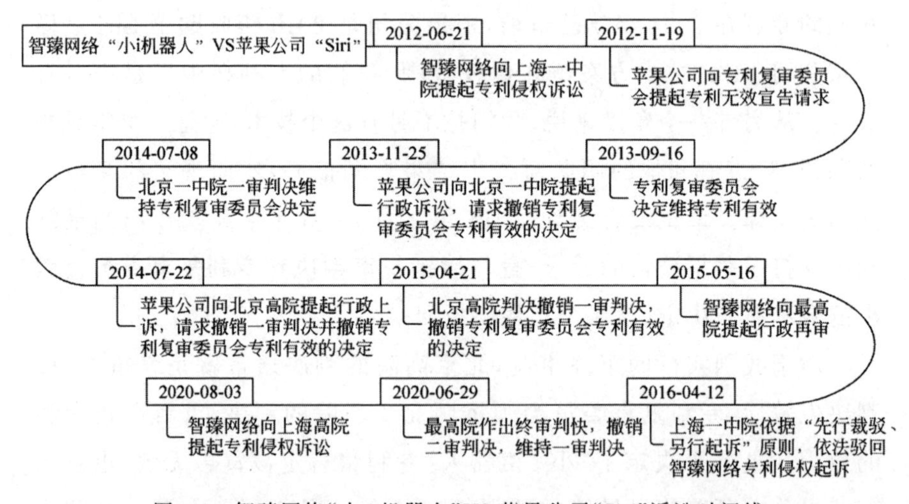

图9-1　智臻网络"小i机器人"VS苹果公司"Siri"诉讼时间线

1.3.4　案件再重启

案件一波三折,长达8年的诉讼终于迎来一个结果,在袁辉看来,这是中国企业面对美国巨头企业赢得专利权益的一次巨大胜利。智臻网络为保护知识产权抗争了8年,终于证明了中国公司的实力。然而,"小i机器人"专利有效仅仅是迈出了第一步,苹果公司"Siri"是否侵权尚未有定论。于是,2020年8月3日,智臻网络再次向上海高院提起诉讼,正式要求苹果公司停止专利侵权,并赔偿100亿元。

针对起诉,苹果公司对新浪法问发声明称:"Siri不包含其专利包括的特征,该专利与游戏和即时消息有关。我们对小i机器人提起再一个诉讼感到失望。经最高院认证的独立鉴定机构也得出结论,苹果并未侵犯小 i 机器人的技术。”[①]上海高院立案后，苹果公司拒绝在中国境内接受诉讼材料，上海高院便启动了境外送达程序，直到 2021 年 9 月苹果公司才正式应诉并提出管辖异议。

2021 年 9 月 3 日，为防止苹果公司进一步侵权，智臻网络向上海高院提出了行为保全申请(禁令)，截至目前，苹果公司对智臻网络申请行为保全一事也未做出任何回应。

对于停售禁令申请，北京市京师律师事务所国际总部高级合伙人李萍表示，法院是否作出行为保全裁定会考虑多方面因素[②]。至于案件未来的发展走向，李萍认为，苹果公司可能与智臻网络就专利权的确权进一步进行“拉锯战”。不过，她表示，如果智臻网络的专利权得到稳定，考虑到苹果公司在国际、国内的影响，双方在法院斡旋下达成调解的概率较大[③]。

2021 年 9 月 28 日，该案进行了第二次的开庭审理。截至 2022 年 9 月，该案仍在审理中……

法律篇[③]

2.1 智臻网络 VS 苹果公司对簿公堂：首次起诉，被迫终止

2012 年 6 月，苹果公司推出了 Siri 中文测试版，引起了智臻网络的注意，智臻网络委托了相应的技术评估机构，经过详细的技术评估和比对，发现苹果手机的 Siri 功能非法使用了智臻公司的专利技术，构

① 王茜. 苹果回应小 i 机器人索赔 100 亿：未侵犯对方技术 Siri 不包含其专利特征[EB/OL]. (2020-08-04) [2022-09-20]. http://finance. sina. com. cn/fawen/2020-08-04/doc-iivhuipn6706403. shtml.

② 佘晓晨. 专利纠纷持续，小 i 机器人要求苹果公司停售 iPhone[EB/OL]. (2021-09-07) [2022-09-20]. https://finance. sina. com. cn/chanjing/cyxw/2021-09-07/doc-iktzqtyt4594870. shtml.

③ 本篇中相关内容来源于中国裁判文书网。

成专利侵权。在希望能够协调解决此纠纷无果后，智臻网络向上海一中院提起诉讼，控告苹果公司和苹果贸易公司的智能语音助手 Siri 专利侵权，要求其禁售所有装载 Siri 功能的 iPod、iPhone 及 iPad 产品。

随后，苹果公司方面积极应诉，主动出击，聘请了知识产权领域的泰斗级人物陶鑫良等资深律师商量防御对策。2012 年 11 月，苹果方面向专利复审委员会提出申请，请求宣告"小 i 机器人"专利无效，将本案争议焦点转向"小 i 机器人"专利是否有效。

从苹果公司的 Siri 到微软公司的小冰，从百度的小度到小米的小爱，这些数不胜数能够聊天、查询信息并与人们互动的智能语音助手已经深入到生活的方方面面。那么在如此多的聊天机器人产品中，小 i 机器人为何独独选中了苹果的 Siri 进行侵权诉讼呢？

"实际上很简单，因为在 2011 年，他们是在我们之后第二家发布这样一套系统的公司，而且苹果公司是在全世界都很有影响力的公司，所以他们一发布我们就看到了。"袁辉在面对新京报贝克财经记者采访时这样回答。①

因涉及美国苹果公司，需通过外交方式送达法律文书，案件直到 2013 年才正式提上审理日程。上海一中院在 2013 年 7 月至 2014 年 10 月期间 4 次开庭，此后由于苹果公司在北京一中院的行政诉讼，上海中院裁定中止审理正在进行中的智臻网络与苹果公司之间的侵害发明专利权纠纷。

同一时段，北京一中院在 2014 年 7 月 8 日，对苹果公司提起的行政诉讼作出维持无效宣告请求审查决定的行政判决，苹果公司表示不服，选择继续上诉至北京高院。2015 年 4 月 21 日，北京高院最终认定涉案专利应宣告无效，终审判决撤销原判，撤销专利复审委员会的审查决定，并要求专利复审委员会对此重新作出无效宣告请求审查决定。

上海一中院获悉北京高院的行政终审判决后，决定恢复对智臻网络诉苹果公司的专利侵权纠纷案的审理。恰在此时，针对解决专利诉

---

① 来源：同 210 页注释②。

讼周期长的问题的《最高人民法院专利法司法解释（二）》（以下简称《司法解释（二）》）宣布自2016年4月1日起正式实施。

2016年4月12日，上海一中院依据《中华人民共和国民事诉讼法》并类推适用《司法解释（二）》“先行裁驳、另行起诉”[①]的制度规定，裁定驳回了智臻网络的起诉。

至此，智臻网络首次起诉苹果，因无法表明其与案件具有直接利害关系，而被迫终止。

2.2 8年拉锯战：“小i机器人”专利起死回生

2.2.1 专利有效，赢得先机

2012年11月19日，苹果公司针对“小i机器人”专利向专利复审委员会提出了无效宣告请求，其认为涉案专利权利要求不符合《专利法》第二十二条第二款、第三款的规定，说明书不符合《专利法》第二十六条第三款、第四款的规定，不符合《中华人民共和国专利法实施细则》第二十条第一款、第二十一条第二款的规定，请求宣告涉案专利权利要求全部无效。

经过两次口头审理，专利复审委员会在专利授权公告文本基础上做出如下解释。

针对苹果公司提出的说明书公开不充分理由，专利复审委员会认为基于所属领域技术人员的技术水平和认知能力，结合说明书记载的整体公开内容，技术人员可以实现涉案专利利用机器人系统的游戏服务器互动的功能，理解格式化语句和自然语言的含义，设置出能够区分格式化语句和自然语言的过滤器，构建出精确的搜索数据库以实现涉案专利的精确搜索。

---

① 2016年3月21日，最高人民法院发布《最高人民法院关于审理侵犯专利权纠纷案件应用法律若干问题的解释（二）》，司法解释（二）已于2016年1月25日由最高人民法院审判委员会第1676次会议通过，全文共31条，自2016年4月1日起施行。针对专利诉讼周期长的问题，司法解释（二）设计了“先行裁驳、另行起诉”制度，即在专利复审委员会做出宣告专利无效的决定后，审理专利侵权纠纷案件的法院可以裁定“驳回起诉”，无须等待行政诉讼的最终结果，并通过“另行起诉”给权利人以司法救济途径。

针对苹果公司提出的权利要求保护范围不清楚理由，专利复审委员会认为基于权利要求上下文及对权利要求整体技术方案的理解，可以清楚地知道：权利要求1中“相应的服务器”是指AI服务器、查询服务器或游戏服务器三者之一；权利要求9中“相应数据库”是指对话数据库和信息数据库，“该对话语句”是指用户对话语句；权利要求11中的“格式化语句”含义清楚，是人机交互中具有一定格式、通过计算机可以执行的与自然语言相对的一种语言形式。

针对苹果公司提出的权利要求缺少解决关键技术问题的必要特征理由，专利复审委员会认为涉案专利主要解决的两个技术问题，一是实现用户和机器人聊天、“命令”机器人为用户查找信息、做游戏，二是得到拟人化的对话。而“通信模块、过滤器及AI服务器、查询服务器或游戏服务器”实现了第一个发明目的，“具有AI和信息服务功能的AI服务器及其对应的数据库”实现了第二个发明目的，不存在缺少必要技术特征的情况。

针对苹果公司提出的权利要求书得不到说明书的支持理由，专利复审委员会认为，对于权利要求书应当得到说明书支持的要求是指权利要求书在实质上得到说明书公开内容的要求，并非一定在形式上。由所属技术领域人员根据说明书的发明目的及公开的实施例可知，涉案专利方案的实质在于过滤器对输入的用户语句进行是否为格式化语句或自然语言的判断后，再根据判断结果将用户语句转发到相应的服务器，以执行后续的处理。专利复审委员会还认为，权利要求中简明和概括语言的理解要依据说明书及图的解释功能，而并非所有权利要求中的术语都是上位概括，“AI服务器及其对应的数据库”与实施例中的对话数据库不是上位概念和具体概念的关系，根据说明书背景技术的记载，用户完全可以使用即时通信平台找到联机机器人，明确得到查询服务器对信息数据库访问具有优先级别顺序，不存在苹果公司所述的权利要求1～11记载的技术方案得不到的说明书支持。

针对苹果公司提出的涉案专利不具有新颖性和创造性理由，专利复审委员会认为：附件1没有单独的服务器及其对应的数据库，没有公开涉案专利权利要求1中的过滤器及其相关功能，也不存在得出过滤器及其相关功能的启示；附件2和附件3没有公开权利要求1中的过滤器及其功能相关特征，且不论是单独的附件还是附件的结合，涉案专利都具有突出的实质性特点和显著的进步，具有创造性和新颖性。基于上述解释，2013年9月3日，专利复审委员会作出第21307号无效宣告请求审查决定，维持专利全部有效。

对于该决定，苹果公司表示不服，遂于2013年11月25日向北京一中院提起行政诉讼，请求撤销专利有效决定。但北京一中院认为涉案专利说明书公开充分、权利要求符合《专利法》及其实施细则的相关规定，判决维持专利复审委员会的被诉决定。

北京一中院认为本案各项争议焦点应站在所属领域普通技术人员的标准[①]的立场上进行评述。庭审中，双方当事人围绕涉案专利说明书公开是否充分，权利要求书是否得到说明书支持、保护范围是否清楚、是否缺少必要技术特征、是否具有新颖性和创造性等进行了激烈的辩论。法院经审理认为该案争议焦点具体包括：涉案专利说明书对于如何实现游戏功能、如何区分格式化语句或自然语言、如何通过网络学习来扩充对话数据库、如何实现精确搜索功能、如何检索对话数据库以获得拟人化聊天信息是否充分公开；涉案专利权利要求1、9、11中的“根据区分结果将该用户语句转发至相应的服务器”和“格式化语句和自然语言”是否清楚；涉案专利权利要求1、9是否缺少AI服务器及其对应数据库扩充方式实现拟人化这一技术问题的必要技术特征；涉案专利权利要求1、9中记载的“游戏服务器”“过滤器”“AI服务器及其对应数据库”、权利要求9中记载的“用户找到联机的聊天机器人”、权利要求10中记载的“查询服务器对信息数据库访问有一个优先权级别顺序”的技术特征，以及权利要求11能否得到说明书的支持等。

---

① 该领域的普通技术人员应当掌握人工智能、模式识别、自然语言处理、数据分析、机器学习、信息检索等相关的普通技术知识，能够获知有关的现有技术，具有本专利申请日之前的常规实验能力，并且在理解和分析专利文献内容方面具有通情达理的推理能力。

合议庭认为，涉案专利区别于其他专利的特征在于该聊天机器人设置有过滤器，以过滤器为技术手段区分格式化语句和自然语言，根据区分结果将用户语句转发至相应的服务器处理，从而提高人机对话系统的效率和可用性。

对于双方争议的焦点问题之一，即涉案专利说明书是否公开充分，合议庭认为，判断充分公开的标准是本领域技术人员按照说明书记载的内容是否能够实现该发明或者实用新型的技术方案，解决其技术问题，并且产生预期的技术效果。该案中，涉案专利首先要实现拟人化的对话，游戏功能只是在拟人化对话的基础上的附加功能，并不是实现本发明必不可少的技术内容。过滤器本身并不对用户语句所需执行的内容予以区分。涉案专利限定的游戏服务器的游戏功能是通过格式化命令语句方式实现的，而使用格式化语句调用游戏模块来实现游戏功能是涉案专利申请日之前的现有技术，因此对于涉及现有技术游戏服务器的方案可以不做详细描述，故苹果公司提出的无效理由不成立。

对于双方争议的焦点问题之二，即涉案权利要求保护范围是否清楚，合议庭认为，判断权利要求书是否对发明做出清楚、完整的说明，应当基于本领域技术人员的技术水平和认知能力，结合整体公开的内容来看。虽然涉案专利权利要求并未明确何种判断结果发送至游戏服务器，但是本领域技术人员根据其普通技术知识能够清楚地知道在语言分析后将与游戏相关的内容发送至游戏服务器。同时，本领域技术人员在得知了格式化语句的预定模板如何设置后，可以根据预定模板区分出哪些是格式化语句，而不符合预定模板要求的语句即为自然语言。因此，涉案权利要求保护范围清楚，故苹果公司提出的无效理由不成立。

对于双方争议的焦点问题之三，即涉案专利是否缺少必要技术特征，涉案专利所要解决的技术问题是“拟人化”，为解决该技术问题，权利要求中限定了过滤器，从而区分格式化语句和自然语言，并对区分的结果分别进行处理，加速处理速度，对无法进行格式化转换的用户语句通过 AI 服务器进行回答，进而实现拟人化的效果。而在进行自然语言处理时，AI 服务器对应的数据库如何进行扩充和更新以获得更好的对话效果，是附加的技术问题，专利权人可以对其公开的技术方案进行选择性保护，将以上技术特征限定在从属权利要求，或不予限定。因此，涉案专利不缺少必要技术特征，故苹果公司提出的无效理由不成立。

对于双方争议的焦点问题之四，即涉案专利权利要求是否得到说明书支持，合议庭认为，涉案专利权利要求是否能够得到说明书的支持，须结合本领域普通技术人员的知识和认知水平，判断有关权利要求在实质上是否得到了说明书的支持。本案中，根据说明书充分公开的内容以及技术人员的知识积累可以直接或者概括得出“游戏服务器”和“过滤器”等有关特征，并未超出说明书公开的范围。故苹果公司提出的无效理由不成立。

对于双方争议的焦点问题之五，即涉案专利及其从属权利要求是否具有新颖性和创造性，法院审理认为附件 1 没有公开涉案专利权利要求 1 所限定的过滤器及其将过滤器筛选后的语句分别进行处理的相关功能，也不存在设置相关功能的过滤器的技术启示。过滤器区分格式化语句与自然语言，将过滤器筛选后的语句分别进行处理，从而避免了由于自然语言处理速度较慢、影响格式化语句处理速度的问题，实现了快慢分流的效果，提高了处理效率和准确率，也提升了智能化，取得了有益的技术效果。因此，涉案专利权利要求 1 与附件 1 之间所存在的区别技术特征使得涉案专利权利要求 1 具有突出的实质性特点和显著的进步，被诉决定关于涉案专利权利要求 1 相对于附件 1 具备《专利法》第二十二条第二款、第三款规定的新颖性和创造性的认定具备事实和法律根据。同理，权利要求 9 相对于附件 1 也具备《专利法》第二十二条第二款、第三款规定的新颖性和创造性。故苹果公司的相应诉讼主张不能成立。

综上所述，北京一中院判决：维持被诉决定，苹果公司败诉。

2.2.2 二审反转，扑朔迷离

首战惜败，2014 年 7 月 22 日，不服北京一中院一审判决的苹果公司选择继续上诉至北京高院。

北京高院 2014 年 9 月受理依法组成合议庭，并于 2014 年 10 月对案件进行了公开审理。

期间，苹果公司上诉提出了新增理由，认为智臻网络“过滤器分析语句转发至相应服务器”特征不清楚，一审判决脱离说明书的教导，缺乏事实依据和法律依据，并且该认定实际上是认定了权利要求 1 缺少“语言分析模块”这一必要技术特征。

北京高院另外查明，智臻网络在涉案专利授权审查阶段的答复意见陈述中表明，具有显著进步的原因是“查询服务器”和“游戏服务器”能够为用户提供各类丰富、及时、准确的信息及互动游戏。

针对“如何实现游戏功能”是否公开充分，北京高院认为，根据专利说明书关于发明目的的记载和智臻网络自认游戏功能是该专利具备创造性的技术特征可知，实现游戏功能是实现拟人化的一种表现形式，并非拟人化的附加功能。涉案专利说明书未记载实现互动游戏功能所需的技术方案和语言分析模块或装置，更未记载对相关的语句进行分析处理后将与游戏相关的内容发送至游戏服务器，同时一审判决没有考虑相关内容是否已经在说明书中被教导、记载或指引，缺乏事实和法律依据。故涉案专利说明书未公开如何实现该专利权利要求 1 所限定的游戏功能，违反了《专利法》第二十六条第三款的内容，因此判决撤销一审判决和被诉决定。

针对权利要求“根据区分结果将该用户语句转发至相应的服务器”是否清楚，北京高院认为，结合专利说明书记载的内容，过滤器分两路输出转发至 3 个服务器，不可能送至游戏服务器，且过滤器与 3 个服务器之间的连接关系不清楚，不符合《专利法实施细则》第二十条第一款的规定，故苹果公司上诉主张成立，予以支持。

针对权利要求能否得到说明书的支持，北京高院认为，权利要求书不仅应当在表述形式上得到说明书的支持，而且应当在实质上得到说明书的支持。涉案专利说明书关于如何实现游戏功能未充分公开，未进一步说明游戏服务器的组成部分和工作机理，其特征在形式上得不到说明书的支持，不符合《专利法》第二十六条第四款的规定，故苹果公司上诉主张成立，予以支持。

针对其他公开不充分，权利要求不清楚、得不到说明书支持、缺少拟人化相关技术特征等理由，北京高院与上海一中院认定理由相同，对苹果公司的主张不予支持。

2015 年 4 月 21 日，北京高院认定智臻网络的“小 i 机器人”专利不符合《专利法》的相关规定，存在明显实质性缺陷，决定撤销一审判决，撤销被诉决定，责令国家知识产权局重新审查其有效性。这项判决实际上宣告了智臻网络的专利无效，也意味着苹果公司获得了这场持续近 3 年的侵权诉讼的最终胜利。

2.2.3 再审逆转，重获新生

北京高院作出判决后，智臻网络并不认同，遂在 2015 年 5 月 6 日将苹果贸易公司和国家知识产权局一同告上最高院，提起行政再审。

2016 年 12 月 28 日，最高院认为智臻网络的再审申请符合行政诉讼法相关规定，决定提审该案。再审期间，中止原判决执行。

智臻网络申请再审理由如下。

（1）涉案专利游戏功能为现有技术，和拟人化之间无关系，权利要求 1 中限定的查询服务器与游戏服务器之间是“或”的关系，二者语句传输无实质区别，由发明目的可知，二审认定其为必要技术特征，未充分公开游戏功能认定错误。

（2）过滤器区分格式化语句和自然语言不代表过滤器是两路输出，游戏服务器组成部分和工作机理属于公知常识，权利要求保护范围表述清楚。

（3）涉案专利的权利要求能够得到说明书的支持。

（4）二审判决在所属技术领域的技术人员能够实现的标准之上，

增加了“在说明书中被教导、记载或指引”无明确标准的要求，适用法律错误。

（5）二审剥夺了当事人的辩论权利，违反程序原则。

（6）涉案专利具有新颖性、创造性。

苹果公司答辩如下。

（1）智臻网络在再审开庭时关于游戏服务器的陈述与其在先陈述相互矛盾，不应采纳。授权审查阶段，原告提交意见陈述书称，游戏服务器和查询服务器是两个不同的区别技术特征，解决不同的技术问题、实现不同的技术效果；宣告无效阶段，专利权利人和专利复审委员会强调，涉案专利的游戏服务器、查询服务器是分别单独实现的，其不同于附件1；二审阶段，权利人智臻网络称，游戏服务器的组成部分和工作原理与查询服务器没有本质区别，都是使用格式化命令语句实现其功能，游戏服务器是本领域的惯用技术手段，不是导致涉案专利具有创造性的区别技术特征。

（2）二审法院充分考虑智臻网络自认，游戏功能是必要技术特征，根据说明书及附图记载游戏服务器和查询服务器是两个不同服务器，分别实现游戏互动和信息查询功能，权利要求对过滤器与3个服务器的连接关系不清楚。

（3）专利审查档案属于可以用于解释权利要求的内部证据，不属于二审时提交的新证据，各方当事人在二审开庭时充分发表了意见，二审法院引用涉案专利审查档案解释权利要求符合法律规定。

（4）涉案专利不具备新颖性和创造性。

国家知识产权局陈述如下。

（1）涉案专利的游戏功能得到了充分公开。游戏功能只是一个附加功能，绝非实现拟人化的必要技术特征；根据说明书相关记载，本领域技术人员能够明确过滤器区分的结果。

（2）二审判决关于充分公开的判断标准存在法律适用错误。二审判决对所著技术领域人员能够实现的标准忽略了本领域技术人员的技术水平，属于对申请文件撰写的过度要求。

（3）二审法院在未经质证并听取当事人意见的情况下，引用涉案专利审查档案解释权利要求违反程序问题。

国家知识产权局认为专利申请人的每次意见陈述都只是其在特定情形下的意思表示，涉案专利申请人在对第一次审查意见通知书作出意见陈述后，专利申请并未立即获得授权，而是在由实质审查部门继续发出两次缺少必要技术特征的审查意见通知书，专利申请人陆续加入“过滤器”和涉及“转发”的相关特征之后，专利申请才得以授权。二审判决依据涉案专利申请人的第一次意见陈述认定涉案专利授权理由缺乏依据。

最高院梳理查明了涉案专利授权审查文件和专利权人在原审中对游戏服务器的陈述，认为本案所指的服务器在物理上可为一体，服务内容可有区别，智臻网络的观点是随着诉讼程序推进中苹果公司与智臻网络诉辩观点的发展而适时提出的，应当结合涉案专利的记载和现有技术的状况来确定其区别于现有技术的特征。首先，所属领域技术人员是指一种假设的“人”，假定他知晓申请日或者优先权日之前发明所属领域所有的普通技术知识，能够获知该领域中所有的现有技术，并且具有应用该日期之前常规实验手段的能力，不具有创造能力。其次，在涉案专利申请日前，在聊天服务系统中设置游戏服务器是本领域常规设置。最终，最高院综合认定本案争议最大的问题是涉案专利涉及游戏服务器的技术方案是否充分公开。

对此，最高院指出，本领域技术人员是否能够实现发明技术方案是判断说明书公开是否充分的根本落脚点。根据《专利审查指南》的规定，对于涉案专利与现有技术的共有技术特征和区别技术特征的公开提出不同的要求，对于本领域技术人员知识和能力范围的技术特征要求较低，而对于本领域技术人员知识和能力范围以外的、区别于现有技术的技术特征要求较高。根据涉案专利说明书的完整内容并结合该案证据，应当认定使用格式化语句调用游戏模块来实现游戏功能，属于涉案专利的现有技术，游戏服务器不是涉案专利与现有技术的区别特征。在此情况下，对于涉及游戏服务器的技术方案可以不做详细描述。

对于新颖性、创造性问题，苹果公司主张：附件1公开了本专利要求1中的过滤器，附件1和附件2和公知常识的结合完整公开了权利要求1的技术方案；AI服务器与对话模块是两个不同的模块。最高院认为：附件1中执行AI服务器、查询服务器和游戏服务器功能的均是相匹配的“格式化”消息，并不能体现拟人化交互对话；权利要求1与附件1的区别技术特征并未被附件2公开，苹果公司未举证证明或者充分说明该区别技术特征属于公知常识，智臻网络关于本专利具有新颖性和创造性的主张成立。

因此，二审判决对此认定存在错误，涉案专利说明书符合《专利法》第二十六第三款的规定。据此，最高院最终在2020年作出终审判决，确认“小i机器人”(ZL200410053749.9)专利有效性，认定二审判决存在错误，并撤销了二审判决，维持一审判决。“小i机器人”专利的有效性，最终不再是一个问题。

2020年7月，国家知识产权局发布结案通知书，“专利是否有效”案件审理结束。

2020年7月6日，“小i咨询”官方微信号以“小i机器人专利获胜，有望扳倒苹果巨人”为题，宣布了智臻网络在最高院的判决中获胜的消息。

2.3 重启诉讼，反击开始：兵戎相见 or 握手言和？

随着专利被判决有效，2020年8月，智臻网络再次向上海高院提起诉讼，正式要求苹果公司停止专利侵权，并赔偿100亿元。

针对起诉，苹果公司对新浪法问发声明称：“Siri不包含其专利包括的特征，该专利与游戏和即时消息有关。我们对小i机器人提起再一个诉讼感到失望。经最高人民法院认证的独立鉴定机构也得出结论，苹果并未侵犯小i机器人的技术。”[①]

---

① 王茜.苹果回应小i机器人索赔100亿：未侵犯对方技术 Siri不包含其专利特征[EB/OL].(2020-08-04)[2022-09-20]. http://finance.sina.com.cn/fawen/2020-08-04/doc-iivhuipn6706403.shtml.

上海高院立案后，苹果公司拒绝在中国境内接受诉讼材料，上海高院便启动了境外送达程序，2021 年 9 月苹果公司正式应诉并提出管辖异议。

2021 年 9 月 3 日，为了防止苹果公司进一步侵权，智臻网络向上海高院提出了行为保全申请(禁令)，截至 2022 年 9 月，苹果公司对智臻网络申请保全令一事也未作出任何回应。

针对停售禁令申请，北京市京师律师事务所国际总部高级合伙人李萍表示，法院是否作出行为保全裁定会考虑多方面因素[①]。在她看来，因小 i 机器人的专利权获得确权不久，而苹果手机早就在国内销售，且销售体量太大，法院可能因小 i 机器人权利尚不稳定，且苹果公司的销售行为早已有之，不属于情况紧急状态，所以该保全措施造成的损害价值及可能的社会影响过大，而驳回该申请。

至于案件未来的发展走向，李萍认为，苹果公司可能与智臻网络就专利权的确权进一步进行“拉锯战”。不过，她表示，如果智臻网络的专利权得到稳定，考虑到苹果公司在国际国内的影响，双方在法院斡旋下达成调解的概率较大[②]。

此战，智臻网络的“小 i 机器人”专利成功能否经受苹果公司的挑战，双方是继续兵戎相见，还是握手言和，让我们拭目以待。

商事篇

3.1 小 i 机器人：前世今生

3.1.1 诞生：风光无限

2001 年，随着 2G 网络在全球的覆盖，中国的 3G 移动时代已经悄

① 余晓晨. 专利纠纷持续，小 i 机器人要求苹果公司停售 iPhone[EB/OL]. (2021-09-07)[2022-09-20]. http://finance.sina.com.cn/chanjing/cyxw/2021-09-07/doc-iktzqtyt4594870.shtml.

② 同上。

然降临，所有的软件都将被重新定义。时任微软公司华东区渠道经理的袁辉和中国科学院的在读博士生朱频频一拍即合，决心自主创业，为了实现这个梦想，袁辉辞掉了在微软公司的工作，毅然决然与朱频频一起在上海成立了上海赢思软件技术有限公司，誓要在移动时代站稳脚跟。本着这一相同的信念，两人开发了一些诸如手机邮件同步系统等应用软件，虽然受到了好评，但由于产品过于超前，在当时并没有引起太大的关注。

2003 年是个不同寻常的年份，非典疫情在国内大规模暴发，线下营业场所全部关门，政府下令居家隔离防疫，袁辉和朱频频也只能回家"待业"。百无聊赖中，两人随手做了一个可以聊天的智能机器人放在了 MSN 上，没想到，恰恰因为当时大家都躲在家里用 MSN 上网聊天，他们做的机器人一下子就火了，这款智能机器人就叫"小 i"。2004 年 1 月，袁辉和朱频频带领的团队仅用了 3 天时间就开发出了小 i 机器人的原始版，随着小 i 机器人的蹿红，用户量开始进入迅速增长时期。

2006 年，微软公司发现了小 i 机器人的潜在价值。微软公司和上海赢思软件技术有限公司签署了战略合作协议，上海赢思软件技术有限公司帮助微软公司开发了一个智能机器人开发平台 iBot，短时间内就有来自世界各地 100 多个国家 7 万多开发者加入了这个平台。许多开发者在上面开发了诸如订餐机器人、电影机器人、旅游机器人等新奇产品。在这一过程中，通过开发者和用户不断地反馈和数据范本积累，小 i 机器人系统变得越来越聪明。智能机器人就像人一样需要不断训练，从那时起，袁辉就已经将整个系统工程化、平台化和产品化定为公司未来发展的方向与目标。

2006 年，小 i 机器人已拥有近 1 亿名用户。此时的国内，尚没有一个可以和小 i 机器人相媲美的智能机器人，小 i 机器人成为行业的标杆，人们都觉得这就是科技的未来、人类的未来。凭借着小 i 机器人在中国的爆火，华尔街的投资人纷至沓来，评价其"将成为取代谷歌或成为网络入口的第三种方式”[①]。2004—2006 年，智臻科技至少接受了三四轮风险投资，累计投入超过 1 亿美元。

然而，2004—2006 年，倚靠微软公司 MSN 平台的小 i 机器人风光无限，但实际上却并没有给公司带来太多收入，风险投资几乎是小 i 机器人唯一的支撑来源。

3.1.2 成长：披荆斩棘

小 i 机器人虽然在 MSN 上迅速蹿红，但是在推广中却遇到不少困难，当袁辉向客户介绍自己的产品时，大多数人都是一脸茫然，客户甚至问了袁辉这样一个问题：“他们说你们的产品这么好，那你拿出来给我们看看啊。”[②]聊天功能是无法转化为商业价值的，没有盈利模式，再好的产品也做出不来。仅依靠风险投资生存的小 i 机器人很快就进入了艰难时期。当袁辉去硅谷和东京找投资人进行下一轮融资时，投资人无情地拒绝了他，他们认为当初投资小 i 机器人时，是希望小 i 机器人能成为下一个谷歌或者百度，但是现在，他们不会把钱投在看不到成功的希望上。

2007 年前后，因为投资者撤资，公司持续亏损，公司同事纷纷辞职跳槽，从最高峰的 300 人只剩下几十个人，袁辉甚至考虑是否要去借高利贷来解燃眉之急。很多人劝他知难而退，但袁辉始终坚信，小 i 机器人就是未来的方向，即便借了高利贷也要坚持下来。

在公司“倒掉”前，第一个客户上海市科委找上了门，对方请小 i 团队设计了一个 7 天 24 小时接待市民咨询的“海德”机器人，昵称为“海德先生”。上海市科委是一个相对比较鼓励创新也愿意支持创新的政府部门，他们要用实际行动支持他们眼中的这家创新型企业。没想到这一支持“歪打正着”，让小 i 机器人找到了活下去的理由。

做“海德”机器人基本没有挣钱，但“海德”机器人的出现，却让小 i

---

① 徐晶卉.“小 i 机器人”挑战谷歌苹果[EB/OL].（2014-02-01）[2022-09-20]. http://www.whb.cn/zhuzhan/kandian/20140201/2561.html.

② 周恒星.风口浪尖上的苹果：谁是中国的 Siri.[EB/OL].（2013-05-21）[2022-09-20]. https://news.tongbu.com/70074.html.

团队有了第一件“产品”。销售团队可以拿着这件产品，相对轻松地向潜在客户们解释什么是“机器人自动回复”系统。正是这次“不赚钱”的尝试，让小i机器人开始进入智能客服领域。事实证明，人类确实是需要这种智能助手的，不久，各个银行网点、社保中心都开始打造自动机器人服务，这对AI提供技术提出了极高的要求。在“海德”机器人的产品效应下，一时间订单纷至沓来，危机化解，布满阴霾的天空终于转晴。2006—2009年，小i团队最大的收获就是完成了从企业对用户(business to customer，B2C)模式向企业对企业(business to business，B2B)模式的转型——从针对C端个人用户的“烧钱”模式切换到针对B端政企用户的“赚钱”模式，终于挖掘到了智能机器人应用的“金矿”。

2011年11月，上海赢思软件技术有限公司将该专利转让给了上海智臻智能网络科技公司。2015年10月，该专利权利人变更为智臻网络公司，也就是现在的小i机器人的专利权人。

对于智能机器人行业来说，核心技术固然重要，但更重要的却在于“学以致用”，单纯的技术并不能带来商业回报，把技术变现的关键就在于如何将AI与传统业务创新地结合起来，这也是包括智臻网络在内的所有智能机器人厂商都在考虑的问题。因此，才有了智能机器人应用领域的不断拓宽，以及产业链条的不断延伸。小i机器人的产品线，也从最开始的智能客服机器人，延伸到智能营销机器人及智能家电机器人。

在AI商业化领域中，由于应用边界清晰，且有明确的盈利模式，客服一直是最前沿的领域。智能机器人与客服系统的结合，无疑是目前智能机器人市场最大的一块蛋糕，任何智能机器人厂商都不可能放弃，智臻网络也不例外。目前，智臻网络位列国内智能客服企业第一方阵，此前还因抗疫表现突出获多项表彰，入榜工信部“在科技支撑抗击新冠肺炎疫情中表现突出的人工智能企业”名单。小i机器人官网简介中写道：“小i机器人20年发展探索认知商业化路径，从以自然语言处理为核心的AI商业落地场景探索，到AI相关智能解决方案迈向产品化和规模化，最终实现业务产品的多模态、平台化、国际化扩张。”[①]

3.2 苹果 Siri：横空出世

2012 年 1 月 13 日，iPhone 4S 在中国市场大规模销售，Siri 也第一次出现在国内消费者视线中。Siri 一词在挪威语言里的意思，是“能够带领你走向胜利的美丽女性”。Siri 原本是一家成立于 2007 年的独立公司，2010 年 4 月苹果公司以 2 亿美元收购了 Siri，通过与全球最大的语音识别厂商 Nuance 合作，Siri 公司为 iPhone 开发了一款名为 Siri 的“虚拟个人助理”应用，该应用能够为手机提供自然语言搜索功能。Siri 最初搭载在 iPhone 4S 机型上，它可以令 iPhone 4S 变身为一台智能化机器人，用户可以通过 Siri 读取手机短信、查找餐厅、询问天气、语音设置闹钟等。Siri 同时支持自然语言输入，并且可以调用系统自带的天气预报、日程安排、搜索资料等应用；还能够不断学习新的声音和语调，提供对话式的应答。从 iPhone 4S 开始，Siri 成为 iPhone 5、iPhone 6 及 iPad、iTouch 等多款产品标配。Siri 在被苹果公司收购后才正式申请了专利，并在 2011 年进入专利合作条约(Patent Cooperation Treaty，PTC)申请流程。

必须承认，小 i 机器人乃至整个智能机器人行业，在近几年都实现了突飞猛进的发展，而这一切都不得不感谢 Siri。因为是 Siri 将语音识别技术与智能机器人技术结合起来并发扬光大，Siri 的出现，已经将 AI 推到了今天世人均可应用的层面。

毋庸置疑，语音能力和智能机器人的结合，极大地扩展了智能机器人技术的产业应用能力。智能手机、智能电视、智能车载设备、智能玩具、智能家居等行业，都有强烈的需求来整合这种智能的人机交互能力，即智能机器人核心能力。

技术创新时代，在其他厂商追求硬件超越、超薄设计时，苹果公司用 Siri 给了这些对手们一记新的耳光。不负众望，承载 Siri 功能的

---

① 小 i 机器人官网[EB/OL]. [2023-05-08]. https://www.xiaoi.com/aboutPage/companyprofile.

iPhone 4S 令人眼前一亮，刚推出 3 天就卖出了 400 万台[①]，创下了当时 iPhone 销售势头最猛的纪录。同时由于搭载体为有史以来最畅销的电子产品之一的 iPhone，Siri 现在的响应速度比最初推出时更快。与其他任何数字助理相比，Siri 的用户也更多，据最新统计，Siri 每月在 6 亿多台设备上被使用，每周处理超 20 亿次请求[②]。Siri 的横空出世也成为 2011 年美国具有深远影响的五大科技事件。

2021 年北京时间 9 月 8 日凌晨，苹果公司宣布于 9 月 15 日凌晨 1 点在线上举办 2021 年秋季新品发布会，外界关注的搭载 Siri 系统的 iPhone 13 系列、Apple Watch 等新品在线上亮相。9 月 7 日晚间，苹果公司股价再度大涨，在 9 月 7 日当天几乎逼近 160 美元的历史高点。截至 9 月 8 日凌晨收盘，报 156.69 美元/股，涨 1.55%，总市值近 2.59 万亿美元。2021 年以来，苹果股价在震荡中不断走高，近 3 个月以来，苹果股价从 122.95 美元/股的低点一路上扬，市值增长超过 5500 亿美元，约增长近一个腾讯控股。预计 2021 年新 iPhone 出货量将达到 0.85 亿～0.9 亿部，iPhone 整体出货量将达到 2.2 亿～2.23 亿部，同比增长 13%左右[③]。

3.3 确权之战：步履维艰

2012 年 1 月，苹果公司正式在中国发售搭载 Siri 的 iPhone 4S 系列手机，这款同样可以实现人机交互的智能机器人 Siri 引起了智臻网络的注意。智臻网络经对比分析后认为，苹果手机的 Siri 功能非法使用了小 i 机器人的专利技术，Siri 的技术方案落入了其所主张专利权的保护范围，构成专利侵权。

---

① IT 业界腾讯科技. 苹果与 Siri 的七年之痒[EB/OL]. (2018-03-19) [2023-05-08]. https://tech.qq.com/a/20180319/002203.htm.

② 2021 年苹果全球开发者大会(英文全称是“Worldwide Developers Conference”)，2021-06-08.

③ 21 财闻汇. iPhone 13 即将面世 “果链”大面积飘红！专利纠纷持续小 i 申请禁令停售 iPhone，影响几何？[EB/OL]. (2021-09-08). [2023-05-08]. https://cj.sina.com.cn/articles/view/1644648333/6207578d01900zet9.

智臻网络于 2012 年 9 月向上海一中院提起诉讼，这次向法院提请的诉讼属于确权诉讼，智臻网络要求法院判令苹果公司立即停止生产、销售和使用含有 Siri 的 iPhone 4/4S/5、iPad、iPod touch 等产品，并且诉讼费由苹果公司承担。袁辉直言，智臻网络的唯一诉求就是苹果停止侵权，因此其并没有提出索赔，按照他的说法，在向法院提起诉讼前，智臻网络就已经向苹果公司发出了律师函。“Siri 去年 10 月出来后，我们就关注到，经过评估，认为他们侵犯了我们的专利，我们将这个情况告知苹果，这是正常流程，没必要一上来就告，又不是想要钱。”袁辉说道[①]。但是如同之前一些作家版权人的遭遇一样，向苹果公司发出律师函后，智臻网络没有得到苹果公司的任何回应。

“我们自然要维护自己的权利。苹果公司在全球进行知识产权的维护，我们为什么就不可以呢？”袁辉态度很坚决，他认为苹果公司侵权是毫无疑问的，但至于是否愿意和苹果公司和解，主动权在苹果公司这方。

然而事与愿违，苹果公司随后做出的反应并未在袁辉的意料之内。在专利侵权诉讼尚未审结之时，苹果公司向专利复审委员会提出了专利无效申请，虽然专利复审委员会并未支持专利无效请求，但是这也阻挡不了苹果公司的“拖延战略”，苹果公司再次以专利复审委员会为被告向北京中院提起行政诉讼，在一审判决维持后，苹果公司向北京高院提起了行政上诉。最终，在苹果公司的“不懈努力”下，北京高院二审判决认定“小 i 机器人”专利无效，撤销了一审判决和专利复审委员会的决定。

此时，距离智臻网络向苹果公司提起专利侵权诉讼已经过去了 3 年，在这 3 年间苹果公司相继推出了 iPhone 5、iPhone 6 等搭载 Siri 的系列产品，苹果公司并未受到与智臻网络专利战的丝毫影响，而智臻网络不仅面对着国内众多智能语音助手包括讯飞语点、智能 360、搜狗

---

① 陈铁珺. “小 i 机器人”状告苹果手机 Siri 侵权[EB/OL]. (2013-03-28) [2022-09-20]. http://app.why.com.cn/epaper/qnb/html/2013-03/28/content_137301.htm.

语音助手、百度语音助手等竞争对手的异军突起,还要面临小 i 机器人专利无效被釜底抽薪的危机,可谓腹背受敌。

然而,智臻网络并未忍气吞声,而是毅然选择了向最高院提起申诉,请求就本案二审判决启动审判监督程序。2015 年 6 月,最高院立案受理。再审审判历时 5 年,正当外界都以为智臻网络将要油尽灯枯之时,没想到事情再次发生了转机。2020 年 6 月 29 日,最高院下达再审判决,判决认定撤销北京高院作出的二审判决,宣布维持一审判决。

8 年专利有效的鏖战到此为止终于尘埃落定,然而这仅仅是智臻网络在专利维权路上迈出的第一步,苹果公司 Siri 专利是否侵权仍然未有定论。但一名曾参与本案的北京知识产权审判工作者表示:“案件经历了多次改判,现在相当于又回到原点,小 i 机器人还会继续起诉,但和 8 年前不同的是,他们手上拥有了重要的筹码。”①

上述人士还表示,苹果是否会最终被认定侵权还要看法院的判决。“如果认定侵权,那么和其他的案件一样,苹果公司要停止侵权并做出赔偿。”他认为 Siri 在苹果的设备中拥有相当关键的功能,并且造成了一定的经济影响,甚至未来将可能牵涉到苹果 iPhone 在中国还能不能继续销售的问题。

3.4 案件重启: 禁售 or 赔款

经历了一波三折的专利无效及行政诉讼程序,“小 i 机器人”专利最终被维持有效。基于对涉案专利权的信心,以及确认苹果公司相关产品侵犯专利权的把握,智臻网络再次向上海市高院提起专利侵权诉讼,而这次的诉讼不仅要求苹果公司停止 Siri 的专利侵权行为,包括但不限于停止制造、使用、许诺销售、销售、进口侵犯该公司发明专利权的产品,还要求苹果公司赔偿暂计人民币 100 亿元。

小 i 机器人创始人、董事长兼 CEO 袁辉公开表示:“作为一个科技

---

① 钱童心.最高法院改判小 i 机器人专利获胜苹果侵权案有望反转[EB/OL].(2020-07-06)[2022-09-20]. https://www.yicai.com/news/100688666.html.

从业者，我非常尊重苹果公司，他们的产品和服务给全世界带来了很多价值和体验。但是，消费者购买的每一个苹果公司产品，都是付了钱的。反过来，苹果公司也要尊重创新，使用了我们的专利，也需要向我们支付合理费用。”[①]若小i机器人胜诉，苹果方面将不得不向其支付相关专利费。时代财经曾在一篇报道中计算过，2020年第二季度iPhone在中国市场零售渠道的销量约为1300万部，按照每部手机均价6000元人民币来算，一个季度营收为人民币800亿元左右。若按每部手机专利费1元，那么一个季度的专利费为人民币1300万元。[②]

智臻网络诉苹果公司专利侵权一案是中国知识产权领域迄今为止标的额最大的案件。为何智臻网络在2012年的专利侵权诉讼中没有要求索赔，而如今重启案件时，智臻网络却提出了价值100亿元的天价赔偿额呢？对此，智臻网络的相关负责人在接受红星新闻记者采访时表示，2012年起诉时，搭载Siri的iPhone 4S系列产品在中国市场上刚刚崭露头角，侵权行为进行的时间并不长，所以也并未提出索赔。然而，截至2022年苹果公司的侵权事实已延续了近10年，苹果公司的侵权行为在中国市场赚取了高额的利润，对智臻网络造成了巨大的损失。因此，智臻网络有权依据事实和法律向其索赔。谈及起诉书中请求索赔的金额为100亿元，智臻网络的相关负责人表示这只是暂计，他认为苹果公司实际造成的损失远大于本次诉讼的索赔标的[③]。

无疑，这场诉讼对智臻网络具有重要的意义。从技术功能看，小i机器人与苹果公司Siri功能非常相似，而“小i机器人”专利有效性也已经赢得法律的认证。若能认定苹果公司Siri确实落入小i机器人专利权的保护范围，苹果公司不仅需要支付天价赔偿额，还将面临在中

---

① 中国经济网．小i机器人向苹果索赔100亿长达8年专利无效拉锯战[EB/OL]．(2020-08-04)[2022-09-20]．http://www.cnbzol.com/finance/yaowen/2020/0804/205883.html.

② 覃毅．中国AI公司诉苹果索赔100亿，律师：将三方面论证Siri侵权[EB/OL]．(2020-08-05)[2022-09-20]．https://new.qq.com/omn/20200805/20200805A0JX7F00.html.

③ 成都商报红星新闻．索赔100亿元，历经8年专利拉锯战后，小i机器人再诉苹果siri侵权[EB/OL]．(2020-08-07)[2022-09-20]．https://static.cdsb.com/micropub/Articles/202008/17aof2f9a5e923b09febcecf67f4903.html? spm=0.0.0.0.WRARE2

国境内搭载 Siri 的系列产品的全面禁售,以此为基础,智臻网络就有信心挑战带有语音互动功能的所有产品,包括智能移动终端、智能穿戴设、智能家居,甚至包括自动驾驶汽车,进而向谷歌、微软公司、百度等具有类似功能产品的公司发起新一轮诉讼。

另外,对经营性企业来说,专利诉讼也是提高品牌形象、谋求商业合作的良好契机。2006 年,在与 iPod 的市场竞争中陷入困境的新加坡创新技术公司通过对苹果公司发起专利侵权诉讼,不但赢得了 1 亿美元的专利赔偿金,而且成功加入了苹果公司的供应商团队,为 iPod 提供耳机、扬声器等零件。

3.5 内忧外患: 一波未平, 一波又起

与苹果公司“专利是否有效”的大战以智臻网络的胜利暂且告一段落,虽然智臻网络化解了被釜底抽薪的危机,赢得了品牌的自信心与认可度,但是实际上智臻网络自此之后的发展却并非一路向好。先是遭遇了香港上市失败,软件银行集团(以下简称软银)在接近达成交易时选择放弃入股,之后又在多家投资方处碰壁。2019 年,智臻网络出现了人事震动,公司的创始人之一,也就是公司总裁兼首席技术官(chief technology officer,CTO)朱频频被曝离开公司,一同离开的还有当时的首席财务官。

关于朱频频离开公司的原因,小 i 机器人董事长袁辉对外宣称是在与软银接洽投资期间,财务尽调机构发现公司存在财务造假的情况,当年 7 月 15 日公司开董事会,解除朱频频 CEO 和董事长的所有职务,同时离开公司的还有首席财务官。然而,朱频频离职的真正原因尚未可知,有智臻网络内部员工透露,因为朱频频与袁辉商业意见产生分歧,两人心生嫌隙[①]。

朱频频是否财务造假,智臻网络内部管理层变动原因几何,这些

---

① 包雨朦.向苹果索赔 100 亿的小 i 机器人创始人反目,总裁被指财务造假出局[EB/OL].(2020-09-01)[2022-09-20]. https://finance.sina.com.cn/stock/relnews/us/2020-09-01/doc-iivhvpwy4313461.shtml.

问题我们暂且不予置评。但我们知道，智臻网络未来将要面对的不仅仅是来自苹果公司的外部压力，还要面对公司发展等内部问题。

不问过往，只争朝夕。小 i 机器人的未来如何，让我们拭目以待。

案例启示

智臻网络小 i 机器人和苹果公司 Siri 的专利纠纷一案在我国知识产权事业发展中具有相当重要的意义，该案入选了最高院发布的 2020 年中国法院十大知识产权案件和 50 件典型知识产权案例。

回顾我国知识产权审判案件，科技企业的专利诉讼案并不少见，此次被告方苹果公司也曾以专利侵权之名，与三星集团进行长达 7 年的“世纪之战”。“各类科技企业的专利既是企业发展的护城河，也是给后来企业设置发展障碍的手段，晚于申请这些专利的苹果公司难免陷入被动，这是商业规则。”科技产业分析师钟海波说[①]。

虽然同类型案件并不在少数，但中国往往是被告，而这一次中国首先对苹果公司亮出了法律之剑，这说明中国软件厂商的实力在加强，同时对于今后其他案件也将有借鉴意义。智臻网络小 i 机器人的代理律师、上海大邦律师事务所高级合伙人袁洋在接受采访时表示：“以前往往是中国企业做被告，就是说，中国的技术总是落后的、山寨的、模仿的，所以总是被告侵权。现在的情况是，我们有了一项自主知识产权，我们也可以向世界大公司挑战。这种案子以后肯定会更多，大家都会觉得知识产权有价值，包括这项知识产权是否稳定，大家都会通过这种司法手段来挑战、来确认。”[②]知名 IT 与知识产权律师赵占领则认为，此案将会影响越来越多的企业拿起知识产权的武器来进行商

① 覃毅．中国 AI 公司诉苹果索赔 100 亿，律师：将三方面论证 Siri 侵权[EB/OL]．(2020-08-05)[2022-09-20]．https://new.qq.com/omn/20200805A0JX7F00.html.

② 央广网．苹果诉中国知识产权局与小 i 机器人争 Siri 专利[EB/OL]．(2014-02-27)[2022-09-20]．http://china.cnr.cn/yaowen/201402/t20140227_514946923.shtml.

业竞争，尤其是一些在华外资企业[①]。华东师范大学计算机应用研究所的贺樑教授认为，中国在部分高技术领域已具备了国际竞争力，在超越的过程中，势必会与现有格局发生冲突，与巨头的专利战也许会成为常态[②]。因此，在经济全球化、知识全球化的大背景下，我们应当随时做好准备，善用法律武器来保护自身合法利益。

关于目前尚未审结的苹果公司 Siri 专利侵权案，智臻网络已经向法院提出保全申请(禁令)。关于苹果手机是否会在中国禁售，坊间出现两种不同的声音。北京市京师律师事务所国际总部高级合伙人李萍律师认为，因小 i 机器人的专利权获得确权不久，而苹果手机早就在国内销售，且销售体量太大，法院可能因小 i 机器人权利尚不稳定，且苹果公司的销售行为早已有之，不属于情况紧急状态，所以该禁售措施造成的损害价值及可能的社会影响过大，而驳回该申请[③]。但北京德和衡律师事务所张兴宽律师表示，如果法庭认定苹果公司的 Siri 技术确实落入了小 i 机器人的专利权保护范围，法庭将会作出要求苹果停止使用该技术的判决[④]。

另外，值得一提的是，如今智能语音普及生活的方方面面，如果智臻网络胜诉，这样就意味着，苹果公司如果今后在中国还想再使用 Siri 的系统，那么必须向智臻网络付款。科技互联网观察者赵宏民认为："此案如果苹果败诉，小 i 机器人将会变得极其主动，因为该案可以作为一个案例，小 i 机器人向几乎所有智能手机、音响等智能设备的语音

---

① 央广网. 苹果诉中国知识产权局与小 i 机器人争 Siri 专利[EB/OL]. (2014-02-27)[2022-09-20]. http://china.cnr.cn/yaowen/201402/t20140227_514946923.shtml.

② 来源：人民网. 苹果 Siri 麻烦不断 小 i 机器人称申诉到底[EB/OL]. (2015-05-07)[2022-09-20]. http://mobile.people.com.cn/n/2015/0507/c183206-26964794.html.

③ 财闻汇. iPhone 13 即将面世"果链"大面积飘红！专利纠纷持续 小 i 申请禁令停售 iPhone，影响几何？[EB/OL]. (2021-09-08). [2022-09-20]. http://finance.eastmoney.com/a/202109082087959953.html21.

④ 京华时报. 小 i 机器人案苹果称不受中国专利法约束[EB/OL]. (2019-07-05)[2022-09-20]. http://www.iprchn.com/Index_NewsContent.aspx? newsId=61752.

互动功能助手索要专利费，华为、小米手机和智能音响都可能成为对象。”[①]法院每次的判决，都会成为该类型案件的司法参考。按照小i机器人的逻辑，一旦胜诉，全球所有手机，甚至是所有智能终端中的语音助手功能，或许都侵犯了小i机器人的专利权，后果不可想象。

但同时也有部分声音表达了自己的担忧，易观国际分析师罗兰在接受中国知识产权报记者采访时也表示，目前在中国，像Siri和小i机器人这样的个人语音助理市场尚未得到充分开发，无论从用户规模还是用户体验来说都存在欠缺。而在未来，将这类产品作为移动生活助手将会是一个很好的发展方向，但很大程度上还将取决于产品本身的智能程度。从智能机器人产品普及角度来看，苹果公司作为一个具有一定用户规模的依托平台，起到了一定的推动作用。苹果公司一旦在专利侵权纠纷中败诉，可能使其很难继续顺利充当智能机器人的载体，对智能机器人的用户拓展可能会产生一定影响[②]。

---

① 覃毅．中国AI公司诉苹果索赔100亿，律师：将三方面论证Siri侵权[EB/OL]．(2020-08-05)[2022-09-20]．https://new.qq.com/omn/20200805A0JX7F00.html.

② 国家知识产权战略网．“小i机器人”挑战苹果“巨人”[EB/OL]．(2014-07-24)[2022-09-20]．http://www.nipso.cn/onews.asp?id=22204.

第三篇　著作权篇

著作权作为知识产权的一个重要分支，是作者或其他著作权人对其创作的作品依法享有的专有权利，因其与经济文化发展息息相关的特性而一直受到国家、社会的广泛关注。加强著作权和相关权利的保护，于国家而言，有助于著作权审判在引领优秀文化、树立正确价值观中发挥导向作用，有助于促进国家文化发展和科学事业繁荣、加快建设社会主义文化强国的步伐；于企业而言，著作权是企业创新实力的表现，保护著作权能够为企业带来巨大的经济效益，提升企业的核心竞争力。因此，有效打击著作权侵权行为，保护著作权人的合法权益，成为当务之急。

本篇选取了两个具有代表性的著作权诉讼案例，分别是：瑞士狐狸城公司与上海富客斯实业有限公司（以下简称上海富客斯公司）关于“FOXTOWN及特定狐狸图形”著作权侵权及不正当竞争的纠纷，娱美德有限公司（简称娱美德）与上海盛大网络发展有限公司（以下简称盛大网络）关于“传奇”系列网游著作权侵权及不正当竞争的纠纷。每个案例均从故事篇、法律篇、商事篇及案例启示4个方面展开，清晰地展示了瑞士狐狸城公司和娱美德在发展壮大、不断扩大自身影响力的同时是如何进行著作权管理和著作权保护的。借助案例故事，本篇进一步阐述了著作权保护的前提、著作权侵权的认定，以及企业应对不正当竞争和著作权保护等战略层面的著作权管理活动。

本篇的案例对于其他企业在预防并应对著作权侵权纠纷、灵活运用著作权保护战略保护知识产权方面，同样具有重要意义。首先，企业应树立正确的维权意识，设计成果只有成为具备独创性的“作品”才能受《中华人民共和国著作权法》的保护，任何人都只能就自己独创的内容主张法律保护。其次，尽管大部分作品的创作都需要借鉴前人的成果，但借鉴的“度”，必须以《著作权法》允许的范围为考量。根据著作权侵权的“接触加实质性相似”判定原则，在作品创作的过程中，如果是在法律允许的范围内合理使用、学习和借鉴他人已有的著作权，就不会侵犯著作权人的合法权益。再次，企业应建立完善的著作权保护战略，这包括防御性战略和进攻性战略，除要运用防御性战略保护自身收入流、抵御损失之外，还可运用诸如许可和诉讼之类的进攻性战略，积极为企业创造价值。

案例 10

狐狸维权，真假终辨：FOXTOWN 著作权与不正当竞争案[①]

李良玉

引言

为了争夺中国的品牌工厂直销市场，瑞士与中国上海的两家狐狸城之间纠纷不断。瑞士“狐狸”诉称，其为“FOXTOWN 及特定狐狸图形”图文作品的著作权人，并于 1997 年 4 月凭此获得商标注册许可，且已延伸到德国、中国等 30 多个国家；而上海“狐狸”，即上海富客斯公司未经许可，就先后在其经营场所、公司网站使用这一标识，侵犯了其著作权。法院判决上海“狐狸”败诉，不得再使用涉案标识，也给我国企业知识产权战略的制定敲响了警钟。

① 本案例对有关名称作了必要的掩饰性处理，仅供学习讨论之用。

故事篇

1.1 瑞士"狐狸"业界新态

瑞士人S名下的瑞士狐狸城公司，位于瑞士边境门德里西奥(Mendrisio)小镇，主营业务为品牌工厂直销，在瑞士经营3家品牌折扣店，包含了阿玛尼(Armani)、波士(Boss)、巴宝莉(Burberry)、卡尔文·克莱恩(Calvin Klein)、杜嘉班纳(D&G)、古驰(Gucci)、普拉达(Prada)、菲拉格慕(Salvatore Ferragamo)、汤米·希尔费格(Tommy Hilfiger)等知名品牌，其在2003年销售额为1.3亿欧元，年均客流超过200万人。狐狸城奥特莱斯(outlet)购物中心开业20多年来，净收入达到35亿美元，拥有1298名员工。购物中心内现有250多个品牌，160个国际品牌商店。

瑞士狐狸城带来了一种新业态奥特莱斯，即名品折扣店。早在1970年，欧洲一些工厂就开始利用自己的仓库销售自己的订单尾货，奥特莱斯(outlet)即"一起出清"的意思。1996年后，瑞士狐狸城正式扛起奥特莱斯的大旗，将一些工厂的直销店集中在一起，逐渐发展成大规模的奥特莱斯购物中心。狐狸城与很多世界一线品牌都有长期的合约，其打折商品有50%是当季的新品，30%是当年过季商品，20%是隔年过季商品。有关人士认为，就算一些商品与欧洲相比已隔年过季，但由于欧洲的流行与亚洲有一定的时间差，其在亚洲市面上仍然是时尚的商品。

在上海投资东方狐狸城，不仅是其首次在瑞士本土以外的地区进行投资，而且项目建成后将成为全球规模最大的"狐狸城"品牌直销中心。东方狐狸城由瑞士狐狸城与上海东方国际创业股份有限公司(以下简称东方国际)合资创建，总投资额达2800多万美元，占地13万平方米，购物广场面积超过6.8万平方米。它位于沪杭高速公路松江新浜出口，距上海市中心65千米，距杭州100多千米，在苏、浙、沪三地交通非常方便。在这里，消费者能全年以3～7折的超值价格买到众多的国际品牌服饰。东方狐狸城购物中心为三层建筑，第一、二层销售世界品牌服饰产品，第三层设意大利顶级家具展示厅、中国特色工艺品、意大利特色餐厅、休闲娱乐厅等。并设有1600余个停车位的免费大型停车场。瑞士狐狸城的140余个国际品牌，将会在两年内分批进入东方狐狸城。此外，瑞士旅游风光展也在东方狐狸城三楼同时开幕，在这里人们可以通过各种多媒体手段欣赏到瑞士美丽的自然风光，使人们在购物休闲的同时又多了一份对阿尔卑斯山的美丽遐想。

1.2　上海“狐狸”崭露头角

早在S的瑞士“狐狸”入沪之前，上海富客斯公司早已在沪开出了名为狐狸城的购物中心，在不到5年的时间里，又开出了数家狐狸城品牌折扣店。上海富客斯公司在其经营场所、经营活动及公司网站大量使用与瑞士狐狸城公司相似的商标、“大品牌、小价格”的宣传语。同时，在媒体采访中均自称为“FOXTOWN国际连锁零售集团”“欧美的FOXTOWN折扣直销购物中心”，并以此在中国获得了一定的知名度。

与在商界打拼多年的S不同，远在中国的陆某，是天生购物狂人，高考后弃学，作为一名职业买手跟随黄某进入百货界，先后在上海华联超市、中国香港置地广场等5家公司供职，由奢侈品买手变身为中国奢侈品市场的“淘金客”。对奢侈品牌十分敏锐的他，发现了与中国相隔万里的FOXTOWN这个商机，于2003年创立上海富客斯公司，称公司主营国外品牌代理生意，是我国最早经营世界品牌服饰折扣连锁店的开拓者之一。该公司以“期待更多、花费更少”为服务宗旨，在短短两年多时间内，就在上海、深圳、济南等地成功开设了8家折扣店，并以其首创的“市区商圈边缘选址”“品牌形象装修”“年度开仓日”等独特营销手段，在业界及消费市场中取得了很高的知名度，备受赞誉。

2003年7月，上海富客斯公司总裁陆某分别以FOXTOWN英文单词和“FOXTOWN及狐狸图形”图文组合标识向商标局提出商标注册申请。2003年7月21日，上海雨苏贸易有限公司成功注册域名foxtown.com.cn。此时瑞士狐狸城公司还没有进入我国市场，陆某于同年8月获得许可。

在获得许可之后，陆某及上海富客斯公司先后在上海世贸商城、中融国际商城、大西洋百货商场等处经营“顶级服饰展售中心”“运动休闲中心”等，并在上述经营场所的室内外广告牌上使用了“FOXTOWN及狐狸图形”图文组合标识。此外，还在其发放给顾客的购物袋、新年贺卡、信笺、购物指南及其发布的广告、公司网页等处大量使用该“FOXTOWN及狐狸图形”图文组合标识。2005年12月31日，经权威机构评估，FOXTOWN品牌资产市场公允价值已达1.6亿元。

1.3 决战商场，针锋相对

1.3.1 瑞士狐狸城欲落子国内、上海狐狸城忙开疆拓土

随着外资企业大量进军中国市场，S也正在筹划在中国开设东方狐狸城，经过漫长的筹划阶段，瑞士狐狸城最终在众多竞争者中选择了东方国际作为合作伙伴来对接狐狸城进入中国市场的诸多项目。2005年年初，合资双方进行了非公开的签约，正式决定成立狐狸城置业(上海)有限公司，在中国开设狐狸城奥特莱斯购物城。

上海富客斯公司大规模地公开使用“FOXTOWN及狐狸图形”，使得正忙于开拓中国市场的S和他的合作伙伴十分震惊。而在S意识到自己可能被侵权之前，上海富客斯公司已在上海虹桥世贸商城、五角场大西洋百货开出了两家FOXTOWN品牌折扣店；位于上海徐家汇飞洲国际广场的FOXTOWN工厂直销购物中心当时也开业在即，开业广告铺天盖地，该公司还获得了上海中融国际商城九层裙楼10年的经营管理权，计划在其中开出上海最大的FOXTOWN折扣直销中心。

上海狐狸城在媒体采访时宣称以上海、北京、成都、西安、武汉等地

区中心城市为核心，开设自建面积在2万～4万平方米的购物中心式折扣店；并正计划采用连锁加盟形式，发展面积在3000平方米以下的小型店，辐射周边城市。此外，上海富客斯公司的商业版图并不限于瑞士狐狸城的品牌折扣店，还计划进军化妆品领域，在全国开设20家大型专业化妆品折扣店，其中华东地区16家，北京和深圳各2家，而在上海的开店总数将达到6家左右。上海富客斯公司不仅宣称自己是目前国内最大的折扣零售连锁企业之一，还在官网写道："FOXTOWN（狐狸城）是中国相当具有知名度的折扣连锁零售商，具有经营FACTORYSTORE业态丰富经验……FOXTOWN已缔造出诸多卓越成就。其核心业务——世界品牌服饰折扣中心，2004年1月在上海虹桥地区开设首家分店，向爱好顶级品牌的消费者提供优质低价的商品、时尚前卫的购物环境、完善细致的售后服务，成为业界关注的沸点。在不断发展自营店的同时，FOXTOWN现已推出加盟连锁制度，以开放的姿态欢迎中国地区对FACTORYSTORE业态以及独有行销策略感兴趣的伙伴们，以加盟的形式加入FOXTOWN，一起分享的成功经验。"不仅在官网上，在很多上海富客斯公司的宣传中都可以发现其试图模糊自身与瑞士狐狸城公司之间的关系，并利用类似的方法获得利润。

1.3.2 瑞士狐狸城起诉上海狐狸城

S表示，FOXTOWN品牌的所有人就是他本人。1995年，瑞士狐狸城创始人S为自己经营的FOXTOWN奥特莱斯购物中心设计出了由一只拥有卷尾巴、眨眼睛等特点的狐狸环抱着FOXTOWN英文单词作为主体结构的图案作为其特有标志，接下来"FOXTOWN眨眼狐狸图形"被顺理成章地作为商标标识向瑞士商标注册机构申请，并在1997年获得了授权。

S在与东方国际合作之前从来没有授权给任何人在中国开设狐狸城折扣店，他对上海富客斯公司在没有得到品牌授权的情况下，已经在中国开设了这么多家狐狸城折扣店并不知晓，并且在上海富客斯公司经营"狐狸城"的几年间还因在店内销售假冒名牌产品——BOSS品牌帽子而遭到消费者起诉，严重损害了 FOXTOWN 在中国市场公众中的声誉。

而更让 S 震惊的是，他发现自己公司商标不仅仅是被侵权了，而且已经在中国被抢注，他十分清楚自己从未授权任何人使用此注册商标，也未与任何人进行过相关的谈判。不管是在瑞士，还是在世界上其他任何国家，S 始终是该商标的合法持有人，并是该商标的唯一运营人。S 第一时间在我国版权局对《“狐狸城”及狐狸图形》作品进行了著作权登记，该著作权登记证书载明：“申请者 S(瑞士)提交的文件符合规定要求，对由 S 于 1995 年 8 月创作完成，于 1995 年 9 月 20 日在瑞士首次发表的作品《FOXTOWN 及狐狸图形》，申请者以作者身份依法享有著作权。”

为此，S 在上海聘请了律师，准备起诉上海富客斯公司的侵权行为。在 2005 年 3 月 1 日和 2006 年 3 月 10 日，S 分别以上海富客斯公司使用的“FOXTOWN 及狐狸图形”侵犯其著作权和构成不正当竞争为由，向上海一中院提起诉讼。2005 年 4 月 6 日，S 还向我国工商行政管理总局对陆某的商标申请提出异议。2006 年 3 月 16 日，S 又向中国域名争议解决中心(简称“域名中心”)投诉上海雨苏贸易有限公司的域名 foxtown. com. cn 与其域名 foxtown. com 相同，请求专家组依法撤销该域名，或者裁定将 foxtown. com. cn 转移给瑞士狐狸城公司的上海分公司。

在 S 起诉上海富客斯公司侵权之后，上海富客斯公司方却表示，S 先生要对自己的一切行为负法律责任，同时表明上海富客斯公司的所有经营行为都是合法的。而上海富客斯实业有限公司 CEO 陆某则多次在有关媒体上向记者表示，上海富客斯公司拥有狐狸城在中国的唯一运营权。而上海富客斯公司发布的相关内容，也容易使得相关公众在阅看了文字内容或者图片内容之后，对上海富客斯公司与瑞士的 FOXTOWN 奥特莱斯购物中心存在一定的关联关系产生联想或者误解。但实际上，上海富克斯公司似乎并没有得到过授权。

1.3.3　两家狐狸城的狐狸图形对比

两家 FOXTOWN 标志皆为一只卷着尾巴的狐狸，其中孰真孰假？对此，S 表示，1995 年他个人设计了 FOXTOWN 文字和狐狸图案标识，同年，他使用这一标识在瑞士门德里西奥投资开办了第一家狐狸城奥特莱斯购物中心，并相继在瑞士和世界其他国家和地区申请注册了商标专用权。但他至今从未授权任何人使用此注册商标，也未与任何人进行过相关的谈判。

上海富客斯公司则给记者发来一份传真，证明其为英国 FOXTOWN 在中国的关联企业，得到授权在中国开展业务。根据上海富客斯公司 CEO 陆某的描述，上海富客斯公司从属于主营折扣商品的英国富客斯有限公司，对“狐狸城”和 FOXTOWN 在中国的使用，是建立在上海富客斯公司注册 FOXTOWN 商标的基础之上的。上海富客斯公司于 2003 年 8 月接受英国母公司的委托，就 FOXTOWN 商标向中国商标局申请，并已通过初审，目前已进入了公告末期。

如果将 S 于 1995 年在瑞士及其相关国家进行注册的商标《FOXTOWN 及狐狸图形》和陆某 2003 年在国内使用的“FOXTOWN 及狐狸图形”图文组合标识进行对比，两者在大体结构上十分相似，均使用了“FOX”和“TOWN”文字并采用上下两行的排列方式，字体和文字位置均相同，而在“FOX”文字左侧是眯着右眼的狐狸头部的图形，“TOWN”文字的右下侧为狐狸尾部图形，“WN”两个字母下半部分被狐狸尾部遮挡，整体造型给人的感觉为一只半卧的狐狸（身体中部被“FOXTOWN”文字遮挡），各文字图形元素的色彩彼此相同。而两者不同之处则比较细微，陆某使用的图形中狐狸的头部、耳朵的线条相比于 S 设计的线条要更加圆滑，狐狸左眼上方有睫毛而无眉毛，而 S 的狐狸图形则有眉毛无睫毛，同时陆某使用的图形中狐狸的鼻子形状为椭圆形而非 S 的倒三角形（如图 10-1 所示）。

(a) (b)

图 10-1 瑞士狐狸城商标与上海狐狸城商标图①

(a) 瑞士狐狸城商标；(b) 上海狐狸城商标

1.4 中外"狐狸"各执一词

1.4.1 瑞士"狐狸"的"组合拳"

在原告 S 所列举的一系列证据中，包括《FOXTOWN 及狐狸图形》作品在中国申请取得的著作权登记证书，该证书作为证明原告享有系争作品著作权的初步证据，其内容与原告使用该作品在瑞士等国申请商标注册的事实能够相互印证，表明原告对《FOXTOWN 及狐狸图形》享有在先的著作权，而被告却抢先在中国注册并使用，且在网站上使用的商标十分近似，颜色使用的是几乎完全相同的黄色，其目的即在于混淆和原告商标之间的区别，误导公众，同时也给原告的声誉、商誉、利益带来了极大的损害，其行为在动机和结果上都是借原告的商誉"搭便车"以获取不当得利②。

而被告上海富客斯公司称狐狸城标识图案属于公有领域，且来自于友人赠送，但未能提供充分的证据。对此，法院认为，根据《中华人民共和国著作权法》第二条第三款规定："外国人在中国境外发表的作品，根据其所属国同中国签订的协议或者共同参加的国际条约享有的

---

① (a)：瑞士狐狸城官网[EB/OL]. [2022-09-28]. https://www.foxtown.com/en/history. (b)：爱企查[EB/OL]. [2022-09-28]. https://aiqicha.baidu.com/mark/markDetail? dataId=d4370dfcc9d896b91de99ae7bc0e3497.

② 吴乐晋.中方侵权？处方摘果子？两只"狐狸"上海开打"一欧元"官司[N]. 第一财经日报，2006-2-28(C05).

著作权，受本法保护。”故可以认定原告是系争作品的著作权人。由于我国与瑞士均为《保护文学和艺术作品伯尔尼公约》(以下简称《伯尔尼公约》)的成员国，故原告就“FOXTOWN及狐狸图形”作品享有的著作权受我国《著作权法》的保护。又根据比对结果，二者作品构成实质相似，故被告未经原告许可，擅自将略加修改后的原告美术作品作为标识在经营活动中大量复制使用的行为，构成对原告著作权的侵害，被告应当承担停止侵害、赔礼道歉、消除影响、赔偿损失等侵权民事责任。

1.4.2　上海“狐狸”的分庭抗礼

上海“狐狸城”觉得自己十分冤枉。根据上海富客斯公司CEO陆某的描述，Foxtown最早是美国佛罗里达州一个小镇的名字，对FOXTOWN有记载始于1816年出现的FOXTOWN小学，而后又出现了FOXTOWN咖啡店、FOXTOWN酒店和FOXTOWN折扣店。FOXTOWN由此逐步走向全球，也出现在英国、瑞士、澳洲、韩国等各个国家[①]。目前全球有数家FOXTOWN公司，这些FOXTOWN相互之间并没有从属关系，各自在当地都有合法的注册。

此外，上海富客斯公司市场部相关负责人表示，叫FOXTOWN这个名字的名品折扣店除了瑞士，在韩国、美国等地也有，它们之间并没有资产关系，上海富客斯公司是国内最早引入FOXTOWN名称并经营名品折扣业态的企业，在标识上最初与瑞士狐狸城的“眨眼狐狸”标识“比较接近”，但2004年就已经换成新的标识。

上海富客斯公司是国内私人投资企业，为了业务方便在英国也注册有关联公司。目前其对外宣传标识是一个卡通模样的“狐狸头”。面对这起诉讼纠纷，陆某显得有些无奈：“从当初的一家门店发展到现在全国6家，营业额4亿多元。这个FOXTOWN的品牌是我们全国数千员工付出无数心血，共同打造出来的！所谓恶意抢注，必要条件是它

---

① 吴非．一边忙纠纷、一边忙扩张：两个“狐狸城”较劲上海滩[N]．中国知识产权报，2005-7-1(006)．

已经人尽皆知,在国内外成为了知名品牌,我只要一注册,就立刻能从中得到巨大利益!哪里有像我们这样,花费大量人力物力去培养的道理?”随后,陆某向记者出示了厚厚一叠广告发票,为了打造FOXTOWN品牌,两年多来,上海富克斯公司在报纸、电视等媒体上投入了大量广告[①],锦江出租车、户外灯箱上都有FOXTOWN的印记。

1.4.3 案件的判决与落幕

经审理,法院一审判决如下。

(1) 被告上海富客斯公司立即停止侵害原告S对其作品《FOXTOWN及狐狸图形》享有的著作权。

(2) 被告上海富客斯公司在《解放日报》上刊登声明,向原告S赔礼道歉、消除影响。

(3) 被告上海富客斯公司赔偿原告S为制止侵权行为所支付的合理开支10元;案件受理费1000元,由被告上海富客斯公司负担[②]。

上海富客斯公司不服一审判决,向法院提起上诉,请求撤销原判,驳回对方当事人的诉讼请求。其上诉的主要理由如下。

(1) 原审法院重大事实认定不清。第一,著作权登记证书不能作为认定著作权权属的依据;第二,商标权与著作权属于不同的知识产权范畴,认定权利的依据也各不相同,而原审法院以系争作品进行了商标注册来认定被上诉人由此享有著作权显属不妥;第三,上诉人设计的图形与被上诉人图形相似纯属“无意撞车”,并非有意侵犯被上诉人的权利。

(2) 原审法院在当事人之间有关商标申请异议程序尚未有结果的情况下,便作出本案判决,不符合法律程序,系程序违法。

在随后的二审程序中,上诉人上海富客斯公司向法院提供了的新

---

① 邬凤婷,吴乐晋.“狐狸”之争尘埃落定,中国公司吃“哑巴亏”[N].第一财经日报,2007-6-27(C05).

② 找法网.上海富客斯实业有限公司与西尔维奥·塔尔基尼(Silvio Tarchini著作权侵权纠纷一案)民事判决书[EB/OL].(2019-05-19)[2022-09-28].https://china.findlaw.cn/chanquan/zhuzuoquanfa/zzqal/20359.html.

的证据材料，是来自 http://www.foxtown.ch 网站的部分网页打印件，以证明根据版权标识的显示，《FOXTOWN及狐狸图形》的著作权属于S工作室，不属于其个人，而S的委托代理人认为，上述材料不属于二审中的新证据，且《FOXTOWN及狐狸图形》作品的创作者为被上诉人这一事实，与网站上使用被上诉人名下工作室的版权标记的做法并不矛盾。

法院认为：首先，从形式要件看，根据《关于民事诉讼证据的若干规定》，该些证据形成的时间均在一审庭审结束前，故不属于二审程序中新的证据；其次，从实质要件看，根据该些网页打印件的显示，Studio Silvio Tarchini 文字的标注均出现在相关网页的左下角，而《FOXTOWN及狐狸图形》只占据了相关网页的一部分内容，且均出现在网页中的左上角，故按照版权标记的加注惯例，Studio Silvio Tarchini 文字的标注应视为对相关整个网页的表达形式主张著作权，而非仅对网页中的一部分图标如《FOXTOWN及狐狸图形》作品主张著作权，上诉人的该份证据材料并不能证明其要证明的观点，故不予采纳。二审驳回上诉，维持原判，本案二审案件受理费1000元，由上诉人上海富客斯公司负担。

1.5　所有过往皆为序章

申诉失败并没有阻止上海狐狸城的前进步伐。陆某表示"狐狸城风波"不会影响上海富客斯公司在全国的扩张，北京、昆明、重庆三地的分店，都将按计划进行。而面积达1.6万平方米的华东地区旗舰店——位于上海徐家汇商圈的富客斯国际购物中心，也在2005年6月25日亮相。在准备处理诉讼纠纷的同时，S也不会放弃扩张计划。尽管上海的东方狐狸城才刚刚动工，他已经决定要尽快在北京开出其在中国的第二家FOXTOWN品牌直销中心[①]。虽然刚进入中国就遇到

---

① 钱鑫，丁利民．两只"狐狸"为商标开战[N]．经理日报，2005-6-20(C02)．

官司，但S表示还要在中国继续开店。其合作方东方国际董事长蔡某表示："东方国际集团与瑞士狐狸城的合作是战略合作，并非只是开一家店。"如图10-2所示，本案件虽已结案，但两家公司在未来的商海竞争才刚刚开始……

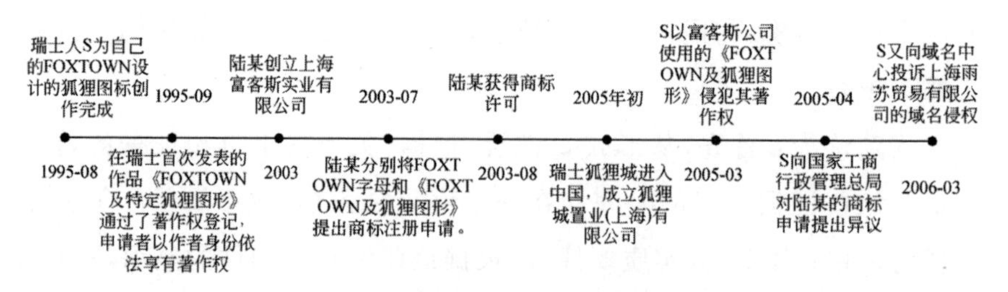

图10-2　本案例时间轴[①]

法律篇

根据以上案例内容，如果S的狐狸图形能够受到我国《著作权法》保护，那么受保护的是"FOXTOWN"这个字母组合还是结合"FOXTOWN"字母组合设计出的狐狸图形呢？在我国依法保护S行使其著作权的过程中，上海狐狸城陆某是否对其著作权构成侵权呢？在S对陆某提起诉讼之前，陆某已向有关部门提出商标注册申请，此时陆某的"在后权利"是否侵犯S的"在先权利"呢？最后，上海狐狸城混淆其与瑞士狐狸城之间的关系，又是否构成不正当竞争行为呢？结合案例内容，得出以下分析。

2.1　《FOXTOWN及狐狸图形》的著作权保护

2.1.1　《FOXTOWN及狐狸图形》构成作品

经过事实查明，原告S所列举的一系列证据中，包括《FOXTOWN

---

① 本图由案例作者根据资料自行整理并绘制而成。

及狐狸图形》作品在中国申请取得的著作权登记证书，该证书可以作为证明原告享有系争作品著作权的初步证据。《著作权法》所称作品只有具备独创性的外在表达才能成为著作权法意义上的作品，这是作品区别于其他人类劳动成果的关键。所谓独创性，主要包含两方面的内容，即独创性的“独”和“创”，前者强调的是源于作者本人的独立创作，并非“摘果子”，如果劳动成果是劳动者从无到有独立创作出来的，自然是满足独创性之“独”的创作要求。同时，如果劳动成果是以他人已有作品为基础进行再创作，这时，便需要新成果与原作品之间存在着可以被客观识别的、并非太过细微的差异。就该案例而言，公开资料显示，FOXTOWN 最早是美国佛罗里达州一个小镇的名字，对 FOXTOWN 有记载始于 1816 年出现的 FOXTOWN 小学，而后又出现了 FOXTOWN 咖啡店、FOXTOWN 酒店和 FOXTOWN 折扣店，说明 FOXTOWN 这个名称并不是瑞士人 S 所独自创作。而后者“创”是指成果源于本人的表达，应当具有一定程度的智力创作性，要求作者的创作部分能体现独特的智力判断与选择，留下智力创作的空间，达到一定的创作高度。如果仅是将英文单词“FOX”与“TOWN”进行简单的排列或组合，那么形成的 FOXTOWN 这个名称，往往因缺乏最起码的长度而难以完整地表达作者的思想、展示一定的文艺美感或传递一定量的信息，排列方式也很普通，难以体现智力创作性，不符合“创”的要求。所以，就“FOXTOWN”名称而言，并不能形成著作权法意义上的作品。而瑞士狐狸城创始人 S 为其购物城设计出了一只拥有卷尾巴、眨眼睛等特点的狐狸环抱着“FOXTOWN”英文单词作为主体结构的图案，达到了一定的创作性高度，可以认定其符合著作权法意义上的作品独创性标准。

原审法院经审理查明：1995 年 9 月 20 日，原告 S 以“FOXTOWN 及狐狸图形”文字图形组合在瑞士申请商标注册，1997 年 4 月 8 日获得登记，登记号为 439196，保护的商品和服务类别为第 35、36、42 类。2005 年 4 月 14 日，原告在国家版权局对《“狐狸城”及狐狸图形》作品进行了著作权登记，登记号为 2005-F-02604，该著作权登记证书载明：

“申请者S提交的文件符合规定要求，对由原告于1995年8月创作完成，于1995年9月20日在瑞士首次发表的作品《FOXTOWN及狐狸图形》，申请者以作者身份依法享有著作权。”

2.1.2 “FOXTOWN及狐狸图形”的涉外保护

著作权和其他知识产权一样，其效力在没有国际条约等特别规定的前提下，效力一般只及于本国境内，在其他国家并不受到保护。说到底，著作权作为一国公共政策的产物，其权利的范围和内容完全取决于本国法律的规定，世界各国有关知识产权的获得和保护的规定不同，这就给著作权的域外保护与规制带来了很大的难度。在本案例中，我国和瑞士都加入了《伯尔尼公约》，其中规定了“自动保护原则”，即作品一旦创作完成就自动享有著作权，无需进行其他手续。因此，S作为成员国国民，在十几年前就创作完成的具有独创性的眨眼狐狸图案和FOXTOWN文字的图文组合是著作权法保护的作品，依法自动产生著作权。同时，我国有义务对符合条件的其他成员国作品提供相应的保护，因此，S对该作品享有的著作权受我国法律保护，而且根据《伯尔尼公约》，我国对其权利的保护是根据公约内容自动形成的，S在我国行使其著作权不需要履行其他手续，也没有任何附加条件。

因此，原审法院认为：根据《中华人民共和国著作权法》(1990年)规定：“外国人在中国境外发表的作品，根据其所属国同中国签订的协议或者共同参加的国际条约享有的著作权，受本法保护。”本案中，作为瑞士公民的原告提供了其就《FOXTOWN及狐狸图形》作品在中国申请取得的著作权登记证书，该证书作为证明原告享有系争作品著作权的初步证据，其内容与原告使用该作品在瑞士等国申请商标注册的事实能够相互印证，被告对此也未能提供充分的反证，故可以认定原告是系争作品的著作权人。又由于我国与瑞士均为《伯尔尼公约》的成员国，故原告就《FOXTOWN及狐狸图形》作品享有的著作权受我国《著作权法》的保护。

2.2 “FOXTOWN及狐狸图形”的著作权侵权认定

2003年7月，上海富客斯公司总裁陆某分别将FOXTOWN英文单词和“FOXTOWN及狐狸图形”图文组合标识向商标局提出商标注册申请。在获得了许可之后，陆某及上海富客斯公司先后在上海世贸商城、中融国际商城、大西洋百货商场等处经营“顶级服饰展售中心”“运动休闲中心”等，并在上述经营场所的室内外广告牌上使用了“FOXTOWN及狐狸图形”标识。那么，上海狐狸城的此种行为是否构成侵权呢？

目前，我国对侵权作品的认定主要遵循国际上的惯例：接触+实质性相似。“接触”是指被控侵权作品的作者是否有途径、有时间、有能力接触到原告作品。这既不仅仅是指直接接触的事实，也可以是由于具备接触的条件，即以被告曾实际见过或可能见过原告的作品来判断，后者以被告是否有接触的机会和可能来决定。在本案中，瑞士狐狸城公司创始人S在1995年就创造出了FOXTOWN眨眼狐狸图形标志，向瑞士当地的商标注册机构申请并在1997年获得了授权。此后，他将《FOXTOWN及狐狸图形》用于自己的商业经营，包括品牌折扣店的标识和网站经营宣传。而上海狐狸城于2003年7月以FOXTOWN英文单词和“FOXTOWN及狐狸图形”图文组合标识向国家工商行政管理总局商标局提出商标注册申请，在时间顺序上晚于瑞士狐狸城公司，通过推断，可以认定上海狐狸城有时间、有能力、通过网络途径“接触”到了瑞士狐狸城公司的《FOXTOWN及狐狸图形》，存在接触合理的可能性。

判定侵权的另一个要素是“实质性相似”，是指以原创作品为基准，通过与争议作品的要素比对，从而得出两者是否构成表达相似的判断结果。对“实质性”的认定，既要考虑相同点的数量也要考虑相同点的质量。在本案例中如果将S于1995年在瑞士及其相关国家进行注册的商标《FOXTOWN及狐狸图形》和陆某2003年在国内使用的“FOXTOWN及狐狸图形”标识进行对比，两者在大体结构上十分相似，均使用了“FOX”和“TOWN”文字并采用上下两行的排列方式，字体和文字位置均相同，而在“FOX”文字左侧是眯着右眼的狐狸头部的图形，“TOWN”的右下侧为狐狸尾部图形，“WN”两个字母下半部分被狐狸尾部遮挡，整体造型给人的感觉为一只半卧的狐狸（身体中部被“FOXTOWN”文字遮挡），各文字图形元素的色彩彼此相同。而两者不同之处则比较细微，陆某使用的图形中狐狸的头部、耳朵的线条相比于S设计的线条要更加圆滑，狐狸左眼上方有睫毛而无眉毛，而S的狐狸图形则有眉毛无睫毛，同时陆某使用的图形中狐狸的鼻子形状为椭圆形而非S的倒三角形。

经原审法院审理查明，被告使用的“FOXTOWN及狐狸图形”标识与原告主张保护的作品在要素、构图、色彩等主要方面给人的视觉效果基本相同，两者不同之处均为次要的、细微的，一般不易被人察觉，故构成实质性相似。故被告未经原告许可，擅自将略加修改后的原告美术作品作为标识在经营活动中大量复制使用的行为，构成对原告著作权的侵害，被告应当承担停止侵害、赔礼道歉、消除影响、赔偿损失等侵权民事责任。

2.3 “FOXTOWN及狐狸图形”在先权利与商标权的冲突

2.3.1 在先权利的认定

在一审判决过后，上海富客斯公司不服一审判决并提起上诉，请求撤销原判，驳回对方当事人的诉讼请求。经法院重新认定：首先，被上诉人提供的《FOXTOWN及狐狸图形》作品的著作权登记证书能够与其在原属国瑞士及相关指定国申请商标国际注册的文件内容相印证，从而可以证明被上诉人系《FOXTOWN及狐狸图形》作品的作者，作品的完成日期为1995年8月；其次，由于被上诉人完成《FOXTOWN及狐狸图形》作品的时间明显早于上诉人及其原法定代表人陆某对《FOXTOWN及狐狸图形》标识的使用时间即2003年6月，被上诉人由此对“FOXTOWN及狐狸图形”作品享有的在先权利即相关著作权，应依法受到保护。从理论和实践的角度看，以商标申请日为准能更好地平衡商标注册申请人和在先权利人之间的利益；再次，上诉人虽反复强调与被上诉人享有著作权的“FOXTOWN 及狐狸图形”作品构成实质性相似的“FOXTOWN 及狐狸图形”标识系独立创作产生，但至今未提供有关独立构思创作致使两者雷同纯属巧合的证据，故原审法院结合有关被上诉人的商标注册文件、著作权登记证书等相关证据，认定 S 享有著作权，上海狐狸城的涉案行为构成侵权。

2.3.2 在先权利与商标权的冲突

在本案中，商标注册申请人是上海狐狸城的陆某，而瑞士狐狸城的 S 拥有在先权利。在先权利的立法目的在于：一方面规范申请商标注册的行为，能够减少在先权利与注册商标权之间的矛盾冲突；另一方面可以从源头减少商标被恶意抢注的行为。S 基于享有《FOXTOWN 及狐狸图形》在先著作权的事实，向国家工商行政管理总局对陆某的商标申请提出异议。我国《商标法》第三十二条所规定的“申请商标注册不得损害他人现有的在先权利”，适用本法条的前提必须同时满足“在先权利”和“损害”两个条件：一是应当明确在先权利的保护范围，由上文可知，S 享有《FOXTOWN 及狐狸图形》在先著作权，并且两家狐狸城的“FOXTOWN 及狐狸图形”构成实质性相似；二是应当明确损害在先权利的行为认定，这就需要权利人自己认为其权利因别人的行为而遭受了消极的影响，或者需要从知名度、指定商品的关联性、注册申请人的恶意性以及在市场上是否造成混淆误认等方面提供证据证明。本案例中，上海狐狸城在经营过程中，在其官网上的介绍和对外宣传中就存在攀附瑞士狐狸城商誉的主观故意，使得公众加深对《FOXTOWN 及狐狸图形》商标混淆误认的可能性。作为同业经营者，上海狐狸城在同种类服务上申请注册包含“FOXTOWN 及狐狸图形”商标，且在实际经营中将诉争商标用于广告宣传、产品包装、网站营销等方面，从而试图混淆公众对瑞士狐狸城和上海狐狸城之间的关系，具有明显的“搭便车”的嫌疑。因此，可以认定上海狐狸城对 S 和瑞士狐狸城的在先著作权构成损害事实。针对在先权利的冲突可以分为有瑕疵的权利冲突和无瑕疵的权利冲突，分类依据是“在后”的权利是否存在不正当性。本案例中，陆某使用了他人享有著作权的作品，商标所包含的文字、图形抄袭、模仿了S在1995年设计出的狐狸图案的内容，侵犯S已经取得的在先权利，属于“有瑕疵的权利冲突”。在法律上讲，对于在后不当注册的商标应予以撤销，除非原著作权人不能提供证据证明其作品的完成时间早于商标注册申请日。

人民法院在处理著作权与商标权冲突纠纷时，针对“有瑕疵的权利冲突”一般遵循“保护在先权利原则”，对现有的在先权利予以优先保护。商标注册人擅自使用他人在先美术作品申请商标注册的行为，侵害了他人对其美术作品享有的在先著作权，应承担停止侵权、赔偿损失等侵权责任。

本案中，S提供的《FOXTOWN及狐狸图形》作品的著作权登记证书能够与其在原属国瑞士及相关指定国申请商标国际注册的文件内容相印证，从而可以证明S系《FOXTOWN及狐狸图形》作品的作者，作品的完成日期为1995年8月。根据《伯尔尼公约》，S作为瑞士公民，就《FOXTOWN及狐狸图形》享有的相关著作权受我国《著作权法》保护。同时，S对该作品享有在先著作权，应依法受到保护。陆某在后申请商标与S主张保护的《FOXTOWN及狐狸图形》构成实质性相似。因此，陆某申请注册商标的行为侵犯了S就其《FOXTOWN及狐狸图形》作品享有的在先著作权，应当不予核准注册。

2.4 上海狐狸城的涉案不正当竞争行为

上海狐狸城于2003年7月7日和7月10日分别向商标局提出“FOXTOWN”英文文字、“FOXTOWN及狐狸图形”图文组合标识的商标注册申请，而原告S在初审公告异议期内对上述申请商标提出异议，国家工商行政管理总局商标局已予以受理。经公证保全的证据材料显示：被告上海狐狸城网站即http://www.foxtown.com.cn页面左上角标注了“FOXTOWN及狐狸图形”，且在网页的最下方标有“2005上海富客斯实业有限公司版权所有”的字样；并表明“FOXTOWN

国际连锁零售集团已在全球 23 个地区开设了 FOXTOWN 品牌折扣店，年营业额超过了 98 亿欧元并持续成长”等；《每日经济新闻》中的一篇报道载有如下文字内容：“2002 年年底，Davie Lu 进入 FOXTOWN 英国公司，2003 年，FOXTOWN 公司开始全球化拓展，Davie Lu 担任了 FOXTOWN 英国公司派驻中国的首席代表……这家公司拥有 FOXTOWN 中国唯一运营权。”

经事实查明，上海狐狸城与瑞士狐狸城的 FOXTOWN 购物中心并没有任何关系，上海狐狸城也并不能提供相关作证材料，不能证明其真实性。公众在看了这些报道和宣传内容后，均容易对被告与瑞士的 FOXTOWN 工厂直销购物中心或者被告所称的“FOXTOWN 国际连锁零售集团”“欧美的 FOXTOWN 折扣直销购物中心”存在一定的关联产生联想。但实际上，被告对上述内容所做的宣传均与事实不符，使消费者难以辨别上述两者之间的关系，并使消费者对被告公司的发展情况产生误解。上海狐狸城的此种行为违背了公平、诚实信用的原则，损害了市场竞争秩序的公平性，构成不正当竞争中的虚假宣传[①]。根据《保护工业产权巴黎公约》相关规定：一是本联盟各国必须对各该国国民保证给予取缔不正当竞争的有效保护；二是凡在工商业活动中违反诚实的惯例的竞争行为即构成不正当竞争行为。我国《反不正当竞争法》中也规定了经营者在市场交易中，应当遵循自愿、平等、公平、诚实信用的原则。上海狐狸城以不正当手段牟取竞争优势，违背了公平、诚实信用的原则，构成了不正当竞争，应承担相应的侵权民事责任。

上海狐狸城利用“FOXTOWN 及狐狸图形”图文组合标识进行的一系列宣传，均用于了宣传上海狐狸城的日常经营及招商开展商业合作等其他商业活动中，其目的主要是借助瑞士狐狸城的知名度获得利润，在与国内奥特莱斯折扣店市场尚未饱和之时竞争占据市场份额。

---

① 法律快车. 上海富客斯实业有限公司与西尔维奥·塔尔基尼(Silvio Tarchini)不正当竞争纠纷一案民事判决书[EB/OL].(2019-09-18)[2022-09-28]. https://wenshu.lawtime.cn/pjqita/2007040545576.html.

同时,上海狐狸城是进行商品或服务宣传的经营者,是虚假宣传行为的主体;虚假宣传行为的内容主要为商品或服务的基本要素,如商品的质量、成分、用途等,所提供服务的质量、形式、特征等。瑞士狐狸城作为北欧的大型连锁品牌折扣店,与国际知名奢侈品品牌合作,为顾客提供过季或当季商品,而上海狐狸城并没有和瑞士狐狸城一样与大量品牌缔结长期合同并得到稳定的供货,并因假冒的 BOSS 品牌帽子而遭到消费者投诉,上海狐狸城并不能为消费者提供同瑞士狐狸城一样有质量保障的商品。另外,上海狐狸城利用与瑞士狐狸城高度相似的狐狸图形,以及多次在媒体公众及官网宣传中表示拥有狐狸城在中国的唯一运营权,意图混淆上海狐狸城与瑞士狐狸城之间的关系,引起消费者产生对瑞士狐狸城和上海狐狸城之间关系的错误理解。

上海狐狸城在经营活动中通过各种渠道对商品或服务依靠买卖双方消息的不对称,提供各种令人混淆的信息,使得消费者认为其与瑞士狐狸城一样拥有高质量奢侈品牌商品的稳定可靠供货渠道,以及让消费者产生对瑞士狐狸城和上海狐狸城之间关系的误解,导致消费者误买或错买,上海狐狸城行为构成虚假宣传。同时,由于并不能提供与瑞士狐狸城同质的商品,其虚构与瑞士狐狸城之间并不存在的合作关系,造成消费者误解或存在使消费者误解的可能性,因此上海狐狸城的行为同时存在"引人误解"。由于上海狐狸城多次的宣传模糊和混淆了其与瑞士狐狸城之间的关系,在网站上也存在大量具有误导性的文字,也确实使得合作商家及消费者对上海狐狸城有所误解。在整体观察原则下,上海狐狸城存在虚假宣传。此外,只要广告有使人误解的可能,即可认定为虚假宣传,而不需要消费者就其因虚假宣传而误认误买进行举证;在上海狐狸城的相关资料中,确实存在类似"上海狐狸城是世界连锁品牌",以及"上海狐狸城拥有 FOXTOWN 在中国的唯一运营权"这类误导性内容,很容易使得消费者对上海狐狸城与瑞士狐狸城之间的关系有所猜测,存在误导消费者的可能性。

商事篇

商标作为本案例的中心，上海狐狸城在明知已有在先商标或其他在先权利的存在，还是在中国抢先注册申请商标，反映了上海富客斯公司选择了不正当不合法的商标战略。商标战略是指企业为获取与保持市场竞争优势，以运用商标制度提供的保护手段，达到树立企业形象、促成产品占领市场的总体性谋划。商标是企业经营获利、维护自身权益的有力武器，企业应正确地选择商标和注册商标，合理地宣传和使用商标去开拓和占领市场，巩固并扩大已有的市场份额[①]。具体而言，商标战略包括商标选择战略、商标使用战略、商标宣传战略、商标保护战略、对外商标战略、名牌商标战略和商标 CI 战略等。本部分针对以上案例提出几点关于商标战略的思考。

3.1　企业商标的独创性

我国有些企业在发展的初期，由于处于起步阶段，技术储备不足，对于知识产权缺少足够的重视，再加上当时相关的法律并不完善，因而存在一些“打擦边球”或者“傍名人”的现象，不注重培育自己独创性的商标品牌，从而使企业在知识产权方面存在一定的缺陷。如果企业在发展过程中不能纠正这些缺陷，随着企业的发展壮大，这些缺陷则会成为企业进一步发展的障碍。案例中的上海狐狸城在发展得风生水起之时受到了重大打击，归根结底就是因为没有在创建初期重视商标和品牌的独创性，没有重视是否存在知识产权侵权的问题。因此，企业在创建商标时，必须重视独创性的问题。

---

① 于文娟，李雁祥．知识产权战略在中国文具企业的运用[J]．中国制笔，2005(4)：32-39.

3.2 企业商标权的价值

商标权是一种有价值的财产，具有商品属性，有相关的交易市场、交易价格和交易行为。商标最基本的作用是标示商品及服务的来源，客观上又具有表示商品及服务内在质量的作用。商标权人还可以发挥商标的广告作用，使商标在区别商品来源的同时区分商品的使用者。商标权本质上是一种财产权，当侵权行为发生时，商标权价值的减少即权利人所受到的损失，包括两部分：收益价值的减少和自身价值的贬值。

（1）侵权造成商标权收益价值的减少

这是一种显性的间接损失。侵权人每多销售一件侵权商品，商标权人的期待收益就减少一份。此部分损失无论以权利人使用商标收益的减少来推算，还是以侵权人侵权实际获利来计算，都有据可查，可计算出确定的数值。在本案例中，上海狐狸城每多一位客户，瑞士狐狸城就损失一位客户。瑞士狐狸城损失客户的价值就是侵权造成的商标权收益价值的减少。

（2）侵权造成商标权自身价值的贬损

这是一种隐性的直接损失。使商标权自身价值贬值的侵权行为可分为两种类型：混淆产品来源的侵权和贬损产品市场声誉的侵权。这两种侵权行为互相排斥、非此即彼。从直接损失和间接损失的角度看，这两种侵权行为造成的损失都是商标权现有自身价值的减少，属于直接损失。这种损失不像侵权人侵权获利或权利人利润减少那样可以用直接证据证明，因此称为隐性损失。那么，在本案中，被告上海狐狸城在产品的销售和宣传中使用了原告瑞士狐狸城的商标图案，使被侵权企业与其商标的产品来源指示联系被割裂，造成消费者的反向混淆，损害了该商标权的产品来源指示价值，给原告带来的损失是隐性的直接损失。

3.3 企业商标权的保护

瑞士狐狸城最初并没有想到要发展中国业务，并没有重视在中国保护它的商标及域名。当瑞士狐狸城想要开辟东亚市场，占据更大的市场份额时，才开始投入精力来维护自己的利益，却发现自己的商标已经被抢注，并且商标的抢注已经为自己企业的发展带来了恶性的影响。实际上，不止是瑞士狐狸城，很多经过了漫长的创业时期、处于高速发展中的企业，在他们开始关注自己的商标及专利，开始要为自己制定知识产权战略的时候，就会发现已经有相同或者类似的品牌注册在先和专利申请在先，本来产权是属于自己的，却成了别人牟利的工具，一旦出现这种情况，那么再想办法挽回的成本是相当高昂的。在本案例中，瑞士狐狸城虽然在关于著作权侵权及不正当竞争的诉讼中胜诉，但最终也在几年后因经营不善低价售股。虽然造成这种结果的原因很多，但一进入中国便面临侵权事件确实为后续发展埋下了隐患。

3.4 企业商标战略规划

企业行使商标权在全球布局方面应重视利用优先权原则。第一，充分利用国际规则可以最大限度地防范商标权被侵害的风险，第一时间在多个国家实现注册，对自身商标进行有力的保护。瑞士狐狸城作为在北欧闻名的连锁品牌，随着信息的全球化，在国际上也有知名度，应该在国际上加强对自己商标的保护力度，有选择地进行商标国际注册。比如，利用商标马德里国际注册体系等实现多国注册，以免商标权在别国被侵害。第二，要重视商标标志储备策略。针对企业的产品与服务研发，适时进行商标标志储备，为日后的市场推广做好品牌基础。在我国，许多大品牌在自己企业达到了一定规模之后积极进行商标防御性注册，即不但在主商品上注册，而且在主产品所提供的相应服务上注册，以防止他人在不同商品或服务上使用该商标可能给消费者造成混淆[①]，这种注册策略将更有利于强化企业的品牌形象。第三，在当今的国际化背景下，知识产权的地域性十分重要，商标与专利也应该与企业一同实现本地化，知识产权的本地化可以更有效地进行商标保

① 汪洋.从战略层面加强企业商标管理[J].法制与社会，2013(23)：198-200.

护。对于商标管理，也可以与专利保护采取相似的“产品未动，专利先行”办法，在产品或服务将要或者还未在某一地区开发市场的时候，先进行知识产权布局以及之后知识产权的本地化。

3.5 企业商标专业化管理

拥有知名品牌的企业为了能够对商标进行有效的管理，都会安排专门人员具体负责商标管理。在企业发展到一定规模之后，企业的知名度随之提升，为了保护企业所拥有的商标，应密切关注商标公告。在本案例中，瑞士狐狸城应密切关注多国商标情况，如果发现相同或近似商标，及时向有关部门提出异议维护自己的商标权利，也可以委托商标服务代理机构进行市场追踪监察，对服务机构反馈的商标可能被侵权的信息，及时采取合理合法的手段制止，维护企业权益。上海狐狸城，也应该进行专业化管理，避免自己费劲心血打造出来的知名商标，最终却是“为他人做嫁衣”。

案例启示

本案例涉及瑞士狐狸城与上海狐狸城之间的著作权侵权之诉及不正当竞争纠纷，向我们清晰地展示了企业在不断扩大影响力的过程中应当如何进行知识产权管理和知识产权保护的问题，同时也体现了企业在面对资本市场诱惑时一定要守住初心、牢记使命、尊重他人的知识产权，才能实现企业发展的长治久安。上海“狐狸”的败诉，也为我国企业知识产权战略的制定敲响了警钟。本案例的意义及启示如下。

首先，按照国际惯例，对于作品侵权的认定标准是“接触＋实质性相似”。瑞士“狐狸”早在1995年就创造出“FOXTOWN 眨眼狐狸”图形标志，向瑞士当地的商标注册机构申请并在1997年获得了授权。而上海“狐狸”即上海富客斯公司使用该标识的时间晚于瑞士“狐狸”，可以推定存在接触的可能性。仔细观之，两家“FOXTOWN”的标志均为一只卷着尾巴的狐狸，二者在要素、构图、色彩等主要方面给人的视觉效果基本相同，不同之处均为次要的、细微的，一般不易被人察觉，故认定二者构成实质性相似。而上海富客斯公司未经许可，就先后在其经营场所、公司网站使用这一标识，同时又不存在其他的合理抗辩理由，可以认定侵犯了瑞士“狐狸”的在先著作权。由此可见，建立在他人知识产权基础上的“城堡”，无论多么华丽，最终也是会坍塌的。

其次，任何一项权利的取得都不得侵犯他人合法的在先权利。当商标权与在先权利发生冲突时，针对“有瑕疵的权利冲突”，一般遵循“保护在先权利原则”，对现有的在先权利予以优先保护。我国《商标法》第三十二条中指明，申请商标注册不得损害他人现有的在先权利，也不得以不正当手段抢先注册他人已经使用并有一定影响的商标。因此，在申请商标时，申请人不得使用并应避让上述已经在先存在的民事权利。本案中，上海富客斯公司擅自使用他人在先作品申请商标注册的行为，侵害了他人对其作品享有的在先著作权，应承担停止侵权、赔偿损失等侵权责任。

再次，企业应当结合自身状况制定相应的商标战略。企业的商标战略不是孤立于其他企业发展战略的，要结合企业自身发展情况及企业的长短期战略，正确定位企业的商标战略和知识产权战略，形成有效的商标战略及长期规划。一方面，商标战略应长期与短期规划相结合，灵活运用商标防御性策略，为企业商标资产构建保护屏障；轻微观而重宏观或者是轻宏观而重微观，都很难对企业商标资产进行有力的保护和利用。另一方面，企业也应当在设计与申请商标时避免与他人在先权利产生冲突，使商标产生潜在法律风险。本案例中，上海富客斯公司为了短期利益而采用了具有较大法律风险的侵权行为，一旦被诉讼，最后也难以长久地依靠他人商标获利来维持企业长足的发展，即使投入几百万元的广告宣传，也无法阻挡“贪方便”运用相似商标所造成的被动局面，导致其在国内多年的经营和努力付诸东流。

案例 11

热血传奇 VS 传奇世界：传奇之争二十年

丁 鹏

引言

“热血未冷，传奇依旧”，20 多年来，《热血传奇》系列游戏深受玩家喜爱。盛趣信息技术（上海）有限公司（前身为盛大网络发展有限公司，下简称盛趣游戏）不仅凭借“传奇”IP 获利颇丰，而且收购了传奇游戏的共有著作权人之一亚拓士软件有限公司（Actoz Soft Co.，Ltd.，下简称亚拓士）。

然而，围绕《热血传奇》著作权许可、续约及侵权纠纷，《热血传奇》共有著作权人娱美德与亚拓士、盛趣游戏方面在中国、韩国、新加坡等国交锋不断，卷入纠纷的还包括获得亚拓士与盛趣游戏、娱美德和株式会社传奇 IP（娱美德全资子公司，下简称传奇 IP 公司）授权开发传奇衍生 IP 的多家游戏公司。涉诉游戏包括《传奇霸业》《蓝月传奇》《传奇来了》等传奇系游戏。

什么是《热血传奇》？2001年6月，亚拓士作为许可人、上海盛大网络发展有限公司（下简称盛大网络）作为被许可人，就 *Legend of Mir 2*（中文名为《传奇》）客户端游戏签订了《软件许可协议》。2001年9月28日，《传奇》正式在中国运营。2003年5月，《传奇》正版续作 *Legend of Mir 3*（中文名为《传奇3》）正式登陆中国。而老《传奇》则被称为《传奇2》，并最终更名为《热血传奇》。

故事篇

1.1　亚拓士与娱美德：因兴趣而聚，因利益而散（1996—2000年）

1996年10月29日，亚拓士成立，其创始人是韩国首尔国民大学几个计算机小组的学生。创业伊始，小组成员各自负责一个项目。朴瓘镐的团队负责的项目是一款名为 *Legend of Mir* 的游戏。游戏上线后反响十分不错，成为了亚拓士的支柱产品。

好景不长，朴瓘镐和公司其他元老发生了分歧。朴瓘镐带领团队出走，于2000年2月10日成立了娱美德。当时，亚拓士正在积极筹备上市（后于2001年8月在科斯达克上市），核心团队出走必然不利于上市。而娱美德刚刚成立，亟须资金支持和发行销售方面的帮助。于是两家公司签订了一个协议：亚拓士出资购买娱美德40%的股份并且帮助娱美德销售游戏，作为交换，娱美德同意将 *Legend of Mir 2* 的著作权登记为双方共同所有（各占50%），与亚拓士分享 *Legend of Mir 2* 的收益[①]。这一方案双方各取所需，所以一拍即合。

娱美德于2000年9月1日完成了 *Legend of Mir 2* 游戏的创作和

① 白珊珊.《热血传奇》近20年维权故事，娱美德希望更多游戏从业者“合法”加入传奇家族[EB/OL].(2020-01-22)[2022-09-03]. https://www.36kr.com/p/1725028106241.

开发,2000 年 11 月 10 日完成了在韩国的著作权登记,2001 年 3 月 30 日获得《计算机程序著作权登录证书》,2001 年 5 月 24 日获得《计算机程序登录证》,与亚拓士为游戏软件的著作权共有人。这是娱美德的第一款游戏,也是日后火爆中国网络游戏市场、至今仍处于著作权纠纷漩涡之中的《热血传奇》。

1.2 亚拓士与盛大网络: 失意者的相逢,意料之外的成功(2001 年)

2001 年,怀揣 *Legend of Mir 2* 的亚拓士来上海寻找机会。此时的它名不见经传,在屡屡碰壁后,终于遇见了伯乐——盛大网络。而盛大网络也处于低谷期。当时,盛大网络的创始人陈天桥注意到 *Legend of Mir 2* 这款游戏,但是曾向盛大网络注资 300 万美元的中华网并不看好这一项目,最终,双方分道扬镳,中华网按股份留给陈天桥 30 万美元[①]。用这仅剩的 30 万美元,陈天桥获得了 *Legend of Mir 2* 在中国的独家代理权/运营权。

2001 年 6 月 29 日,亚拓士作为许可人,盛大网络作为被许可人,就 *Legend of Mir 2* 客户端游戏在上海签订了《软件许可协议》,约定了游戏在中国的运营许可事宜[②]。合同约定有效期限至 2003 年 9 月 28 日。在 2003 年、2005 年、2008 年,亚拓士与盛大网络、盛趣信息技术(上海)有限公司(下简称盛趣信息)、上海浦东进出口有限公司 3 次签署续约协议,一致同意将《软件许可协议》项下授权有效期续展至 2017 年 9 月 28 日[③]。在此期间,经过各方同意,盛大网络于 2008 年 7

① 周昊. 盛大游戏沉浮:《传奇》空前成功 但传奇已经不再[EB/OL]. (2019-03-09) [2022-09-03]. https://baijiahao. baidu. com/s? id=1627483765536778366&wfr=spider&for=pc.

② 北京时间财经.《传奇》版权"未了局": 盛趣游戏《续展协议》被判无效[EB/OL]. (2020-09-05) [2022-09-03]. https://baijiahao. baidu. com/s? id = 1676982042290089129&wfr = spider&for=pc.

③ 浙江世纪华通集团股份有限公司. 关于对深圳证券交易所重组问询函的回复公告[EB/OL]. [2022-09-03]. http://disc. static. szse. cn/disc/disk01/finalpage/2018-11-07/20c02bd8-81a4-4ab2-9d43-2fdb834b3242. PDF.

月将其于《软件许可协议》项下的权利义务转让给盛趣信息，自 2009 年 10 月 1 日起，《软件许可协议》项下被授权方变更为蓝沙信息技术（上海）有限公司（下简称蓝沙信息）。

《软件许可协议》约定：许可人特此向被许可人授予，且被许可人接受，使用、推广、经销、营销、改编或修改及转换软件中文版本的独家排他许可；许可人保留对软件的著作权，被许可人承认许可人是且应始终是本软件的著作权所有人。

2001 年 9 月 28 日，*Legend of Mir 2*（即《热血传奇》）网页游戏正式在中国上线，一经引入便火爆中国网络游戏市场。2002 年 8 月，《热血传奇》在线人数突破 50 万，成为当时世界上在线人数最多的网络游戏。2002 年 11 月，《热血传奇》1.6 版《热血神鹰》推出，盛大网络宣布《热血传奇》累计用户数突破 2000 万，而据统计，当时中国网民总数为 4800 万[①]。盛大网络也因此一跃成为中国顶尖的互联网游戏公司。

1.3 利益之争：谁才是最野蛮的人？（2002—2003 年）

《热血传奇》取得的巨大成功超出了所有人的预料，巨大的利益也使得各方有了新的盘算。当时，娱美德正在开发《热血传奇》的大型升级版本 *Legend of Mir 3*。娱美德希望将其作为全新游戏推向市场，以获得高昂的代理费。此外，借助《热血传奇》的火爆，娱美德在业内知名，已经有能力绕开亚拓士直接找中国企业签约，这样可以独享分成。据报道[②]，从 2002 年年初开始，娱美德单独与包括盛大网络在内的中国厂商接触、寻求合作，以获得更大的分成。盛大网络拒绝了娱美德的提议，并将此事通知了亚拓士，因而得罪了娱美德。

当盛大网络要求娱美德为《热血传奇》提供技术支持时，娱美德的态度十分消极。盛大网络搬出《软件许可协议》，却发现合同写明亚拓

① 木子，云崖.《热血传奇》20 年发展历程带给我们什么启示？[EB/OL].（2020-09-25）[2022-09-03]. https://www.zhichanli.com/p/1475836129.

② 张大峰. 内幕披露：盛大遭遇拆台《传奇》何来灭顶之灾[EB/OL].（2003-02-12）[2022-09-03]. https://tech.sina.com.cn/roll/2003-02-12/2217165044.shtml? from=wap.

士是开发商，提供技术支持和维护。实际上，亚拓士没有能力负责，进行技术维护的是真正的开发商娱美德。由于亚拓士无法完全控制娱美德，并且亚拓士和娱美德之间存在各种矛盾，《热血传奇》在中国的技术支持一直不好。在那段时间，盛大网络自行组织团队对游戏进行维护。

面对这种情况，盛大网络也有了自己的盘算，它拒绝向韩国方面提供具体的玩家数据信息，使得韩国方面无法得到游戏的真实收入[①]。而韩国方面则以隐瞒收入为由威胁停止运行《热血传奇》。但是停运《热血传奇》将使得各方面临巨大损失，因此选择和解。

2002年7月14日，亚拓士、娱美德、盛大网络三方就上述《软件许可协议》在上海签订了《补充协议》(简称2002年《补充协议》)，约定：盛大网络获得《热血传奇》在中国内地、中国香港地区的独家合法运营权，合同有效期限至2003年9月28日止；亚拓士与盛大网络同意接受娱美德成为《热血传奇》的共同许可人，娱美德将委托亚拓士行使其作为共同许可人的一切权利，此委托在原合同及该补充协议有效期内不可撤销。

此外，存在一份日期为2002年7月14日，由娱美德出具的题为《申明》的文件，内容是娱美德和亚拓士是《热血传奇》游戏软件共同著作权人，娱美德于2002年7月14日，委托亚拓士行使其作为共同著作权人的一切权利，该委托在中国地区有效期间(2002年7月14日至2017年9月28日)内不可撤销，特此申明。这份文件也是日后盛大网络和亚拓士借以应对娱美德起诉的重要依据。娱美德、传奇IP公司认为，娱美德并未将共同著作权人的一切权利委托给亚拓士行使，《申明》实际出具时间为2012年12月18日，系盛大网络为了在中国进行打假(打击非法私服)刑事举报，于2012年12月向娱美德和亚拓士要求提

① 芒果冰OL. 谁是真《传奇》? 一场横跨20年的IP争夺战[EB/OL]. (2021-03-06)[2022-09-03]. https://www.gcores.com/articles/134672.

供的，并将日期签署为与 2002 年《补充协议》相同的日期[①]。

这次和解只维持了不到半年，因为随后《热血传奇》源代码发生了 3 次“意外”泄露。2002 年 9 月，《热血传奇》的意大利版服务器的源代码意外泄漏、传入国内，一时间私服盛行；11 月中旬，《热血传奇》升级版服务器端程序再次泄漏；11 月下旬，原应在 2002 年底交付盛大网络运营的《热血传奇》2.0 服务器端程序也被泄漏[②]。这 3 次泄漏给盛大网络造成了巨大损失。

为了应对众多私服的挑战，盛大网络开始了一系列快速的版本更新。在当时，通过重视玩家意见和体验，盛大网络进行的版本更新广受好评，尤其是 2002 年 11 月 1 日，《热血传奇》升级到 1.6 版“热血神鹰”，2003 年 1 月份，《热血传奇》更新到 1.7 版“魔神归来”，这两次版本更新让大多数玩家都能受益，因此获得了大部分玩家的支持。2003 年 3 月，盛大网络推出了全新版本——1.76 版“重装上阵”，被无数玩家公认为《热血传奇》的巅峰。

尽管以用户为导向的版本更新留住了大量用户，私服的存在还是严重影响了盛大网络的营收。陈天桥十分气愤，2003 年年初，他向众多媒体表明态度：“如果韩国方面不就私服问题向盛大道歉，并且将分成费用从 27%降低至 20%，盛大网络将不会再给亚拓士一分钱。”[③]这自然引起了亚拓士和娱美德的强烈不满。

2003 年 1 月 24 日，亚拓士单方面宣布：“由于盛大网络连续两个月拖延支付分成费，终止与盛大网络就《热血传奇》网络游戏的授权协议。”[④]2003 年 3 月 20 日，娱美德把新作《传奇 3》签给了一家初涉网络

---

① 人民网. 娱美德声明：希望亚拓士尊重事实[EB/OL]. (2016-09-09) [2022-09-03]. http://game.people.com.cn/n1/2016/0909/c210053-28704805.html.

② 新浪科技. 盛大关于 Actoz 终止“传奇”授权协议的声明[EB/OL]. (2003-02-09) [2022-09-03]. http://tech.sina.com.cn/i/c/2003-02-09/1524164405.shtml.

③ 三易生活. 盛趣游戏要“净化”传奇 IP，但有心杀贼或无力回天[EB/OL]. (2020-12-10) [2022-09-03]. https://www.jiemian.com/article/5387007.html.

④ 北京晚报. 开发商终止《传奇》授权，盛大称不会“停机”[EB/OL]. (2003-01-28) [2022-09-03]. http://tech.sina.com.cn/i/c/2003-01-28/1734163623.shtml.

游戏业务的公司——广州光通通信发展有限公司(下简称光通公司)[①]。

盛大网络方面,鉴于运营《热血传奇》期间,韩方对于私服问题、游戏的维护和技术支持都非常不作为,为了不再受制于人,也为了独享“传奇”IP带来的巨大收益,盛大网络自行研发了一款高仿《热血传奇》的游戏——《传奇世界》,利用不同的计算机语言重新实现了《热血传奇》的所有核心功能。随后,盛趣信息对《传奇世界》进行了著作权登记,于2003年7月3日获得《计算机软件著作权登记证书》。

娱美德指责盛大网络侵犯其知识产权。盛大网络副总裁朱威廉对媒体表示:“软件产品最核心的内容就是源代码和开发文档,源代码不同,是不可能指认为抄袭的;至于相同效果,金山的软件产品跟微软的有很多相同效果,腾讯的QQ跟ICQ有很多相同效果,包括用友的软件,等等,如果按照娱美德的逻辑,是不是这些中国民族软件产品都是非法的、侵权的,都是要取缔的?”[②]

2003年6月,盛大网络正式发布运营《传奇世界》,7月28日正式以“开天辟地”版本对外公测。盛大网络希望能把《热血传奇》的玩家全部导入到《传奇世界》中去,从此彻底摆脱韩方对自己的约束。为此,盛大网络在《热血传奇》官网上开放了一个“移民计划”,并为《热血传奇》的4个区服开放免费移民活动,所有《热血传奇》玩家的数据可以完整地转移到《传奇世界》中去,即玩家的等级、装备、道具全部保持不变;在《传奇世界》公测的那几周里,玩家在《热血传奇》游戏中打怪时,怪物都会说一句“我在传世等你”“传奇世界,无限可能,欢迎来玩”之类的对话[③]。陈天桥曾向记者表示:“我们自主研发的《传奇世界》的收费游

---

① 中信遇险网络游戏《传奇》之战暗暗升级[EB/OL]. (2003-05-30) [2022-09-03]. http://news.17173.com/content/2003-5-30/n665_581856.html.

② 新浪游戏.陈天桥:请WEMADE亮出源代码[EB/OL]. (2004-01-13) [2022-09-03]. http://games.sina.com.cn/newgames/2004/01/011311882.shtml.

③ 搜狐网.传奇私服的前世今生[EB/OL]. (2020-04-07) [2022-09-03]. https://www.sohu.com/a/386093366_120099906.

戏，第一天成本就全回来了。”[①]

值得注意的是，根据 2001 年的《软件许可协议》，盛大网络仅是《热血传奇》客户端游戏中文版在中国的运营商，只有游戏的运营权，没有改编权。因此，盛大网络无权基于《热血传奇》游戏制作任何衍生作品，包括基于《热血传奇》端游改编制作网页游戏、手机游戏、小说、影视剧等任何演绎作品或转授权第三方。

亚拓士方面，在看到娱美德 3 月份已经单独签约而且盛大网络已经具备单飞能力之后，掀了桌子的亚拓士不得已回到桌前，寻求与盛大网络的和解。在合同到期之前，盛大网络与亚拓士达成了暂时调解，《热血传奇》成功续约。

2003 年 8 月，为了解决自 2002 年 7 月起亚拓士与盛大网络发生的纠纷事项（包括但不限于《热血传奇》软件泄露、分成费用等事项），亚拓士与盛大网络签署了《和解协议》（*Settlement Agreement*），约定双方就所有与《热血传奇》相关的或由《热血传奇》所引起的、直接或间接的、已知和未知的争议达成完全和最终的解决[②]。

2003 年 8 月 19 日，亚拓士作为许可人、盛大网络作为被许可人、与盛趣公司和上海浦东进出口有限公司共同签订了另一份《补充协议》（简称 2003 年《补充协议》），约定：亚拓士通过《软件许可协议》授权盛大网络使用《热血传奇》在中国提供网络游戏服务；盛大网络尊重亚拓士对《热血传奇》软件的产权，在许可期间，对《热血传奇》做出的补丁和/或升级，其著作权和产权应属于亚拓士，无论是由亚拓士还是盛大网络提供的该补丁和/或升级；盛大网络不得向其他任何游戏转移与《热血传奇》相关的用户名、密码和角色信息（包括角色类型、等级）。

---

① 新浪新闻. 盛大网络总裁陈天桥：财富于我就像游戏中的数字[EB/OL].（2004-12-08）[2022-09-03]. http://news.sina.com.cn/o/2004-12-08/15084467908s.shtml.

② 浙江世纪华通集团股份有限公司. 关于对深圳证券交易所重组问询函的回复公告[EB/OL].（2018-11-07）[2022-09-03]. http://disc.static.szse.cn/disc/disk01/finalpage/2018-11-07/20c02bd8-81a4-4ab2-9d43-2fdb834b3242.PDF.

看到盛大网络此前的种种操作，娱美德于 2003 年 8 月 18 日在中国进行了《热血传奇》游戏软件著作权登记，获得《计算机软件著作权登记证书》。2003 年 9 月，娱美德在北京一中院起诉盛大网络与盛趣信息，认为其开发、运营的《传奇世界》游戏侵犯《热血传奇》游戏的著作权并涉及不正当竞争，后亚拓士作为共同原告加入诉讼。

1.4 盛大网络：化敌为友就是消灭敌人（2004—2014 年）

鉴于当时的实际情况，诉讼一直持续到 2007 年。诉讼的原告，娱美德和亚拓士本就不是"铁板一块"。2001—2003 年，娱美德与亚拓士就《热血传奇》共有著作权问题在韩国涉诉 20 余起，后双方于 2004 年 4 月 29 日在韩国首尔中央地方法院围绕《传奇》系列著作权侵权纠纷达成一揽子和解，并制作了《2003KAHAP4191 禁止使用计算机软件的诉前保全和解笔录（调解书）》（简称 2004 年《和解笔录》），约定："更新与盛大网络及意大利数字兄弟（Digital Bros）公司签署的原合同的权限由申请人（亚拓士）保留，更新与光通公司及中国台湾智冠电子签署的原合同的权限由被申请人（娱美德）保留。但各方当事人更新上述各合同时，应事前进行协商。"

原告之间的内斗为盛大网络争取了宝贵的时间。2004 年 5 月，盛大网络在纳斯达克成功上市[①]。财大气粗的盛大网络选择用最直接的手段瓦解原告之间的联盟。2004 年 11 月 30 日，盛大网络宣布，以 9170 万美元现金向亚拓士 7 名股东收购他们拥有的 29%的股份，并由此成为该公司第一大股东[②]。截至 2004 年 12 月，盛大网络持有亚拓士 38.1%的股权。2007 年 7 月，盛大网络增持亚拓士股份至 51%[③]。

---

① 中国青年报. 盛大在纳斯达克公开发行上市[EB/OL].（2004-05-14）[2022-09-03]. http://zqb.cyol.com/content/2004-05/14/content_869773.htm.

② 搜狐财经. 盛大网络发展有限公司收购韩国 ACTOZ [EB/OL].（2004-12-01）[2022-09-03]. https://business.sohu.com/20041201/n223275675.shtml.

③ 中联资产评估集团有限公司关于浙江世纪华通集团股份有限公司发行股份及支付现金购买资产并募集配套资金暨关联交易相关事项之核查意见[EB/OL].[2022-09-03]. https://q.stock.sohu.com/newpdf/201934027030.pdf.

盛大网络对亚拓士的收购，不仅一举把原告之一亚拓士变为了自己人，还通过亚拓士间接持股另一位原告娱美德 40%的股份。此后，盛大网络与娱美德关系开始出现软化。2004 年年底，盛大网络宣布将与娱美德合作对《热血传奇》进行升级，并将在 2005 年推出新版本，这是《热血传奇》发生纠纷 2 年来，盛大网络首次对《热血传奇》进行版本升级①。

时间来到 2007 年 2 月 2 日，北京一中院作出娱美德等诉盛大网络侵犯著作权及不正当竞争纠纷案一审民事调解书，即(2003)一中民初字第 11013 号判决(以下简称 2003 年民事调解书)。内容如下：

(1) 上海盛大网络发展有限公司承认并确认娱美德娱乐有限公司和株式会社亚拓士共同拥有《热血传奇》的著作权。

(2) 娱美德娱乐有限公司和株式会社亚拓士承认并确认盛趣信息技术(上海)有限公司拥有《传奇世界》的著作权。

(3) 娱美德娱乐有限公司、株式会社亚拓士，包括受其控制的子公司、关联公司、被许可公司、公司高级官员、董事、股东、继任公司、受让公司、律师及代理人，同意放弃对于上海盛大网络发展有限公司、盛趣信息技术(上海)有限公司，以及受其控制的子公司、关联公司、公司高级官员、董事、股东、继任公司、受让公司、律师及代理人就与本案诉讼有关的全部诉讼请求。各方进一步同意并确认，在任何时候和任何法域内，均不会基于任何与本案诉讼相同或实质上相同的事实及/或理由针对任何其他一方提起任何诉讼、争议解决程序、仲裁或政府或管理机构的调查，或是任何类似程序。

(4) 娱美德娱乐有限公司、株式会社亚拓士、上海盛大网络发展有限公司、盛趣信息技术(上海)有限公司同意，本案诉讼自起诉到(2003)一中民初字第 11013 号民事调解书出具止，各方发生的与诉讼行为有关的各自的各项费用(包括但不限于诉讼费、律师费、调查取证费和所有其他费用)，无论各方各自已经支付或已经产生但尚未支付，均由各

① 新浪游戏. 盛大与 Wemade 两年来首度携手升级《传奇 2》[EB/OL]. (2004-12-21) [2022-09-03]. http://games.sina.com.cn/y/n/2004-12-21/69879.shtml.

方自行承担。

(5) 案件受理费1000元,由娱美德娱乐有限公司负担。

也是在2007年,娱美德回购了亚拓士所持有的40%的股权,彻底切断了与亚拓士的所有股权关系。在当时,原告被告双方实现了和解并进入蜜月期。

2007年3月21日,盛大网络宣布获得娱美德开发的3D大型网络游戏《苍天》在中国的独家运营权。娱美德董事长朴瓘镐表示:“经过3年的精心制作,我们把《苍天》带到了中国。盛大是中国最大最优秀的运营公司,而且我们之间有着长期而牢固的合作基础,所以我们认为盛大是我们首选,也是最好的合作伙伴。我们和盛大的合作,让我们增强了《苍天》这款游戏能够再创新纪录的信心。”[①]盛大网络董事长陈天桥则表示:“我们很高兴能和朴先生再次合作。朴先生是最受人尊敬的网络游戏制作人和设计师之一,创造了很多网络游戏作品的里程碑。在《热血传奇》成功合作的基础上,我们对《苍天》的前景充满信心。”[②]2009年,娱美德与光通公司之间《传奇3》授权合约到期之后,娱美德将《传奇3》也交给盛大网络运营。

1.5 娱美德:我的游戏,我的权利(2015—2021年)

作为游戏真正的开发商,娱美德始终没有放弃对《热血传奇》游戏著作权的主张和确权。在娱美德看来,2017年9月28日将是自己从盛大网络手中拿回《热血传奇》著作权的时间,这一天,正是《软件许可协议》项下授权有效期续展的截止日期。娱美德绝对不会允许盛大网络像之前一样一再延长《热血传奇》授权时间。为了迎接这一天,娱美德做了三方面准备。

第一,娱美德通过对外进行游戏授权,彰显自己的权利。例如,2015年3月10日,娱美德与盛大网络签署许可协议,授权盛大网络开

① 新浪科技.盛大获韩国网游苍天中国大陆独家运营权[EB/OL].(2007-03-21)[2022-09-03]. https://tech.sina.com.cn/i/2007-03-21/14101426825.shtml.

② 同上。

发并运营一款《热血传奇》手机游戏[①]。此外，娱美德不再授权盛大网络在中国“打假”。之前，娱美德与亚拓士一起向盛大网络出具了关于《热血传奇》在中国的打假授权书，2015年9月28日到期[②]。“打假”授权到期前后，盛大网络多次以各种方式向娱美德要求在期满后续发“打假”授权书，娱美德始终不同意。

第二，娱美德在各种诉讼中，通过法院判决来确认自己的著作权。2016年10月6日，韩国法院对于亚拓士提起的诉前禁令的裁定明确认定，亚拓士没有正当理由禁止娱美德在中国进行授权的行为构成“违反信义而拒绝和债务人（注：指娱美德）就著作财产权的行使达成协议的行为，违反《著作权法》第四十八条第一款，不被允许”。[③] 2016年10月25日，娱美德向韩国法院提出了诉前禁令申请，主张亚拓士多次散布虚假信息，声称依照2002年《申明》，娱美德不可撤销地将《热血传奇》一切著作权在中国委托亚拓士行使，且娱美德不能在中国签署《热血传奇》相关合同，上述行为已妨碍娱美德的正常业务经营，要求法院禁止亚拓士不当使用《申明》，禁止亚拓士通过新闻等方式向第三方散布“只有从亚拓士获得授权才能在中国境内进行热血传奇授权”的不实言论[④]。2016年12月15日，韩国法院对娱美德诉前禁令申请作出裁定，法院认定：①《申明》中娱美德不可撤销地将《热血传奇》一切著作权委托亚拓士行使的内容与事实不符；②所谓娱美德在中国不能签署《热血传奇》相关合同的内容与事实不符；③所谓在中国只有盛大网络及其关联公司可以自行开发或授权他人开发《热血传奇》网页游戏、手机游戏的内容与事实不符；④盛大网络在中国的《热血传奇》独家授权仅限于客户端游戏，无权依照该许可协议改编或转授权《热血

---

① 界面新闻.传奇发表关于盛大无权针对传奇手游进行维权的声明[EB/OL].（2018-01-15）[2022-09-03]. https://www.jiemian.com/article/1882130.html.

② 人民网.娱美德声明：希望亚拓士尊重事实[EB/OL].（2016-09-09）[2022-09-03]. http://game.people.com.cn/n1/2016/0909/c210053-28704805.html.

③ 新浪游戏.韩国法院认定亚拓士违背商业道义或公平竞争[EB/OL].（2016-12-30）[2022-09-03]. http://games.sina.com.cn/wlyx/2016-12-30/doc-ifxzczff3463833.shtml.

④ 同注释①。

传奇》；⑤娱美德与亚拓士共同向盛大网络出具的有效期截至2015年9月28日的《〈热血传奇〉授权书》，是以客户端游戏为限的维权授权书，难以认定据此授予盛大网络改编《热血传奇》或转授权给第三方的权限。而且，法院认定亚拓士的上述行为违背商业道义或公平竞争。

第三，娱美德分立成立子公司，全权负责《热血传奇》相关业务。2017年5月18日，娱美德在韩国召开临时股东大会，议案包括批准《分立计划书》，拟通过分立公司的《热血传奇》相关业务部门而设立新的公司。2017年5月23日，娱美德经股东大会批准在韩国成立传奇IP公司，根据分立安排，传奇IP公司自分立完成之日起从娱美德处承继《热血传奇》游戏相关的全部知识产权。对此，亚拓士一直不认可。

然而，娱美德低估了盛大网络对《热血传奇》IP的野心。2017年6月30日，在娱美德的反对声中，亚拓士与盛大网络签订《续展协议》(*Extension Agreement*)，授权盛大网络在2017年9月28日之后继续运营《热血传奇》客户端游戏，并把《续展协议》的准据法改为中国法，纠纷解决方法改为需要遵照上海国际仲裁中心(Shanghai International Arbitration Center，SHIAC)的仲裁。

针对亚拓士单方续约行为，娱美德和传奇IP公司于2017年8月9日向上海知识产权法院提起诉讼和保全申请。2017年8月16日，上海知识产权法院作出了(2017)沪73行保1号裁定，裁定被申请人亚拓士、蓝沙信息立即停止履行于2017年6月30日签订的《续展协议》。在裁定生效之后，盛大网络承诺提供1亿元的反担保，并由其子公司亚拓士向娱美德立即清偿尚欠付的巨额授权许可分成费，以换取保全措施的解除[①]。娱美德和传奇IP公司同意在盛大网络及亚拓士履行承诺义务的前提下解除保全措施。2017年9月22日，上海知识产权法院基于娱美德和传奇IP公司同意、在反担保前提下解除了保全措施，盛大网络得以在中国继续临时运营《热血传奇》客户端游戏。

---

① 界面新闻.传奇发表关于盛大无权针对传奇手游进行维权的声明[EB/OL].(2018-01-15)[2022-09-03].https://www.jiemian.com/article/1882130.html.

2017 年，娱美德和传奇 IP 公司作为申请人，以蓝沙信息、盛大游戏和亚拓士作为被申请人，向国际商会国际仲裁院(新加坡)(以下简称“ICC 仲裁院”)申请仲裁，认为 2017 年 6 月 30 日蓝沙信息、盛大网络与亚拓士签署《续展协议》应为无效协议。ICC 仲裁院是 2001 年《软件许可协议》所约定的仲裁机构。此外，娱美德和传奇 IP 公司还在中韩两国的法院起诉蓝沙信息与亚拓士所签署的《续展协议》。

同年，蓝沙信息向上海国际仲裁中心提起仲裁申请，要求裁决蓝沙信息与亚拓士签署的《续展协议》为合法有效的协议，并确认在中国内地及中国香港地区范围内，蓝沙信息对《热血传奇》的包括改编权在内的相关著作权享有独占性授权。2018 年 1 月 23 日，上海国际仲裁中心作出裁决，裁定蓝沙信息与亚拓士签署的《续展协议》合法有效。

对于上海国际仲裁中心的裁决，经娱美德、传奇 IP 公司申请，ICC 仲裁院于 2018 年 3 月 26 日作出临时救济决定：“本仲裁庭将在下列条款下授予有限临时救济：①在本仲裁程序解决或本仲裁庭颁布别的指令之前，被申请人蓝沙信息和盛大网络不得试图在本次仲裁中执行或依赖上海国际仲裁中心颁布的任何裁决书；②在本仲裁程序解决或本仲裁庭颁布别的指令之前，蓝沙信息和盛大网络不得提及或依赖上海国际仲裁中心颁布的裁决书或裁决书的任何部分，试图做出陈述或向第三方(包括潜在被许可方)声称拥有被许可方权利，和/或声称拥有依照 2017 年《续展协议》授予 Mir IP(即《热血传奇》软件著作权)分许可证的任何权利。”[①]

2019 年 10 月，韩国首尔中央地方法院公布了娱美德和传奇 IP 公司起诉蓝沙信息与亚拓士所签署《续展协议》的一审判决结果(第 63-2 民事部判决书，案号：2017 民一合 562160)。娱美德和传奇 IP 公司的诉求包括：①确认亚拓士与蓝沙信息及盛大网络于 2017 年 6 月 30 日签订的《续展协议》无效；②未经主位性原告传奇 IP 公司事先同意，亚

① 浙江世纪华通集团股份有限公司. 关于对深圳证券交易所重组问询函的回复[EB/OL]. [2022-09-03]. http://disc. static. szse. cn/disc/disk01/finalpage/2018-11-07/20c02bd8-81a4-4ab2-9d43-2fdb834b3242. PDF.

拓士不得与蓝沙信息就关于《热血传奇》软件著作权的使用，以更新、延长、变更《软件许可协议》等协议的方法使其在2017年9月28日之后继续有效，亦不得许可蓝沙信息、上海数龙科技有限公司等公司及其他第三方使用《热血传奇》软件著作权；③执行官应以适当方式公布上述命令的内容。[①]

首尔中央地方法院判决驳回原告的全部诉讼请求，但是其理由是“很难判断续约无效”。同时，首尔中央地方法院明确支持了娱美德和传奇IP公司的许多权利主张，包括：①确认给予盛趣游戏(即盛大网络)的授权仅限于《热血传奇》客户端游戏运营权；②确认盛趣游戏无权对外进行《热血传奇》游戏授权活动；③确认盛趣游戏旗下亚拓士没有遵循著作权共有人协商义务，违反了受托人的善管义务。[②] 随后，娱美德和传奇IP公司进行了上诉。

2019年12月20日，上海知识产权法院作出(2017)沪73民初617号民事判决。判决如下：①确认被告亚拓士和蓝沙信息签订的《续展协议》侵害了原告传奇IP公司就《热血传奇》游戏软件享有的共有著作权；②被告亚拓士、蓝沙信息应于本判决生效之日起10日内共同赔偿原告娱美德、传奇IP公司合理开支30万元；③驳回原告娱美德、传奇IP公司的其余诉讼请求，包括但不限于申请确认亚拓士和蓝沙信息签订的《续展协议》无效、申请判令上海蓝沙不得利用亚拓士的非法授权在2017年9月28日之后运营《热血传奇》PC客户端网络游戏中文版等。[③]

2020年6月24日，ICC仲裁院作出裁决[④]，确认《软件许可协议》

---

① 新浪财经头条. 娱美德公开韩国判决书，“传奇”权利归属仍有变数？[EB/OL]. (2019-10-29) [2022-09-03]. https://t.cj.sina.com.cn/articles/view/2611781342/9bac9ede01900qcwg.

② http://3g.donews.com/News/donews_detail/3065069.html

③ 中财网. 世纪华通：子公司诉讼事项进展[EB/OL]. (2019-12-23) [2022-09-03]. http://www.cfi.net.cn/p20191223001461.html.

④ 时间财经.《传奇》版权“未了局”：盛趣游戏《续展协议》被判无效[EB/OL]. (2020-09-05) [2022-09-03]. https://xueqiu.com/8734069401/158541106. 网易. 浙江世纪华通集团股份有限公司关于子公司诉讼仲裁事项进展的公告[EB/OL]. (2020-06-29) [2022-09-03]. https://www.163.com/dy/article/FG8PE1D8053469RG.html.

项下的许可期限已于 2017 年 9 月 28 日到期，蓝沙信息和亚拓士签署的《续展协议》无效；裁令蓝沙信息和盛趣游戏停止使用《热血传奇》游戏软件、商标及软件相关的数据库；裁令蓝沙信息和盛趣游戏停止通过或授权任何主体使用、推广、发行、营销、改变、修改、开发或利用《热血传奇》游戏的衍生版本（包括手机游戏、网页游戏或其他任何格式）；裁令亚拓士、蓝沙信息和盛趣游戏不得寻求执行上海国际仲裁中心[2018]沪贸仲裁字第 028 号裁决书（SHIAC 裁决），或依据 SHIAC 裁决向第三方（包括潜在被许可方）陈述或声称蓝沙信息或盛趣游戏依据《续展协议》拥有《热血传奇》许可或有权进行任何分许可等。

2020 年 12 月 8 日，亚拓士通过公告发布消息称，公司从首尔中央地方法院得到两个临时扣押通知，分别为银行账户扣押决定与著作权扣押决定[①]。根据相关披露，2020 年 10 月 30 日，首尔中央地方法院宣告了亚拓士银行账户被扣押的决定。除非亚拓士缴纳因侵权给传奇 IP 造成的一部分损失，否则不能申请中止执行或者注销，而娱美德申请的金额约为 4 亿元人民币。紧接着，2020 年 11 月 26 日，首尔中央地方法院又下了另外一个决定，暂扣债务者（即亚拓士）名义下的著作权（包括《热血传奇》，共 19 个著作权），娱美德申请的著作权抵押费用为 4000 亿元韩币，约为 24 亿元人民币。

2021 年 1 月 28 日，首尔高等法院更新了关于《续展协议》诉讼的二审判决结果（第 5 民事部判决书，案号：2019 民二合 2049565），驳回了原告娱美德和传奇 IP 公司关于亚拓士、蓝沙信息、盛趣游戏签署的《续展协议》无效的请求。

法院驳回娱美德上述请求的理由有两点[②]：一，韩国诉讼仅是“传奇”共同著作权人之间的纠纷，而《续展协议》的当事主体是外国主体（中国）国内的盛趣游戏，该案被告不包括盛趣游戏，因此，对《续展协

① 居风. 娱美德维权再获突破 亚拓士账户与传奇著作权均遭扣押[EB/OL]. (2020-12-11)[2022-09-03]. https://new.qq.com/rain/a/20201211a071xq00.

② 香蕉游戏王. 世纪华通传奇“确权成功”？韩国法院：新加坡仲裁见分晓[EB/OL]. (2021-01-29)[2022-09-03]. https://www.sohu.com/a/447554802_120393615.

议》效力作判定难以影响到盛趣游戏，这意味着即使判决合同无效，其效力也无法约束盛趣游戏；二，合同是否有效应根据合同的约定，通过ICC仲裁院的仲裁来解决，应是更有效的办法。换言之，首尔高等法院认为传奇IP公司就《续展协议》效力争议应当在亚拓士和盛趣游戏同为被告的ICC仲裁院的仲裁程序中寻求救济。

首尔高等法院认为，外国仲裁裁决在没有特殊情况下可以得到韩国国内法院的承认，将具有与韩国国内法院判决同等的效力。韩国法院与其说驳回娱美德诉求，不如说给了娱美德处理传奇IP纠纷的意见和建议。出于这种考虑，韩国法院并未回应娱美德的诉求，而是建议娱美德通过ICC仲裁院进行仲裁，从而更好地维护自身合法权益[①]。

此外，二审判决继续认定亚拓士擅自签署《续展协议》违反了善管义务，认定盛趣游戏违反了《软件许可协议》，并认可了针对盛趣游戏和亚拓士提起禁止请求及损害赔偿请求的正当性[②]。

时至今日，娱美德和传奇IP公司与盛趣游戏和亚拓士之间的"传奇"IP之争，前景依旧不明。

法律篇

2.1 案情简介

2017年，娱美德、传奇IP公司向北京知识产权法院提起诉讼，控告三七互娱(上海)科技有限公司(以下简称三七公司)、北京奇客创想科技股份有限公司(以下简称奇客创想)侵害计算机软件著作权及不正当竞争。北京知识产权法院于2017年11月10日受理后，依法进行

---

① 腾讯网.世纪华通公告断章取义 娱美德正面回应句句暴击[EB/OL].(2021-02-04)[2022-09-03]. https://new.qq.com/rain/a/20210204A05DGI00.

② 同上。

审理。

案件进入实体审理程序后，根据三七公司的申请，北京知识产权法院追加以下各方为第三人：亚拓士、盛绩信息技术（上海）有限公司（以下简称盛绩公司）和盛趣游戏。

原告娱美德、传奇IP公司起诉称，2017年10月，原告发现三七公司未经授权发行了与涉案游戏构成实质性相似的侵权网页游戏《金装传奇》。二被告在运营和推广《金装传奇》时，使用“官方正版授权”和“传承了传奇经典的战法道”等混淆性描述，故意将《金装传奇》与《热血传奇》建立联系，借助《热血传奇》的知名度吸引玩家，构成不正当竞争。请求法院判令如下：

（1）确认被告开发、出版、运营、宣传《金装传奇》游戏的行为侵犯原告对《热血传奇》游戏的著作权，并立即停止侵害原告著作权的行为。

（2）立即停止侵权游戏《金装传奇》在网络及其他媒体上的宣传，并停止一切不正当竞争行为。

（3）承担原告为制止侵权所支出的合理费用30万元，以及本案的诉讼费用、保全费用及其他相关费用。

被告三七公司辩称如下：

（1）《热血传奇》与后续版本2010年《传奇续章》和2015年《热血传奇》是不同的游戏，原告不享有这些游戏的著作权。

（2）即使原告享有这些游戏作为类电影作品的著作权，原告已经将其共有的著作权权益独占的许可给了共有人亚拓士，原告没有权利基础；而且，被控游戏整体上改编自本案第三人的游戏《传奇世界》，具有合法授权，不侵犯原告的著作权。

（3）即使认定被告游戏中个别图片与原告罗列的对应图片构成实质性相似，而在《传奇世界》中又没有对应的图片，停止侵权仅限于停止使用该具体的图片，而不是停止整款游戏的运营。

综上，被告三七公司请求法院判决驳回原告全部诉讼请求。

被告奇客创想辩称：首先，同意三七公司的答辩意见；其次，奇客创想运营游戏具有合法来源。在被控虚假宣传方面，“传奇”是当今游戏行业的通用名称。《金装传奇》有《传奇世界》合法授权，指向《传奇世界》，不会造成混淆，不构成不正当竞争。

第三人盛绩公司、盛趣游戏共同述称：首先，盛趣游戏拥有《传奇世界》游戏的著作权。根据2007年在北京一中院调解下达成的"2003年民事调解书"，娱美德、亚拓士均承认盛趣游戏拥有《传奇世界》游戏的著作权，娱美德、亚拓士及其子公司等均不再对《传奇世界》游戏提起任何诉讼。其次，盛趣游戏将《传奇世界》游戏独占性地授权给盛绩公司，盛绩公司进一步授权研发的《金装传奇》是《传奇世界》作品的衍生，该整体及部分元素属于当时民事调解书中的范围，盛绩公司及盛趣游戏有权对外授权，该授权合法有效。

第三人亚拓士述称：首先，两原告无权提起本案诉讼，娱美德已经将其作为共有著作权人的一切权利委托给亚拓士代为行使；其次，如果原告有权提起本案诉讼，传奇IP公司无权参与本案诉讼，娱美德将共有著作权转让的行为应当经我方同意，而传奇IP公司分立的相关诉讼在韩国的二审中，即便分立有效，应当由娱美德或传奇IP公司单独提起诉讼；最后，如果两原告其中之一有权单独提起诉讼，我方应当被追加为共同原告而不是第三人。

2.2 案件剖析及判决结果

2.2.1 《热血传奇》权利客体问题

(1)《热血传奇》是否属于著作权法保护的作品

《中华人民共和国著作权法实施条例》第二条规定："著作权法所称作品，是指文学、艺术和科学领域内具有独创性并能以某种有形形式复制的智力成果。"审查原告主张著作权的客体是否构成作品，一般考虑如下因素：①是否属于在文学、艺术和科学范围内自然人的创作；②是否具有独创性；③是否具有一定的表现形式；④是否可复制。

从《热血传奇》的整体目的和功能来看，其主要用途是为玩家提供娱乐、休闲、交流等服务，由国家新闻出版广电总局审批、经文化部备案，具有文化艺术领域范畴的特性；从《热血传奇》的创作过程来看，它是一个耗费大量人力、物力、财力非常复杂的创作过程，具有极高的独创性；从《热血传奇》的载体类型来看，《热血传奇》是客户端游戏，即玩家需要通过互联网在计算机上下载安装游戏客户端软件才能在线运行游戏，可以通过有形形式予以复制。据此，《热血传奇》属于我国《著作权法》保护的"作品"。

(2)《热血传奇》在《著作权法》保护下的作品类型

运行网络游戏产生的静态游戏画面符合美术作品要件的，受《著作权法》保护。运行网络游戏产生的连续动态游戏画面，符合以类似摄制电影的方法创作的作品构成要件的，受《著作权法》保护。网络游戏可以作为计算机软件受《著作权法》保护。

《热血传奇》网络游戏整体构成我国《著作权法》保护的作品。首先，《热血传奇》的动态游戏画面构成以类似摄制电影的方法创作的作品；其次，游戏中的人物(战士、法师、道士)、武器、装备、道具、NPC、怪物、静态地图及其各部分场景服装等构成美术作品。

(3)《热血传奇》游戏版本问题

本案中，娱美德、传奇IP公司主张权利基础为《热血传奇》，并主张以2010年《传奇续章》、2015年《热血传奇》《热血传奇》官网游戏内容为依据与《金装传奇》进行实质性近似的比对。

鉴于不同历史时期《热血传奇》游戏版本更新都是在原有游戏版本内容基础上进行增加和扩充，而游戏核心内容没有实质变化，2010年《传奇续章》及2015年《热血传奇》游戏内容虽存在一定的差异，但其核心内容一直在延续，二者均是《热血传奇》游戏在连续运营过程中演化发展而来的不同版本，并非独立的新的游戏。

2.2.2 娱美德、传奇IP公司是否享有《热血传奇》著作权

《著作权法》第二条第二款规定："外国人、无国籍人的作品根据其作者所属国或者经常居住地国同中国签订的协议或者共同参加的国际条约享有的著作权，受本法保护。"

中韩两国同为《伯尔尼公约》成员国，我国《著作权法》对于娱美德、

传奇 IP 公司在其本国享有著作权的作品同样提供保护。娱美德在韩国和中国取得的《著作权登记证书》、2004 年《和解笔录》,包括各方当事人均承认娱美德与亚拓士是《热血传奇》共有著作权人。

游戏作品系由计算机软件作品及其生成的画面组合而成的综合性作品,在没有相反证据的情况下,其生成画面的相关权利亦应归属于软件开发者。在其生成画面符合作品独创性等构成要件而构成作品时,著作权人应当为软件的著作权人。故在本案中,《热血传奇》游戏生成画面的著作权人为亚拓士与娱美德。

关于《热血传奇》后续版本的著作权归属,亚拓士提交的《软件许可协议》及其相关《补充协议》足以证明,娱美德和亚拓士是《软件许可协议》的共同许可权利人,并通过协议将《热血传奇》网络游戏在中国的运营权授权许可给了被许可人,但《热血传奇》的著作权始终归属于许可人。2003 年《补充协议》明确约定在许可期内对《热血传奇》的任何补丁和/或升级,无论是由许可人还是被许可人提供,其著作权都应属于许可人。因此,2010 年《传奇续章》及 2015 年《热血传奇》的著作权均归属于娱美德与亚拓士。

2017 年 5 月 23 日,娱美德在韩国分立并成立传奇 IP 公司承继《热血传奇》著作权,并在韩国完成了行政登记,因此分立日 2017 年 5 月 23 日之前娱美德是《热血传奇》游戏的著作权人,传奇 IP 公司因承继取得 2017 年 5 月 23 日之后《热血传奇》游戏的著作权,二者对《热血传奇》游戏所享有的著作权受到我国著作权法的保护。

2.2.3 娱美德是否有权基于《热血传奇》提起本案诉讼

虽然存在一份《申明》,内容是"娱美德和亚拓士是《热血传奇》游戏软件共同著作权人,且娱美德于 2002 年 7 月 14 日委托亚拓士行使其作为共同著作权人的一切权利,该委托在中国地区有效期间(2002 年 7 月 14 日至 2017 年 9 月 28 日)内不可撤销",但是从《申明》字面解释很难得出娱美德由于该委托行为而丧失其自身对《热血传奇》享有的共有著作权的结论。结合《软件许可协议》《补充协议》等其他证据,《申明》不足以证明娱美德丧失了作为《热血传奇》共有著作权人维权的权利。此外，2004年《和解笔录》显示，娱美德与亚拓士就如何行使共有著作权问题已经重新达成了协议，包括更新与盛大网络签署的合同时，亚拓士与娱美德应事先进行协商，而并非由亚拓士代为行使作为共有著作权人的一切权利。

关于娱美德、传奇IP公司先后作为共有著作权人之一能否单独提起侵权之诉，法院认为，娱美德在本案中仅主张三七公司与奇客创想承担停止侵权及赔偿其合理支出的民事责任，而并未主张后二者承担赔偿其因侵权而造成的实际损失的责任，故娱美德、传奇IP公司提起本案诉讼既有利于所有的共有著作权人，又不会因单独起诉而获得超出其共有份额的赔偿。

综上，娱美德作为《热血传奇》游戏的共有著作权人之一，有权提起本案诉讼。

2.2.4 《金装传奇》是否侵犯《热血传奇》著作权

(1)《金装传奇》与《热血传奇》是否构成实质性相似

接触和实质性相似是判断著作权侵权的标准。接触是指被诉侵权人有机会接触到、了解到或者感受到权利人享有著作权的作品，它可以是一种推定。权利人将作品公之于众进行了发表，被诉侵权人依据社会通常情况具有获知权利人作品的机会和可能，可以被推定为接触。判断作品是否构成实质性相似一般采用综合判断的方法，应比较作者在作品表达中的取舍、选择、安排、设计等是否相似。

本案中，首先，2010年《传奇续章》、2015年《热血传奇》的发表时间及《热血传奇》官网时间均早于《金装传奇》。其次，《热血传奇》是在中国连续运营19年的经典网络游戏，游戏知名度高，被告作为游戏行业的从业主体应当知晓《热血传奇》游戏的存在。再次，从被告在运营、推广游戏时的宣传语亦可推知被告知晓《热血传奇》游戏。综上，三七公司与奇客创想具有接触到《热血传奇》游戏的可能性。

证据显示，截至《金装传奇》人物升级至85级，《热血传奇》与《金装传奇》的核心内容相似、特殊的细节设计相似，在地图、建筑位置、建筑风格、移动路径、功能、结构、材质、颜色等方面均相似。

三七公司辩称《金装传奇》是独立开发的，游戏中的故事背景、美术风格等参考了《传奇世界》并进行了大幅度调整，加入了原创性元素，而游戏的玩法、数值等均为独立开发的。此外，三七公司还辩称娱美德、传奇 IP 公司主张的两款游戏相似内容在《金装传奇》游戏全部内容中占比不高，不构成实质性相似。

法院认为，两款网络游戏即使整体内容有差异，如果游戏核心内容或游戏"卖点"高度相似，足以使受众感知到来源于特定作品，仍然可以构成实质性相似。本案中，人物角色职业、参数项设置、建筑物等细节是不同等级玩家都会经历的体验，两款游戏在这些内容中已经呈现了较高的相似度。

综上所述，《金装传奇》游戏与《热血传奇》游戏构成实质性相似。

(2)《金装传奇》构成对《热血传奇》的复制还是改编

《著作权法》第十条第一款第(五)项规定："复制权，即以印刷、复印、拓印、录音、录像、翻录、翻拍等方式将作品制作一份或者多份的权利。"《著作权法》第十条第一款第(十四)项规定："改编权即改变作品，创作出具有独创性的新作品的权利。"根据上述规定，作者未经许可在被诉侵权作品中使用了原作品的表达，并创作出具有独创性的新作品，属于改编行为。作者未经许可在被诉侵权作品中使用了原作品的表达，但并未形成新的作品，属于复制行为。故侵犯复制权与改编权的认定标准都是接触和实质性相似，区分二者的关键在于是否产生了具有独创性的新作品。

本案中，《金装传奇》与《热血传奇》构成实质性相似，但《金装传奇》游戏中亦有不同于《热血传奇》游戏的元素，使得《金装传奇》游戏构成新作品。因此《金装传奇》构成《热血传奇》的改编作品。《金装传奇》侵犯了原告对《热血传奇》享有的改编权。因为三七公司与奇客创想并非《金装传奇》的开发者，故并未侵害原告对《热血传奇》游戏享有的改编权。

此外，《著作权法》第十条第一款第（十二）项规定："信息网络传播权，即以有线或者无线方式向公众提供作品，使公众可以在其个人选定的时间和地点获得作品的权利。"本案中，三七公司与奇客创想将《金装传奇》游戏的服务器端置于其服务器中，使得公众可以在其个人选定的时间和地点获得《金装传奇》游戏，即构成通过信息网络传播《金装传奇》游戏的行为，因而亦侵害了原告对于《热血传奇》游戏享有的信息网络传播权。

（3）取得《传奇世界》授权是否足以证明《金装传奇》并未侵犯《热血传奇》著作权

三七公司辩称，娱美德已经在 2003 年民事调解书中承认盛趣游戏对《传奇世界》享有著作权，而《金装传奇》游戏的开发和运营参考和借鉴了《传奇世界》，并且获得了《传奇世界》的合法授权，故《金装传奇》并未侵犯《热血传奇》著作权。奇客创想亦辩称《金装传奇》是获得《传奇世界》合法授权后开发完成的，其运营该游戏有合法来源。

基于以下原因，法院认定奇客创想取得《传奇世界》授权并不足以证明《金装传奇》并未侵犯《热血传奇》著作权。

首先，著作权许可或转让应当是明示的，著作权人未明确许可、转让的权利，未经著作权人同意，他人不得行使。这在本案中体现在两个方面。第一，2003 年民事调解书中，娱美德"承认并确认盛趣游戏拥有《传奇世界》的著作权"，由于当时还不存在《传奇世界》网页游戏或手机游戏，因此法院认为 2003 年民事调解书中和解内容仅针对当时涉诉的《传奇世界》客户端游戏，不包括《金装传奇》游戏。第二，2003 年民事调解书中写明"各方进一步同意并确认，在任何时候和任何法域内，均不会基于任何与本案诉讼相同或实质上相同的事实及/或理由针对任何其他一方提起任何诉讼"。此处，放弃诉讼请求的主体不包含"被盛大网络、盛趣游戏许可的公司"。因此，三七公司、奇客创想提出的娱美德已经同意盛趣游戏可以授权第三方基于《传奇世界》开发新游戏的主张不成立。

其次，根据游戏比对的书面意见，在娱美德、传奇 IP 公司主张侵权的作品元素范围,《金装传奇》游戏中的部分元素并未在《传奇世界》游戏中出现,部分元素与《传奇世界》游戏的相应元素并不相似,部分元素虽与《传奇世界》游戏的相应元素有相似之处,但其与《热血传奇》游戏中相应元素的相似程度显然更高。

综上所述,三七公司、奇客创想关于其获得了《传奇世界》的合法授权,故《金装传奇》并未侵犯《热血传奇》著作权的主张缺乏依据,法院不予支持。

2.2.5 被诉行为是否构成虚假宣传的不正当竞争行为

《反不正当竞争法》第九条第一款规定,经营者不得利用广告或者其他方法,对商品的质量、制作成分、性能、用途、生产者、有效期限、产地等做引人误解的虚假宣传。本案中,从三七公司和奇客创想网页登录《金装传奇》游戏后显示"37《金装传奇》由官方正版授权""37《金装传奇》原汁原味回归经典";登录游戏后,画面中央位置出现"经典传奇热血重燃""1.76 版金装重甲 · 血战沙城"内容。

根据三七公司提交的证据,"1.76 版"重装上阵是《热血传奇》经典版本。《传奇世界》并无 1.76 版。"沙巴克城",被玩家简称为"沙城",是《热血传奇》独创性表达,具有代表意义。尽管没有直接表达"《热血传奇》正版授权",但"传奇 1.76 版"足以排他的、唯一性地指向《热血传奇》,表达出"《热血传奇》正版授权"的含义。

网络游戏的特征是常年连续运营。例如,《热血传奇》已经连续成功运营 19 年,是否为"正版授权"游戏是吸引以及留存玩家的一项重要指标。因此,三七公司与奇客创想故意将《金装传奇》与《热血传奇》建立联系,使得玩家误认为其取得《热血传奇》正版授权的行为,具有不正当性,构成虚假宣传。

2.2.6 判决结果

北京知识产权法院判决被告停止运营《金装传奇》,关闭涉案网站,停止涉案的虚假宣传行为,赔偿原告合理支出 30 万元。

商事篇

对于企业而言，知识产权的意义在于建立竞争优势并保护其收入流。在理论上，知识产权赋予了企业在一定时间内的“垄断”权力。而在现实中，企业依靠特定的某一项知识产权完全支配市场的现象是比较少见的。在通常情况下，知识产权的作用是在一定程度上限制竞争。

在本案例中，《热血传奇》著作权的作用亦是如此。不同的是，“传奇”IP市场体量较大，而《热血传奇》著作权能够接近完全地映射到这一市场，即依靠《热血传奇》著作权能在很大程度上支配这一市场。根据估算，在经历了20多年的运营之后，“传奇”IP价值超过1300亿元，已创造流水超过900亿元，目前“传奇”IP类产品每年仍能带来百亿元以上流水[①]。因此，对于盛趣游戏而言，放弃传奇IP，或者对于娱美德方而言，继续容忍对方分享“传奇”IP，都将造成不可忽视的利益损失，只有限制对方进行“传奇”IP的开发才能够产生更大的收益。正是这种巨大的收益驱使双方不断围绕《热血传奇》著作权进行包括诉讼、仲裁、并购在内的各种行为。

在通常情况下，知识产权战略包括防御性战略和进攻性战略。防御性战略主要是利用知识产权保护自身收入流。这通常要求企业的知识产权组合全面覆盖企业目标市场的产品特征，并且在发现知识产权组合存在漏洞时及时采取措施填补。例如，通过收购的方式强化企业的知识产权组合。

以现在的眼光来看，2007年北京一中院作出的“2003年民事调解书”中存在可以被多重解读的漏洞[②]。第一，2003年民事调解书对《传

① 界面新闻.《“传奇”IP影响力报告》：已产生900亿＋流水，未来三年有望增至1300亿＋[EB/OL].(2020-09-27)[2022-09-03]. https://www.jiemian.com/article/5045652.html.

② GAMECORES.谁是真《传奇》？一场横跨20年的IP争夺战[EB/OL].(2021-03-06)[2022-09-03]. https://www.gcores.com/articles/134672.

奇世界》独立著作权的认可仅针对当时涉诉的《传奇世界》客户端游戏。这意味着盛大网络不能就客户端游戏之外的介质进行授权许可。例如，不能授权其他公司做《传奇世界》的手机游戏和网页游戏。第二，娱美德虽然放弃了以《传奇世界》著作权为案由向盛大网络及其子公司、关联公司提出诉讼的权利，但没有排除"被盛大网络许可的"公司。这意味着娱美德可以起诉盛大网络授权的企业。

第一个漏洞的根源在于 2007 年，整个世界第一次见识到智能手机。正是在那一年，苹果公司发布了第一代 iPhone，让世界进入智能手机时代。因此，原告和被告并没有智能手机的概念，更不可能预料到中国的智能手机游戏市场将会如此庞大。第二个漏洞则是因为原告和被告没想到利用"传奇"IP 进行授权，这种传奇系游戏市场能够发展到数百亿元的价值。多年以后，娱美德针对这两个漏洞，在我国法院提起多个诉讼。这给我们的启示是，企业在主张知识产权时，应在合理范围内尽可能地扩大权利要求的覆盖范围。

企业拥有知识产权组合，除了用于保护自己、抵御损失之外，还可以用其创造价值。为此，企业可以采用进攻性战略，包括专利许可和专利诉讼等。专利许可的价值在于可以直接创造现金流。对于资源紧张的企业（例如，企业当前产品正在变得落后，导致企业业务收入下降，但是创造新产品既需要时间也需要资源），企业可以利用专利许可业务获得现金流，以弥合下降的业务收入与新产品开发和后续商业化成本之间的差距。对于资源充裕的企业，如微软公司和国际商业机器公司（International Business Mechines Corporation，IBM），专利许可收入被视为一种外部收入，可以用来降低如大型研发支出的净成本。

如果企业想获得专利许可费，可以通过诉讼或威胁诉讼策略来实现这一目的。在《热血传奇》著作权纠纷中，娱美德方和盛趣游戏方均进行了大量诉讼，并且有相当一部分诉讼以原告撤诉告终。这生动展示了诉讼及威胁诉讼策略的运用。

案例启示

时至今日，《热血传奇》著作权纠纷仍未平息，"传奇"IP"花落谁家"依旧悬而未决。在这个案例中，盛趣游戏、亚拓士、娱美德，它们曾经互相成就，也曾互相算计，而今正互相攻击。

故事源于娱美德与亚拓士就《热血传奇》著作权进行的著作权共有安排。所谓著作权共有，是指两个或两个以上主体对某一作品著作权的共同享有。理论上，共有著作权应本着协商一致的原则行使。如果各共有人对著作权的行使不能达成一致意见，那么任何一方无正当理由不得阻止他方行使。在本案例中，娱美德与亚拓士基于利益交换而约定著作权共有。但实际上，娱美德的创始人朴瓘镐从亚拓士离职之前就已经开始开发《热血传奇》，所以亚拓士也被视为《热血传奇》的开发者之一。这一事实被首尔中央地方法院第 63-2 民事部针对案件"2017 民一合 562160 请求确认合同无效等"出具的判决书加以认可，该判决认定《热血传奇》由亚拓士和娱美德共同开发，属于二者的共同著作物。所以，不管基于双方的合同约定，还是基于软件开发过程的实际情况，娱美德与亚拓士共有《热血传奇》著作权是无法避免的。

问题在于，当共有著作权人关系破裂之后，应该如何解决共有著作权人之间近乎矛盾的诉求。尤其是"传奇"IP 的价值过于巨大，独享"传奇"IP 的收益对各方而言都是无法拒绝的诱惑。也因此，共有著作权协商一致的行使原则在本案例中难得一见。实际上，盛趣游戏与亚拓士几乎每次都是在娱美德的强烈反对声中签署《热血传奇》续约协议，而娱美德的对外授权也通常被亚拓士指责为违法。各方互相攻击的最终形式就是提起诉讼，交由法院判决。法官不仅需要判断各种客观事实，更是需要判断一方拒绝另一方行使共有著作权理由的"正当性"。而这种对"正当性"的判断，考验的是法官对于人性的判断。因此，不难理解为何不同法院基于同一事实会得出不同的判断。

知识产权保护，与其说是一个法律概念，不如说是一个时代概念。在2003年，娱美德起诉盛大网络与盛趣游戏，认为其开发、运营的《传奇世界》游戏侵犯《热血传奇》游戏的著作权并涉及不正当竞争。在当时，人们对于知识产权保护的认识及知识产权保护的各种制度建设远远落后于今天。当时认为的诸如“只要源代码不同，哪怕精确复现其他软件的功能也不算抄袭”的观点，在今天似乎更可能被认为是不合理的。而当时没有完备的知识产权保护法律以及专门的知识产权法院和人才，也导致娱美德2003年的诉讼直到2007年才有结果。2007年，娱美德、亚拓士和盛大网络、盛趣游戏通过互相妥协而实现和解，它们互相承认对方对于各自游戏的著作权。在当时的时代背景下，这似乎是一个不太坏甚至双赢的结果。但如果它们预见到“传奇”IP在未来能够持续创造更为巨大的价值，可能一切都将不同。局限于时代的妥协，最终造就了现在的结果。